Benedict Wells

Hard Land

ROMAN

Diogenes

Covermotiv: Gemälde von Wilfrid Moizan, ›Landing‹,
oil on canvas 90 × 90 cm

Zitatnachweis am Schluss des Bandes

Diogenes Verlag AG Zürich
www.diogenes.ch
300/21/44/2
ISBN 978 3 257 07148 1

Für Leonie und Lukas

»Life moves pretty fast.
If you don't stop and look around once in a while,
you could miss it.«

Ferris Bueller

Die Wellen

Nummer 1

In diesem Sommer verliebte ich mich, und meine Mutter starb.

Das alles ist jetzt schon mehr als ein Jahr her, aber für mich wird es immer »dieser« Sommer bleiben. Komischerweise denke ich oft daran, wie ich damals hinter dem Haus stand und mit einem Schlauch den Garten besprengte. Es war der Anfang der Sommerferien, und von dem Berg an Langeweile, der vor mir aufragte, hatte ich noch nicht mal die Spitze abgetragen.

Ich starrte auf die Felder in der Ferne. Die Luft stand still, und je länger ich auf diese idyllische Landschaft blickte, desto unschärfer wurde sie an den Rändern. Bis ich dahinter wieder die Angst spürte, die ich aus meiner Kindheit kannte: Dass der Moment gleich kippen und etwas *Schlimmes* geschehen würde … Aber wie immer betrog mich dieses Gefühl. Weil, danach passierte natürlich wieder gar nichts.

Bis mich meine Eltern ins Wohnzimmer riefen.

In diesen Ferien hatten sich ein paar Dinge fast über Nacht geändert, wie wenn man überrascht feststellt, dass man ein Stück gewachsen ist. Mich überkam öfter aus dem Nichts eine seltsame Wut, und ich stellte mir Fragen, die ich mir früher nie gestellt hatte. Zum Beispiel, wieso die meisten

Erwachsenen so scharf darauf waren, zu arbeiten und Kinder in die Welt zu setzen, wenn am Ende sowieso der Tod kam und alles wegfegte. Und ob meine Mom überhaupt glücklich mit meinem Vater sein konnte, so wie ihr Leben mit ihm verlaufen war.

Jedenfalls, die beiden saßen also auf der Wohnzimmercouch und verkündeten, dass sie *tolle Nachrichten* für mich hätten.

»Wir haben mit Tante Eileen gesprochen«, sagte Mom, »du kannst sie für ein paar Wochen besuchen. Jimmy und Doug würden sich freuen.«

Ich hatte Mühe, meine Atmung zu kontrollieren. Jimmy und Doug waren meine Cousins aus Kansas, sie wogen zusammen so viel wie ein Pferd und hatten mir schon einige Abreibungen verpasst. Ich konnte mir vorstellen, dass sie sich auf mich *freuten.* Bei meinem letzten Besuch hatte ich mich vor ihnen auf der Mülldeponie versteckt und den ganzen Tag Steine auf ein rostiges Schild geworfen.

»Das könnt ihr nicht machen ... Im Ernst, niemals fahre ich da noch mal hin.«

Dad sagte streng wie immer: »Doch, das tut dir gut! Du bist die letzten Tage wieder nur in deinem Zimmer gehockt. Du musst mal raus und unter Leute.«

Und Mom sagte: »Schatz, ich weiß, dass die Situation mit mir ... *schwierig* für dich ist. Aber gerade deshalb ist es gut, wenn du nicht so allein bist. Vielleicht findest du in Wichita ja auch ein paar Freunde.«

Das war's also, diese Freundesache war schon seit Monaten ihr großes Thema. Ich war fast sechzehn, und sie behandelten mich wie ein Kind.

»Stevie war mein Freund!« Ich starrte sie an. »Wenn er noch hier wäre, würden wir diese bescheuerte Unterhaltung gar nicht führen.«

Mom kam mit ihren Tippelschritten zu mir. Obwohl sie so zerbrechlich wirkte, presste sie mich an sich, und für einen Moment schimmerte etwas Ernsteres durch dieses Gespräch. Doch damals wollte ich es nicht sehen.

»Ich will nicht zu Tante Eileen«, sagte ich nur, mit dem traurigsten Blick, den ich draufhatte. Meine letzte Chance, aus der Nummer noch mal rauszukommen.

Aber nicht mit Mom. »Tut mir leid, Schatz, da musst du durch.«

Ich stellte mir mein Ferienprogramm in Kansas vor. Tagsüber: *Spaß und Spannung auf der Mülldeponie.* Abends: *Die besten Schwitzkastengriffe mit Jimmy und Doug.*

Na schön, es war also an der Zeit, meinen Eltern auf sachliche Weise klarzumachen, wieso ich dafür nicht in Frage kam. Ich würde sie mit meinen überlegenen Argumenten überzeugen, und danach würden sie ein für alle Mal wissen, dass ich jetzt alt genug war und fortan mein eigenes Ding machte.

»Ihr könnt mich mal!«, rief ich und stapfte nach oben.

Am Nachmittag streckte ich den Kopf aus dem Zimmer und lauschte: Mom war wieder in ihren Buchladen gegangen. Wie immer, wenn sie nicht da war, hatte sich die Atmosphäre im Haus verändert. Ich spürte sofort: *Er* war noch da. Es gab zwei Sorten von Stille; die neutrale Sorte, und dann noch die Stille meines Vaters. Ein brütendes Schweigen, das ich selbst von hier oben hören konnte. Ich schlich mich runter. Dad hing antriebslos vor der Glotze im Wohnzimmer. Er schaute eine Wiederholung von *Ein Colt für alle Fälle* und hatte tatsächlich den Ton abgestellt. Wir waren uns nie sehr nahe gewesen, und in diesem Jahr redeten wir fast gar nicht mehr miteinander. Ich wusste nicht, ob wegen Moms Krankheit, weil er keinen Job fand oder weil er mit mir einfach nichts anfangen konnte. Ich wusste nur: Elf Wochen Ferien mit ihm zu Hause würde ich nicht durchstehen.

Bis zum Abend streifte ich allein durch den Ort. Da ich kein Geld hatte, ging ich ins Replay Arcade, eine Spielhölle in der Mall, und schaute, ob jemand den Rekord bei *Defender* geknackt hatte. Und fast hätte ich mich auch zum ersten Mal ins Larry's getraut – bis ich durch die Scheibe Chuck Bannister sah. Das Larry's war *die* Institution in Grady; das Diner, in das alle älteren Jugendlichen gingen. Es gab ein paar ungeschriebene Gesetze. Zum Beispiel, dass man mit fünfzehn dort nichts zu suchen hatte. Und dass man schon gar nicht reinging, wenn ein Psychopath wie Chuck Bannister drinnen saß, der es auf einen abgesehen hatte.

Stattdessen hockte ich mich auf einen Mauersims. Eine Weile betrachtete ich die vorbeifahrenden Autos, dann hatte ich plötzlich wieder die Bilder mit meiner Mom vor Augen. Damals dachte ich ständig daran, in den unmöglichsten Momenten. Es war wie ein dunkles Summen in meinem Kopf. Manchmal war es um mich herum laut genug, dass ich es nicht hörte. Aber weg war es nie.

Auf dem Nachhauseweg kam ich an dem einzigen Kino vorbei, das es in unserem Kaff gab: das Metropolis. Im benachbarten Hudsonville, das vor allem für sein riesiges Gefängnis bekannt war, gab es ein Multiplex, das alle neuen Blockbuster zeigte. Unser Kino dagegen war ein uraltes Kabuff für Rentner, das Ende des Jahres dichtmachen sollte. Im Schaufenster hing schon seit Wochen ein Zettel aus:

METROPOLIS
Aushilfe gesucht!

Daneben ein Plakat mit irgendeinem französischen Schwarzweißfilm; kein Wunder, dass der Laden bald schließen musste.

Ich wollte gerade weiter, da hörte ich Stimmen aus dem Foyer und linste hinein: An der Kinokasse standen zwei Jungen und ein blondes Mädchen in Angestellten-Shirts, alle älter als ich. Das Mädchen war mir nicht ganz unbekannt. Beim Reden lehnte sie sich vor, als erzählte sie das Spannendste der Welt, dann lachte sie über eine Bemerkung der Jungen. Kurz darauf verschwanden alle drei in einem Saal. Ich schaute noch mal hoch zu dem weißen Schild mit den roten Lettern M-E-T-R-O-P-O-L-/-S (das »I« hing herunter, als wäre es gestolpert) und ging nach Hause.

Meine Eltern spielten in der Küche Scrabble. Wie immer schien Dad zu gewinnen. Ideenlos und systematisch versuchte er zu verhindern, dass Mom Punkte machte, während sie lieber schöne, aber nutzlose Worte wie »Verblendung« und »Schurwolle« legte. Auch sonst hätten sie nicht unterschiedlicher sein können: Mom klein und zierlich, mit Brille, bunter Bluse und selbstgeknüpften Bändern an den

Handgelenken. Sie war süchtig nach Büchern, und wenn sie sich verabschiedete, empfahl sie fast immer noch einen Roman. Dad dagegen sah man den ehemaligen Sportler an. Ein leicht ergrauter, kräftiger Bär, wie meistens trug er Jeans und T-Shirt. Und außer der Zeitung las er kaum etwas.

Vor dem Abendessen sagten meine Eltern, dass wir in den nächsten Tagen noch mal »ohne Drama« über Kansas reden würden – dann gab es meine Lieblingspizza. Vermutlich glaubten sie, dass sie mich mit einem derart billigen Trick besänftigen konnten und, na ja, so war's auch. Trotzdem weiß ich noch, dass ich später nicht schlafen konnte. Ich lag im Bett und dachte: Vielleicht wären ein paar Freunde doch ganz gut. Und ich dachte: Wieso bin ich nur so verflucht still?

Meine Schwester Jean zum Beispiel: Die kam auf die Welt, war sofort selbstbewusst und traute sich alles, während ich mich wirklich vor *jedem Mist* fürchtete. Früher musste ich mit meinen Angststörungen sogar zur Schulpsychologin. Mal hatte ich die stickige Sporthalle nicht mehr betreten können, mal im Unterricht Panikattacken bekommen. Dann war es jedes Mal, als wäre mein Verstand eine Lagerhalle mit unzähligen Lichtern, und plötzlich fiel ein Licht nach dem anderen aus, bis ich in vollkommener Dunkelheit stand. Das fühlte sich immer an wie Sterben.

Ich schätze, damals war ich auch noch ein ziemlicher Freak. So hatten mich zumindest ein paar Mitschüler genannt. Doch im Laufe der Jahre war ich dann so harmlos geworden, dass sie mich nicht mal mehr für die Mathe-Einsen hassten. Seit Stevies Umzug im Herbst saß ich in der Cafeteria allein am Tisch. Selten hockte sich ein anderer

Außenseiter dazu, aber nie für lange. Und manchmal kam mir der Verdacht, mein ganzes Leben war wie dieser Tisch.

Als ich nach Mitternacht noch wach war, ging ich in das Zimmer meiner Schwester. Jean war viel älter als ich und schon vor Jahren an die Westküste gezogen, und meine Eltern hatten alles unberührt gelassen, falls sie mal zu Besuch kam. Nur tat sie das fast nie. Eine Weile saß ich auf ihrem Bett und hörte mir ihre alten Musikkassetten an. Und da vermisste ich sie wirklich sehr, dabei hatten wir früher fast nie etwas zusammen gemacht. Aber vielleicht ja gerade deshalb.

Schließlich zog ich meine Jacke an und ging auf den Friedhof. Wobei das jetzt wieder klingt, als wäre ich gestört oder so. In Wahrheit wohnten wir einfach direkt daneben, in dem weißen Schindelholzhäuschen, in dem vor uns ein Förster mit seiner Frau gelebt hatte. Der Friedhof lag auf einem Hügel außerhalb der Stadt, und manchmal reagierten die Leute geschockt, wenn ich sagte, dass ich von meinem Fenster auf einen Haufen Gräber schauen konnte. Aber das Haus war billig, und wir waren nicht gerade reich. Und ich fand das mit dem Friedhof auch nie schlimm. Ganz im Ernst, ich mochte die Stille sogar. Damals war ich oft dort, wegen Mom und diesem dunklen Summton in meinem Kopf. Dann stellte ich mir vor, wie eines Tages die Beerdigung wäre und wie ich danach herkommen würde. Schon komisch: In meinem Zimmer war der Gedanke an den Tod oft nicht auszuhalten. Und ausgerechnet auf dem Friedhof beruhigte ich mich dann wieder.

Für eine Sommernacht war es kühl, der Himmel wuchtig

und voller Sterne. Doch der Anblick bedeutete mir nichts. Ich musste nur daran denken, wie Mom vor ein paar Jahren zweimal mit dem Fahrrad gestürzt war. Sie hatte es auf ihre Sehprobleme geschoben und sich eine neue Brille machen lassen, aber es wurde nicht besser. Und dann kamen noch der Schwindel und die Kopfschmerzen.

So hatte alles angefangen: mit zwei harmlosen Stürzen.

Ich schlenderte über den Friedhof und schaute auf den Grabsteinen nach etwas Besonderem: MARTHA F. SUDEROW, 24. APRIL 1876 – 1. MÄRZ 1979; hundertzwei Jahre! Am liebsten dachte ich mir kurze Lebensläufe für die Toten aus: CARL ROTHENSTEINER, 12. APRIL 1901 – 21. FEBRUAR 1973: Solider Handwerker, viele Krisen überstanden, nie darüber geklagt. Schlechter Pokerspieler, St. Louis-Rams-Fanatiker, wortkarg, manchmal im Kino geweint. Plötzlicher Herzinfarkttod, wenige Tage zuvor noch eine Aussprache mit seinem Sohn nach zwölf Jahren Streit …

Als ich gerade zum nächsten Grab kam, hörte ich den Kies knirschen.

Im Dunkeln blitzte ein blonder Haarschopf auf. Ich kniff die Augen zusammen und sah, dass es das Mädchen aus dem Kino war. Damals wusste ich nur, dass sie Christie oder Kirstie hieß und auf meine Highschool ging. Natürlich hatte ich sie schon öfter gesehen, sogar hier auf dem Friedhof, doch erst seit kurzem nahm ich sie richtig wahr. Wie ein Wort, das man neu gelernt hatte und das prompt überall auftauchte.

Ich wagte nicht, mich zu bewegen. Sie bemerkte mich nicht und huschte geisterhaft zu einem Grab neben dem Eingang. Es zischte. Für einen Moment war ihr Profil vom

Feuer erhellt, dann sah man im Dunkeln nur noch das Glimmen, wenn sie zog.

Auf einmal fuhr sie herum – und blickte *direkt* zu mir.

Ich zuckte zusammen, als hätte mir jemand einen Eiswürfel ins T-Shirt gesteckt.

Sie schien nicht überrascht, dass ich da war. Sie rauchte nur und betrachtete mich eine Weile. Dann trat sie durch die Pforte und ging.

Der Nachtwind wehte vom Wald herüber. Noch immer stand ich im Dunkeln und sah ihr nach, die ganze Zeit, auch, als sie schon längst verschwunden war. Und mehr gibt's nicht zu sagen, bevor ich am nächsten Tag im Kino anfing und der schönste und schrecklichste Sommer meines Lebens begann.

Nummer 2

Der 4. Juni 1985 war ein Tag, der einen daran erinnerte, wie gut ein Tag sein kann: Der Himmel endlos blau, die Sonne ergoss sich über Missouri, der Sommer hing schwer in der Luft. Gegen Mittag sollte ich mich im Metropolis vorstellen. Mom war von meiner Idee mit dem Ferienjob übertrieben begeistert gewesen und hatte gleich dort angerufen. Ich selbst war nicht gerade scharf darauf, den Sommer über Tickets und Snacks an Rentner zu verkaufen, aber es gab fünf Gründe dafür:

- Um nicht zu meinen Cousins nach Kansas zu müssen.
- Um endlich etwas zu erleben und vielleicht Freundschaften zu schließen.

- Um meinem Vater und seinen Blicken auszuweichen.
- Um auch was zur Haushaltskasse beizusteuern (wegen Moms hohen Versicherungskosten und Dads Arbeitslosigkeit hatten wir seinen Wagen verkaufen müssen.)
- Um das blonde Mädchen vom Friedhof näher kennenzulernen (vielleicht).

Und so ging ich den Hügel hinab in das verschlafene Siebzehntausend-Einwohner-Kaff mit den roten Backsteinhäusern, Ahornbäumen und altmodischen Läden auf der Main Street. Als würde man eine Postkarte aus den Fünfzigern betreten.

Grady liegt in der Nähe des Missouri River, umgeben von einem Wald, dem Lake Virgin (heißt wirklich so) und unzähligen Weizen- und Roggenfeldern. Am Stadtrand steht seit Ewigkeiten ein Schild: *Entdecke die 49 Geheimnisse von Grady.* Wieso nicht fünfzig oder nur zehn, wusste keiner so genau. Zum ersten Mal tauchte der Spruch in einem Gedicht von Morris auf, in dem der Held von »neunundvierzig Geheimnissen« sprach, die es hier angeblich gab. William J. Morris war Gradys berühmtester Dichter. »Ein Nachahmer von Walt Whitman«, sagte Mom immer. Doch vor Ewigkeiten hatte er mal einen Kulturpreis oder so gewonnen. Und damit war er der Einzige aus diesem Nest, der *je* irgendetwas gewonnen hatte.

Ansonsten war Grady nur für eine Sache gut: zum Weglaufen. Hier kannte jeder jeden, und wenn die Frau von Barry, dem das Rasenmähergeschäft gehörte, etwas mit einem Typen aus St. Louis anfing, wurde sofort darüber getratscht. Keimzelle aller Gerüchte war das Good Folks mit seinen Stammtischen: der Jagdverein, die Veteranen, die

Republikaner, die Strickrunde und unsere fünf Kirchengemeinden: die Katholiken, Baptisten, Methodisten, Pfingstler und Presbyterianer. Die ganze Gegend war erzkonservativ. Noch immer standen *Der Fänger im Roggen* und alles, wo es nur entfernt um Sex ging, auf dem Schulindex, und das beste Argument, das die Leute hier kannten, war: »Ja, mag sein, aber das haben wir schon *immer* so gemacht!«

Vor dem Eingang des Kinos zögerte ich. Neue Situationen machten mir seit jeher Angst, vermutlich war meine *Komfortzone* (Lieblingswort der Schulpsychologin) so klein wie ein Penny. Ich übte, mich lässig vorzustellen, und murmelte immer wieder wie ein Verrückter vor mich hin: »Hi, ich bin Sam ... Hey, Sam mein Name!« Mit einem mulmigen Gefühl öffnete ich die Glastür.

Drinnen war es kühl. Der rote Teppich im Foyer hatte Löcher, an der Decke hing ein uralter Kronleuchter, an den Wänden Plakate von Filmklassikern und Autogrammkarten berühmter Schauspieler. Es roch nach Öl und Zucker und irgendwie nach zu Staub zerfallener Nostalgie.

»Bin schon da!« Mr. Andretti, der Besitzer, kam pfeifend aus dem Büro. Er war kaum größer als ich, drahtig, braungebrannt und so gutgelaunt wie Tony, der Tiger aus der Frosties-Werbung. Neben dem Kino gehörten ihm noch das Eiscafé in der Mall und die Werkstatt *Andretti's Cars*. Es hieß, er sei über ein paar Ecken mit den Rennfahrern Mario und Michael Andretti verwandt.

Er erklärte mir, dass der Job bis Ende des Jahres ging; ich sollte die bisherigen Mitarbeiter ablösen, die gerade den Highschool-Abschluss gemacht hatten.

Eigentlich wollte ich nur die Ferien hier arbeiten, doch Mr. Andretti packte meine Hände mit seinen behaarten Pranken und fragte: »Du bist also bereit, in die magische Welt der Filme einzutauchen?«

Und da nickte ich nur. Weil, was sollte man da auch antworten.

»Wunderbar. Den Rest erklären dir dann die anderen.«

Die anderen … Auf einmal schämte ich mich, dass ich in diesen bescheuerten Kinderklamotten herumlief, weil wir kein Geld für neue hatten (und weil ich leider auch noch nicht ganz aus ihnen herausgewachsen war). Auf meinem T-Shirt war eine grinsende Banane mit Sonnenbrille, dazu eine Sprechblase: »COOL BANANA!« … Am liebsten wäre ich nach Hause gerannt.

Mr. Andretti schob mich in Saal 1. »Das hier ist Sam, seid nett.« Er klopfte mir auf die Schulter, dann ließ er uns allein.

Was mir sofort auffiel: Das blonde Mädchen war gar nicht da. Nur die zwei älteren Jungen, die mich anstarrten. Vor Nervosität wurde ich zappelig. Vor allem, als ich begriff, dass der eine – ein durchtrainierter Typ mit Oberlippenbart – wirklich *der* Brandon Jameson war; Wide Receiver bei den Grady Hornets, dem Footballteam unserer Schule. Seine ältesten Freunde sagten *Brand,* der Rest nannte ihn ehrfurchtsvoll *Hightower.* Er war schwarz und beeindruckend groß. Selbst im Winter trug er kurzärmlige Hemden, vor allem aber schaute er immer grimmig, und es gab einige beängstigende Geschichten über ihn. Angeblich hatte er vor einem Spiel sogar mal wie Ozzy Osbourne einer Fledermaus den Kopf abgebissen, weil es das Maskottchen des gegnerischen Teams war.

Hightower nickte mir zu und murmelte: »Hey!«

Ansonsten redete nur der andere Junge; Cameron Leithauser. Er war ebenfalls groß und hatte ein sympathisch-schiefes Gesicht wie eine Comicfigur. Seine langen dunklen Haare waren über der Stirn kurzgeschnitten. »Also, *alter Knabe,* dann führen wir dich mal im Paradies herum.« Er nahm mich beim Arm. »Das hier ist Saal 1, da zeigen wir die aktuellen Blockbuster. Diese profane Aufgabe übernehmen meistens die anderen, ich für meinen Teil kümmere mich lieber um die Klassiker in Saal 2. Wie's aussieht, bin ich hier nämlich der Einzige mit Geschmack.«

»Fick dich«, sagte Hightower.

Sie grinsten und holten mir ein verwaschenes Angestellten-T-Shirt aus dem Büro. Dann zeigten sie mir, wie man Filme in den Projektor einlegte, die Kasse bediente und mit der Popcornmaschine umging, ohne sich die Finger zu verbrennen. Kurz darauf war auch schon Einlass. Es kamen genau fünf Leute.

»Völlig normal bei den 14-Uhr-30-Vorstellungen.« Cameron schob sich eine Zigarette in den Mund. »Abends um acht ist der Laden aber brechend voll, dann kommen meist sechs oder sieben Leute. Weiß gar nicht, wieso der alte Andretti diese Goldgrube schließen will.«

In der nächsten Stunde stand ich allein an der Kasse, die beiden reparierten die Eismaschine. Sie schienen ziemliche Filmfreaks zu sein und redeten ewig über eine »kontextabhängige Gitarre« in einem Antonioni-Film oder so; ich weiß bis heute nicht, was sie damit meinten. Als ich ihnen so zuhörte, fiel mir Stevies letzter Abend ein. Wir hatten am Missouri River gegrillt und über Mitschüler und Mädchen gequatscht. Und als wir in den Schlafsäcken lagen, hatte ich erzählt, dass ich die Szenen mit Mom in der Klinik einfach nicht aus dem Kopf bekam. Und Stevie hatte mir anvertraut, dass er Schiss hatte, nach Toronto zu ziehen. Wir hatten auf die Fabrik geschimpft, die unsere Väter entlassen hatte, und uns versprochen, »für immer« Freunde zu bleiben. Inzwischen wusste ich, wie kindisch das alles gewesen war. Auf meine letzten drei Briefe hatte er nicht mehr geantwortet.

Überhaupt hatte ich das Gefühl, ein Paar neue Augen verpasst bekommen zu haben. Weil, ich musste die Jahre davor ja blind gewesen sein. Natürlich hatte ich gewusst, dass Mütter sterben und Freundschaften zerbrechen, aber ich hatte diese Dinge nie richtig gesehen. Nun *sah* ich die Selbstzweifel meines Dads, wenn er Stellenanzeigen durchging. Und ich *sah* die Angst meiner Mom, wenn sie mich mit einem Lächeln trösten wollte. Und keine Ahnung, ob das wirklich besser war.

In der Nachmittagspause saß ich auf den Stufen vor dem Kino. Ich hatte ein Mixtape meiner Schwester im Walkman (eine krude Mischung aus Patti Smith, Punk und heimlich gehörten Balladen von OMD) und aß ein Softeis, als das blonde Friedhof-Mädchen auf Rollschuhen die Straße entlanggefahren kam. Sie trug Sonnenbrille und kam an einer unebenen Stelle fast ins Stolpern, bremste jedoch vor dem Eingang gekonnt ab und sagte etwas. Zu mir.

Ich setzte die Kopfhörer ab. »Was?«

Sie grinste. »Ich sagte: Hat mein Dad also endlich ein neues Opfer gefunden?«

Bisher hatte ich immer gedacht, Zahnspangen wären etwas Schlimmes, aber ihre mochte ich wirklich sofort. Sie trug sie offenbar wegen der kleinen Lücke zwischen ihren Vorderzähnen. Ich starrte darauf und schleckte dabei noch mal stumm an meinem Eis, was vermutlich ziemlich gestört aussah.

»Und, macht's dir Spaß?« Sie zog die Rollschuhe aus und drückte sie mir in die Hand, »Halt mal«, dann schlüpfte sie in Flipflops.

Gebannt schaute ich zu ihr. Ich finde es übrigens immer bescheuert, wenn Leute in Büchern oder Filmen sagen, wie für sie in solchen Momenten die »Zeit stillsteht«. Das Problem ist ja, dass sie das gerade *nicht* tut – und dass es deshalb umso peinlicher ist, wenn es einem ewig lang die Sprache verschlägt.

»Äh … ja, glaub schon«, sagte ich schließlich und gab ihr die Rollschuhe zurück.

Um es kurz zu machen: Mit Mädchen war bei mir noch nicht viel gelaufen. Und mit *nicht viel* meine ich: gar nichts. In der Elementary School hatte ich mal eine Freundin gehabt, Wendy Stohler. Allerdings nur für zwei Tage, ich glaube, wir haben nicht mal Händchen gehalten. Wenn die First Base Küssen war und der Home Run Sex, dann saß ich noch in der Umkleidekabine und band meine Schuhe.

Immerhin stand ich nun von den Stufen auf – ich war ein bisschen kleiner als sie – und streckte meine Hand aus. »Sam Turner.«

»Ich weiß.« Sie griff danach. »Deine Mom ist mein Dealer.«

Ich starrte sie fragend an und betrachtete dabei verstohlen ihre Haare, die zu einem Bob geschnitten waren und ihr bis zum Kinn reichten.

»Lese*stoff* …«, versuchte sie es. »Bücher, diese viereckigen Dinger aus Papier?«

Sie erzählte, wie sie schon als Kind ins *Best Books* gekommen sei, als meine Mom jeden Samstag in ihrem Buchladen Geschichten vorlas. Und dass sie froh sei, dass es ihr bessergehe. Ich nickte, aber meine Gedanken flipperten umher. Ich dachte: *Okay, dieses hübsche Mädchen redet* wirklich *mit dir.* Ich dachte: *Stell dich gerade hin, damit du größer wirkst.* Ich dachte: *Wenigstens hast du nicht das Bananen-T-Shirt an.* Dabei hielt ich noch immer ihre Hand. Als sie es bemerkte, blitzte ihre kleine Zahnlücke auf.

»Kirstie Andretti«, sagte sie kaugummikauend und drückte zu. Ziemlich fest.

Ich ließ los und beobachtete, wie sie mit den Rollschuhen in der Hand ins Kino ging. Und zum ersten Mal seit Ewigkeiten war das dunkle Summen in mir verschwunden.

Nummer 3

Na ja, und dann war die erste Woche im Kino zum Vergessen. Dauernd nahm ich mir vor, mehr »aus mir herauszugehen«, denn das hatte schon die Schulpsychologin oft von mir gefordert. Nur, wenn man darüber nachdenkt, ist es ja eine Bankrotterklärung an das eigene Ich, wenn man besser dran ist, da rauszuschlüpfen und es wie eine kaputte Hülle zurückzulassen. Doch das hatte die Schulpsychologin nicht lustig gefunden. Und vielleicht war es auch nicht lustig, sondern die Wahrheit. Weil, im Metropolis stand ich ja wieder nur stumm herum.

Wenn viel los war, halfen mir die anderen, sonst blieben sie unter sich. Obwohl sie nicht mehr richtig im Kino arbeiteten, schien das Büro weiter ihr Treffpunkt zu sein, um die Zeit totzuschlagen und den Abend zu planen. Die drei wirkten wie ein verschworener Haufen. In den Pausen sah ich oft, wie sie zum See oder ins Larry's aufbrachen, und wenn mich einer gefragt hätte, wäre ich sofort mitgekommen. Mich fragte aber keiner.

Der Einzige, der richtig mit mir redete, war Cameron. Hightower ignorierte mich, und Kirstie war so etwas wie der Inbegriff von süßsalzigem Popcorn. Sie *konnte* nett sein, aber in der Gruppe zog sie mich oft auf. Als ich den Saal für einen Horrorfilm herrichten wollte, sagte sie spöttisch zu den anderen: »Können wir den Kleinen da überhaupt ohne seine Eltern reinlassen?«

Keine Ahnung, wieso sie das immer mit mir machte. Und noch mehr ärgerte mich, dass ich trotzdem ständig zu ihr schaute. Ich dachte an ihre Augenbrauen, die ich insgeheim am liebsten mochte, und die im Gegensatz zu ihren blonden Haaren dunkel waren und an ihren Dad erinnerten. Und ich dachte an ein Gespräch, das ich im Replay Arcade mitgekriegt hatte. Zwei Jungs aus meinem Mathekurs hatten wie die letzten Idioten über Mädchen gequatscht. Irgendwann kam die Sprache auch auf Kirstie Andretti, und einer hatte behauptet, sie habe ein »heißes Höschen«. Mir war nur unklar, was das bedeutete. Dass sie schon mit vielen Jungen etwas gehabt hatte? Oder dass sie von vielen Jungen etwas wollte?

Es war jedenfalls etwas, das einen schon mal zum Nachdenken brachte.

Nach der Abendschicht ging ich nicht nach Hause. Stattdessen stand ich noch ewig hinter der Kasse. Ich kämpfte mit den Bildern in meinem Kopf und dachte an Mom, der es am Morgen nicht gutgegangen war. Und als ich wieder die Stimmen und das Gelächter der anderen hörte, nahm ich meinen Mut zusammen – und dann ging ich einfach zu ihnen ins Büro!

Drinnen war es übel verraucht. Kirstie, Hightower und Cameron saßen auf einer rissigen Ledercouch und blickten mich fragend an.

Sekundenlang stand ich an der Tür wie ein abgestellter Besen und brachte keine Silbe heraus. Aber als auch keiner der anderen etwas sagte, setzte ich mich einfach auf einen Stuhl zu ihnen. Und keine Ahnung, ob »ich« da endlich mal aus »mir« herausgegangen war. Oder ob wir nun beide hier hockten.

Die anderen schauten auf dem alten Minifernseher neben der Spüle MTV. Sie kommentierten die Videos und redeten von mir unbekannten Leuten und den Colleges, auf die sie nach dem Sommer alle gehen würden.

»Wisst ihr, was cool wäre?« Cameron rollte einen Joint. »Wenn alle Menschen wie Katzen schnurren würden, wenn sie was gut finden. Selbst wenn sie's nicht wollen. Ein Pärchen hat zum Beispiel sein erstes Date, beide total schüchtern. Und plötzlich fängt der Junge an zu schnurren. Er versucht, es zu überspielen: *›Äh, weißt du schon, was du bestellst?‹* Auch das Mädchen tut, als hätte sie nichts gehört, und schaut verlegen in die Karte. Doch das Schnurren wird immer lauter …«

Die anderen sahen ihn an, als stünde er vor der Zwangseinweisung oder so, aber ich fand es lustig. Und es war irgendwie schön, wie sie über solche Sachen redeten und Witze übereinander machten. Weil, es erinnerte mich an Stevie und mich. Cameron und Hightower kannten sich sogar seit der Kindheit und wirkten wie ungleiche Brüder. Und Kirstie konnte derbere Sprüche machen als jeder Junge und sagte auch eigenartige Sätze wie: »Tja, Wahrheit hat eben scharfe Kanten.« Oder: »Da war ich noch tot« statt: »Da war ich noch nicht geboren.« Und sie schien alles Mögliche in dieser Gruppe zu sein. Nur nicht das stille Mädchen vom Friedhof.

Ich selbst sagte gar nichts, doch das war okay. Denn eigentlich dachte ich auch da nur daran, dass Mom mich über die Ferien nach Kansas schicken wollte – weg von ihr. Und ich weiß nicht, ob das jemand versteht; aber es war wirklich gut, an dem Abend nicht zu Hause zu sein, sondern mit den anderen im Büro.

Als sie später noch zu einer Party aufbrachen, lief ich einfach hinterher. Wir standen schon draußen vor dem Wagen, als Kirstie mich beiseitenahm. »Hey, Sam?«

Ich schaute sie an. Und da wusste ich, was kommen würde, noch bevor sie es sagte.

»Hör mal. Ist jetzt nicht böse gemeint, aber wir drei …«, Cameron und Hightower blickten verlegen zu uns, »wir kennen uns schon ewig und haben nur noch ein paar Wochen zusammen. Wir würden gern unter uns bleiben und …«

Ich nickte mehrmals. Ich glaube, ich hörte gar nicht mehr auf damit.

»Sicher«, sagte ich. »Viel Spaß auf der Party!«

Auf dem Heimweg schien jemand einen Aschenbecher über Grady ausgeschüttet zu haben, und auch als ich die Haustür öffnete: alles dunkel und grau. Bis ich merkte, dass im Flur *wirklich* kein Licht brannte. Dann hörte ich von oben aus dem Bad Dads gedämpfte Stimme – und wie Mom sich übergab.

Genau wie schon am Morgen.

Es war, wie wenn man im Halbschlaf noch hofft, dass etwas nur ein Alptraum war. Und dann kapiert man, dass es genau andersherum ist: Dass es immer die Wirklichkeit war, die wie ein Gewicht schon die ganze Zeit am Traum hing.

Ich bekam kaum noch Luft und taumelte hoch in mein Zimmer. *Mom mit Glatze und Schläuchen auf dem Bett … Ihr leerer Blick …*

Eine Weile stand ich regungslos da. Dann schlug ich auf mein Kopfkissen ein und brüllte hinein. Ich dachte: *Es ändert sich nie, nie, nie etwas in diesem Scheißleben,* und da schrie ich noch mehr. Der Summton in meinem Kopf schwoll an. Und es machte mir Angst, wie wütend ich nun auf mich selbst wurde, dabei konnte ich nicht mal genau sagen, wieso. Die Wut fing da an, wo meine Gedanken aufhörten.

Ich griff nach meiner Gitarre und übte so laut ich konnte. Mom hatte in ihrer Jugend mehrere Instrumente beherrscht und uns empfohlen (freundlich gesagt), auch eines zu lernen. Während meine Schwester damals Klavierunterricht erhielt und so gut wurde, dass sie sogar bei den Gottesdiensten Orgel spielen durfte, hatte ich Moms Gibson-Akustikgitarre bekommen.

Ich spielte und spielte, bis mein Kopf leer war und ich nichts mehr mitbekam. Irgendwann stand sie in meinem Zimmer. Sie trug ihren Morgenmantel und setzte sich zu mir aufs Bett, die Haare strähnig. »Stör ich dich?«

Ich schüttelte den Kopf und hörte auf.

»Hast du mich vorhin gehört?«

Ich antwortete nicht.

»Es ist nichts Schlimmes, nur wieder die Nebenwirkung der Medikamente, okay?«

Ich spürte Moms Hand auf meinem Arm und nickte erleichtert. Ihre Augen waren verquollen, ihr Gesicht erschöpft. Für einen Augenblick schien sie aus ihrer Rolle gefallen und selbst nicht zu wissen, was sie sagen wollte.

Dann lächelte sie und deutete auf die Gibson. »Spielst du etwas für mich?«

»Was denn?«, fragte ich leise.

»Was du möchtest ... Halt, nein. Was von Billy Idol!«

Ich rollte mit den Augen. Sie war wirklich verrückt nach ihm. Manchmal sagte sie im Scherz, Billy Idol wäre jemand, »für den man so manches Gesetz brechen könnte«.

Ich konnte nur *White Wedding*. Mom lobte mich, auch wenn das Stück nicht schwer war. Auf der Highschool war sie die »kleine Stille mit Brille und Pferdeschwanz« gewesen (O-Ton Mom), am College hatte sie jedoch selbst in einer Rockband gespielt. Angeblich existierten davon sogar noch Fotos.

»Ich kann mir das bei dir nie vorstellen. Du hast doch nur Bücher gelesen und ...«

»Ja, aber genauso hab ich eben Blues und Rock geliebt«, sagte sie. »Mein Held war damals Chuck Berry, deshalb haben wir uns ja die *Wild Berrys* genannt.«

Auf meinen Wunsch erzählte sie mir zum x-ten Mal, wie sie damals in der Mensa den Zettel entdeckt hatte, dass eine neue Rock 'n' Roll-Band noch eine Sängerin suchte. Wie sie aus Angst erst kneifen wollte und sich dann überwunden hatte. Weil ja am College niemand wusste, dass sie eigentlich eher schüchtern war. »Außer mir … aber was, wenn ich mich da zufällig irrte? Also hab ich mich geschminkt, eine Elvis-Tolle frisiert und mich in diesem Aufzug beworben.«

»Zeigst du mir mal die Fotos von deiner Band?«

»Wenn du älter bist und dir einen guten Therapeuten leisten kannst.«

»Bitte!«, bettelte ich, doch Mom waren die Fotos aus irgendeinem Grund peinlich. Und so sagte sie das, was jeder in Grady sagte, wenn er etwas für sich behalten wollte: »Tut mir leid, Schatz, die bleiben eines der neunundvierzig Geheimnisse!«

Eine Weile war es still, dann kuschelte ich mich an sie. Ich wusste, dass ich zu alt dafür war, trotzdem war es schön. Denn so sehr es nervte, wenn Mom mich wie einen kleinen Jungen behandelte – in den vergangenen Jahren hatte es nicht gerade viele »behütete Kindheit«-Momente gegeben. Wenn ich einen entdeckte, stürzte ich mich darauf und gab ihn um nichts in der Welt wieder her.

Mom erkundigte sich, wie es im Kino lief. In meiner Erzählung wirkte es so, als hätte ich viel mit den anderen zu tun, und ich schämte mich für diese Lüge.

»Glaubst du, man kann sich *wirklich* ändern«, fragte ich irgendwann. »Also mutiger werden und nicht immer so still oder schüchtern sein?«

Das Gute an Gesprächen mit Mom war, dass man sie alles fragen konnte. Nichts wirkte in ihrer Nähe seltsam oder peinlich, nicht mal damals, wenn sie mich wegen meiner Angstticks von der Schule abholen musste. Ich glaube, das kam, weil in ihrem Leben selbst vieles anders gelaufen war als geplant. Zum Beispiel wollte meine Mom immer Psychologin werden. Und dann war sie schon mit zwanzig ungeplant mit Jean schwanger geworden und hatte das College abbrechen müssen. Meine Schwester sagte zwar oft, weil es mit ihrer Praxis nichts geworden war, würde Mom zur Strafe eben ständig uns beide therapieren – doch ich mochte es.

»Ich weiß es nicht«, sagte sie nachdenklich.

»Aber du hast dich doch geändert. Du hast deine Haare gefärbt und in einer richtigen Band gespielt.«

»Nur für eine kurze Zeit.« Sie kräuselte ihre Oberlippe. »Ich glaube nicht, dass man sich *komplett* ändern kann, aber ich würde schon sagen, dass ich jetzt offener und entspannter bin als in deinem Alter, beides hatte ich mir immer gewünscht. Und du hast wiederum bestimmt jemanden in dir, der mutiger ist oder weniger schüchtern. Aber daneben wird es auch immer noch den Sam von jetzt geben, und das ist gut so.« Sie stand auf. »Denn den hab ich lieb.«

Ich nickte nur. Und als sie es sah, hielt sie mir wortlos die Hand hin.

Gegen meinen Willen grinste ich, dann hakten wir unsere kleinen Finger ineinander. Unser uraltes Geheimzeichen. Das hatten wir früher oft gemacht, wenn ich mich als Kind vor etwas gefürchtet hatte und sie mir sagen wollte, dass alles gut würde.

Als sie gegangen war, löschte ich das Licht und trat ans offene Fenster. Es hatte geregnet, feuchte Nachtluft strömte herein. Meine Augen gewöhnten sich an die Dunkelheit. Eine Weile starrte ich auf den Wald in der Ferne. Und da bekam ich so viel Sehnsucht danach, ein anderer zu sein und alles hinter mir zu lassen, dass es mich fast zerriss. Vor mir der stille, nur von ein paar Grablichtern beleuchtete Friedhof. Für eine Sekunde sah ich dort in meiner Vorstellung Kirstie Andretti stehen und rauchen, dann war sie verschwunden. Ich schüttelte den Kopf.

Nummer 4

Am Morgen klebte ein Zettel am Kühlschrank: *»Hallo Sam, bitte schau im Laden vorbei«.* Die Schrift meines Vaters. Ich begriff sofort, was das bedeutete. Wie in Trance ging ich in die Garage, die ohne die beiden Autos seltsam nackt wirkte, dann schnappte ich mir mein Rad und fuhr los.

Vier Jahre zuvor hatten meine Eltern mich zu sich gerufen, um »etwas Wichtiges« zu besprechen. Damals hatte man auf Moms linker Hirnseite einen Tumor entdeckt. Ich würde gern sagen, dass ich *total geschockt* war oder so. Aber ich war erst elf gewesen und hatte noch nicht richtig kapiert, was das bedeutete.

Mom hatte jedenfalls eine Radiotherapie bekommen und

war sofort operiert worden, drei Jahre danach dann noch mal. Obwohl der Tumor bösartig war, war sie davongekommen. Allerdings mit einer schlechten Prognose, wie die Ärzte sagten. Es war unwahrscheinlich, dass Mom die Krankheit ganz besiegte, sie konnte jederzeit zurückkehren. Meine Eltern hatten mir nur wenig erzählt, aber einmal hatte ich gehört, wie ein Pfleger sagte: »Siebzig Prozent der Patienten überleben keine fünf Jahre.«

Keine – fünf – Jahre!

Anfangs waren wir alle wie gelähmt gewesen. Ich glaube, ich redete mit niemandem außer mit Stevie darüber, ansonsten saß ich nur im Zimmer und spielte Gitarre. Doch so komisch es klingt: Irgendwann hatten wir uns an die ungewisse Situation gewöhnt. Und zumindest nach außen schien alles normal.

Mom war vielleicht nicht mehr so schwungvoll wie früher und durch die Medikamente öfter müde. Dennoch arbeitete sie wieder, wir lachten wie immer, stritten wie immer, schauten fern wie immer. Innerlich aber warteten wir alle nur auf neue schlechte Nachrichten. Denn der Tod saß die ganze Zeit bei uns am Küchentisch, trank seinen Kaffee, blickte stumm auf die Uhr.

Die Heartland Plaza Mall lag ein Stück außerhalb der Stadt. Sie war in den Fünfzigern gebaut worden, Gradys große Zeit, als die Textilfabrik noch blühte und ständig neue Leute brauchte.

Inzwischen war die Mall heruntergekommen, aber immer noch *der* Ort, wenn man Zeit totschlagen wollte. Von der Rolltreppe aus sah ich Mitschüler in den Cafés und

Restaurants sitzen. Aus den Lautsprechern schallte das unvermeidliche *Don't You* der Simple Minds.

Moms Buchladen hieß wie schon bei den Voreigentümern *Best Books* und war in der obersten Etage, gleich neben Mr. Andrettis Eiscafé *Palermo.* Und wie befürchtet war nicht sie da, sondern nur mein Vater, der Bücher aus einer Kiste in die Regale sortierte. Anders als Mom, die im Laden oft chaotisch war und bei jeder verlorenen Bestellung vor einem Nervenzusammenbruch stand, wirkte er wie immer stoisch und ruhig und so solide wie ein alter Briefbeschwerer aus Messing.

»Gut, dass du hier bist«, murmelte er. »Wir müssen reden.«

»Ist was mit Mom? ... Wo ist sie?«

»Sie lässt sich heute im Krankenhaus in Jefferson untersuchen ...«

Ich wartete, dass da noch etwas kam. Aber mein Vater sah mich bloß an und schien in meinem Gesicht nach etwas zu suchen. Wie immer, wenn er mich so betrachtete, kaute er auf diese nervige Art auf seiner Zunge herum. Unablässig. Am liebsten hätte ich geschrien: »Hör endlich auf mit dem Kauen!«

Er wandte sich wieder dem Karton zu. Lange hatte ich gehofft, mein Vater würde mal *irgendetwas* Nettes zu mir sagen oder mich sogar anbrüllen. Hauptsache, er nahm mich richtig wahr. Doch zwischen uns war einfach diese unsichtbare Mauer, und egal, wie viel ich davon abbaute, über Nacht hatte er's wieder draufgeschichtet. Am meisten störte mich, dass er nur mit mir so war. Wenn ich früher gehört hatte, wie Dad mit Jean redete oder sogar lachte, hatte ich mir oft gewünscht, mehr wie meine Schwester zu sein. Und manchmal hatte ich mir gewünscht, keine Schwester zu haben.

»Ist es so schlimm?«, fragte ich. »Ist die Krankheit zurück?«

»Kann man noch nicht sagen. Morgen hole ich sie ab, dann wissen wir mehr.«

Ich nickte nur. Nie hatte ich Moms stabiler Phase getraut, *nie*! Die gute Zeit war wie eine Tapete, die man einfach abriss. Nun würde alles wieder werden wie in den Jahren davor, als wir ohnmächtig zu Hause oder in der Klinik saßen, den Geruch von Tod und Desinfektionsmittel in der Nase ... Immerhin: Mom war eine Kämpferin. Nach der zweiten OP hatten die Ärzte gesagt, sie wäre ein »bemerkenswert zäher Knochen«. Und darauf war sie stolz, denn sie wollte noch mindestens die beiden Jahre bis zu meinem Highschool-Abschluss durchhalten.

»Also eigentlich genau wie du, Sam«, hatte sie mal zu mir gesagt und gelächelt.

Dad ging auf mich zu. Kurz glaubte ich, er würde mich in den Arm nehmen oder so, aber er griff nur nach dem leeren Karton hinter mir und räumte ihn ins Lager.

Ich stand noch immer an derselben Stelle, neben den Liebesromanen. Auf einmal begann es überall in mir zu kribbeln. Die Lichter in meinem Kopf flackerten, und ich hatte Angst, dass mich wie in meiner Kindheit eine Panikattacke überkam. Ich atmete mehrmals durch und las zur Ablenkung immer wieder die Titel der Bücher neben mir. Und irgendwann war tatsächlich alles wieder okay.

Im Kino hockte ich stumpf hinter der Kasse. Vor ihrer zweiten OP hatte Mom Sprachprobleme und Blackouts gehabt. Einmal hatte sie in der Küche Zuckungen bekommen. Ich wollte ihr helfen, da hatte sie mich plötzlich beleidigt und dann Spülmittel getrunken. *Spülmittel!* Allerdings hatte ich es erst richtig begriffen, als sie stöhnend vor mir zusammenbrach und sich übergab … Weitere Erinnerungen kamen nach, ein dunkler Bilderstrudel in meinem Kopf. Und die ganze Zeit fragte ich mich, was sein würde, falls sie starb. Ob ich dann allein mit Dad leben musste. Es machte mich ziemlich fertig, doch die anderen nahmen es gar nicht wahr.

»Immer deine bescheuerten Fragen«, hörte ich die tiefe Stimme von Hightower, als sie alle aus dem Büro kamen. »Lass dich mal von einem Psychiater durchchecken.«

»Das ist überhaupt keine bescheuerte Frage«, sagte Cameron. Er wandte sich an Kirstie. »Hey, Kay, was ist mit dir: Würdest du dir für fünf Millionen ein Monokel übers linke Auge tätowieren lassen? Und nein, du darfst es später nicht weglasern.«

»Klar«, sagte sie. »Wieso nicht?«

»Überleg's dir gut«, sagte Cameron. »Du hast dann zwar die fünf Millionen, musst dafür aber auch auf ewig die Story mit der Monokel-Wette erzählen. Selbst in zwanzig Jahren noch, wenn du einen Job anfängst oder wenn du nach einer Scheidung jemand Neuen kennenlernst … Ist dir das echt fünf Millionen wert?«

»Du Arsch, wieso sollte ich mich scheiden lassen?« Sie lachte, dann deutete sie auf mich: »Frag mal den Kleinen, ich wette, der tut's auch für die Hälfte.«

Und in diesem Moment machte etwas in mir *klick*. Ich verließ meinen Platz hinter der Kasse und ging einfach zum Ausgang.

»Hey, was wird denn das?«, fragte Cameron. »Blaumachen nur nach Absprache.«

»Ihr könnt mich mal, ICH KÜNDIGE!«, rief ich und knallte die Tür hinter mir zu.

Auf der Straße lief Kirstie mir nach. »Alles okay, Sam? Ich wollte dich nicht …«

»Verpiss dich einfach und lass mich in Ruhe!«

Ich beschleunigte meine Schritte, bis von ihr nichts mehr zu hören war. Was für ein scheiß Job, dachte ich. Was für eine scheiß Stadt! *Entdecke die verdammten Geheimnisse von Grady?* Ohne mich!

Ich überquerte die Eisenbahngleise und schaute mich erst nach Minuten um: über mir ein wolkenlos blauer Himmel, um mich herum Weizenfelder. Ein Gefühl ewiger Aussichtslosigkeit drückte mich nieder. Ich fuhr mir durchs glühend heiße Haar und dachte wieder an Mom. Es war alles ihre Schuld. Wieso hatte sie mich angelogen, dass es nichts Schlimmes war? Warum musste sie diese beschissene Krankheit haben?

Ich griff in den Boden und verrieb die trockene Erde zwischen meinen Fingern.

»AHHHHHHHHHH!«, brüllte ich. Ich ballte die Faust. »AHHHHHHHHHHHHHHH!«

Es tat überraschend gut. Und da schloss ich mit mir eine Wette: *Wenn ich's jetzt schaffe, zwölf Minuten am Stück zu rennen, dann bleibt meine Mutter noch jahrelang stabil.* Ohne groß nachzudenken, sprintete ich durch die Weizenfelder. Da ich nie Sport machte, bekam ich schnell Seitenstechen und mir wurde übel, doch ich lief keuchend weiter, um mein Leben, um *ihr* Leben. Bis ich einfach nicht mehr konnte und Angst und Frust sich in Schweiß verwandelt hatten und von meinem Körper tropften. Erst dann blieb ich endlich stehen. Ich blickte auf die Uhr: neuneinhalb Minuten.

Nummer 5

Als ich heimkam, war es Nacht. Es brannte noch Licht. Ich stand vor dem Haus, in dem ich aufgewachsen war, und betrachtete es wie einen Feind. Es war für mich nur noch der Ort, der mich daran erinnerte, dass meine Schwester vor Jahren nach L. A. gezogen war, um diese Serie zu schreiben, und sich kaum noch blicken ließ. Und dass vielleicht auch Mom bald nicht mehr da war. Nach dem Tag in der Sommerhitze war ich zum Umfallen müde. Aber ich fürchtete, dass mein Vater noch wach war und mich anschnauzen würde, wo ich nur gewesen sei.

Ich setzte mich auf die Bank beim Friedhof, neben der Kirche. Wie gern hätte ich geglaubt, was sie dort jede Woche predigten. So wie früher als Kind. Bloß konnte ich diese Bibelgeschichten einfach nicht mehr glauben, nicht mit meinen neuen Augen. Und es brachte nichts, sich blind zu stellen, wenn man es einmal gesehen hatte.

Dafür entdeckte ich etwas Silbernes, das die Straße heraufkam: Kirstie auf einem Fahrrad. Wie so oft trug sie ein Baseballcap der St. Louis Cardinals.

»Dachte mir, dass du hier sein könntest.« Sie lehnte ihr Rad gegen den Zaun.

Ich schaute demonstrativ weg.

»Dein Vater hat vorhin meinen Vater angerufen, weil er sich Sorgen machte.«

Ich ließ den Kopf hängen und starrte auf unser Haus. Sagte noch immer nichts.

Kirstie setzte sich trotzdem neben mich. »Tut mir leid, wenn ich heute blöd zu dir war. Ich wollte dich nicht verletzen.«

Anders als im Kino, wo man ständig ihre laute Stimme hörte, wirkte sie zurückhaltend und nachdenklich. Eine Weile blickten wir stumm in die Nacht. Das war gut, schweigen konnte ich. In der Ferne schimmerte der Missouri River im Mondschein, dahinter die winzigen Lichtpunkte einer Siedlung.

»Dir ist schon klar, dass ich nicht gehe, bevor du mir nicht erzählt hast, was los ist«, murmelte sie irgendwann, ohne mich anzusehen.

Ich nickte. Und dann erzählte ich ihr von Moms Krankheit. Dass ich wegen ihrer Untersuchung innerlich sofort aufgestöhnt hatte: »Nicht schon wieder«, und mich dafür schämte. Dass ich es aber einfach nicht mehr aushielt: diese ständige, abgrundtiefe, gottverdammte Angst bei jedem Kopfschmerz und Schwindel von ihr. Am Ende erzählte ich Kirstie sogar, was das *Allerschlimmste* war. Das Allerschlimmste waren nämlich nicht die Unsicherheit oder die Kontrollen und Operationen. Nein, das Allerschlimmste war das jahrelange Warten: auf einen Rückfall … auf eine wundersame Heilung … auf das Ende.

»Ich hab deine Mom neulich in ihrem Laden gesehen, ich dachte, es ist alles wieder gut und …« Kirstie musterte mich von der Seite. »Was ist mit deinen Freunden? Hast du jemanden, mit dem du über das alles reden kannst?«

Ich überlegte mir eine ausweichende Antwort. Schließlich schüttelte ich den Kopf.

Es war mir unangenehm. Kirstie holte eine Schachtel Zigaretten heraus und steckte sich eine in den Mund. »Das alles muss so beschissen für dich sein.«

Ich wollte antworten, dass ich mich daran gewöhnt hätte. Dann spürte ich wieder dieses vertraute Gefühl von Beklemmung und Angst, das so groß war, dass es fast schon eine physische Form in mir hatte, wie eine dritte Niere oder so. Und auf einmal kamen mir die Tränen. *Nicht vor ihr*, dachte ich, *du Idiot*! Doch schon trug es mich fort, wie es mich in den letzten Jahren oft fortgetragen hatte, auf dem Schulhof und zu Hause, und alles in mir wurde wieder schwarz, und dann …

Und dann umarmte mich Kirstie. Richtig fest, so, wie man einen Ertrinkenden umarmen würde. Und als ich mich wieder beruhigt hatte, tat sie etwas Irres: Sie nahm mit beiden Händen meinen Kopf, zog ihn ganz nah zu sich heran und blickte mir in die Augen. Sekundenlang, wie ein seltsames Tier. Unsere Nasen berührten sich fast. Kirstie sagte nicht »Alles wird gut« oder so einen Quatsch, sondern starrte mich einfach nur wortlos und entschlossen an, während ich ihre Hände an meinen Wangen spürte. Als schlössen wir einen Pakt. Dann ließ sie mich los und verabschiedete sich.

Im Haus roch es nach Chlor und Lysol, alles blitzblank. Dad musste den ganzen Tag geputzt haben. Ich fand ihn am Küchentisch. Mit seiner Lesebrille wirkte er wie ein Quarterback, den man als Wissenschaftler verkleidet hatte. Vor sich ein Haufen Bewerbungen. Der Raum war erfüllt von seiner Niedergeschlagenheit. Ich spürte, dass hier ein einsamer, stundenlanger Kampf stattgefunden hatte, wusste aber nicht, wofür oder wogegen. Nachdem die Fabrik geschlossen worden war, hatte er einige Jobs gehabt, zuletzt als Fliesenleger. Doch seit Monaten herrschte Flaute. Früher hatte er mögliche Stellen in den Zeitungen noch mit einem Kreis umkringelt, als gehörten sie quasi schon ihm. Inzwischen unterstrich er sie nur noch vorsichtig. Ich betrachtete ihn und dachte: *Mein Vater ist ein Arbeitsloser.* Das Wort klang seltsam, ich sagte es in meinem Kopf noch mal: *Arbeitsloser.*

Er musste mich bemerkt haben, trotzdem brütete er weiter vor sich hin, als wäre ich unsichtbar. Wie immer, wenn wir allein waren. Dad war kein Trinker, aber in dieser Nacht roch er nach Alkohol. Gerade, als ich gehen wollte, stand er doch noch wankend auf. »Samuel, hast du eine Minute?«

Er nannte mich nur so, wenn es Ärger gab. »Du kannst nicht kommen und gehen, wie's dir passt, und nicht Bescheid geben«, sagte er. »Wir haben genug Sorgen.«

Er wirkte so riesig in der kleinen Küche. Ich schaute ängstlich zu ihm hoch. »Dad, tut mir leid. Ich war draußen, es gab nirgends eine Telefonzelle, ich …«

»Dann hättest du eben früher zurückkommen müssen.«

Ich biss mir auf die Lippe.

»Wir müssen jetzt zusammenhalten«, hörte ich ihn sagen. Es klang hohl. »Du bist fast sechzehn, Zeit, dass du erwachsen wirst.«

Er blickte mich lange an, immer knapp an meinen Augen vorbei. Zwischen uns eine stechende Stille. Wieder kaute er auf seiner Zunge, seine Kiefer bewegten sich langsam und intensiv. Es machte mich wahnsinnig.

»Hör auf damit!«, sagte ich leise.

Dad schaute überrascht. »Was?«

Ich antwortete nicht.

Nummer 6

Am Morgen stand ich nach dem Duschen nackt vor dem Spiegel und musterte mich. Während mein Vater auf alten Fotos mit den dunklen Haaren und blauen Augen wie ein edles Ross oder so was aussah, schlug ich von der Größe her leider nach Mom und schien vom Stamm der Mäuse zu kommen. Kein Gramm Fett, kaum Muskeln, ein schmächtiger Junge mit rötlich-braunen Haaren. Und meine Wangen waren auch noch immer so glatt wie ein Babyhintern. Schwer vorstellbar, dass bei dem Anblick irgendein Mädchen in Verzückung geriet.

Ich betrachtete den Zweiklingen-Rasierer, den ich letztes Jahr gekauft hatte, in der Hoffnung, dass es auch bei mir bald mit dem Bartwuchs losging. Mein Vater hatte recht: Nichts an mir war erwachsen. Ich wusste, dass meine Eltern sich wünschten, dass ich bereit war, falls Mom wirklich starb. Sie sagten es nie, aber ich spürte es. Doch ein Teil von mir wollte gar nicht bereit sein, denn wenn man es war, passierte es auch. Und so war ich eben das, was ich immer war: ein unreifer Schisser, der dauernd allein blieb und nicht mal den Kinojob behalten hatte … Eine *Enttäuschung*.

Mein Mund zitterte. Ich griff nach dem Parfüm meiner Mutter und wollte die Flasche auf den Boden pfeffern. *Trau dich*, dachte ich. *Mach's schon, du verdammtes Kind, zieh endlich mal was durch …* Eine Ewigkeit stand ich so da, aufs Äußerste angespannt. Dann sprühte ich in die Luft. Der vertraute Geruch beruhigte mich.

Gegen zehn wollten meine Eltern von der Untersuchung zurück sein, jetzt war es schon fast elf. Ich hatte immer mehr Angst, dass etwas Schlimmes herausgekommen war. Aus der Küche holte ich eine Mülltüte und schmiss kindische Sachen aus meinem Zimmer hinein: Stofftiere, Matchbox-Autos, den *Happy Days*-Trapper Keeper und alte Poster. Nur die mit Michael Hutchence und A Flock of Seagulls ließ ich hängen (okay, und das mit Phoebe Cates im roten Bikini).

Beim Aufräumen entdeckte ich eine Ausgabe von *Hard Land*, das wir nächstes Jahr in Literatur beim Inspector besprechen würden. Er hieß eigentlich Mr. Parker, aber weil er ein Glasauge hatte und schlechtsitzende Anzüge trug, hatten ihm Schüler den Spitznamen »Inspector Columbo« verpasst. Es war Tradition, dass die Junior-Klasse bei ihm ihren Jahresaufsatz über den berühmtesten Gedichtband der Stadt schrieb. Doch der Inspector war einer der strengsten Lehrer und hatte noch nie eine Eins vergeben. Bis auf vorletztes Jahr, allerdings wusste niemand, an wen.

Ich blätterte durch *Hard Land:* die »Geschichte des

Jungen, der den See überquerte und als Mann wiederkam«, wie alle sagten. Ein Zyklus von über neunzig zusammenhängenden Gedichten, unterteilt in fünf Akte. Es gab Gerüchte, dass der Text eine geheime Botschaft enthielt. Ein Rätsel, das seit dem Erscheinen 1893 nur wenige Leser überhaupt gelöst hatten, darunter der Schüler, der die Eins bekommen hatte. Die versteckte Pointe war das vielleicht bestgehütete der neunundvierzig Geheimnisse von Grady.

Doch beim Durchblättern fand ich nichts Interessantes. Das Meiste handelte nur von einem namenlosen Helden, der durch seine Stadt lief. Dann stieß ich auf diese Zeilen:

… Fort mit dem Traum!
Fort mit dem Idyll!
Jugend überdeckte die Risse, doch nun sehe ich die
Lügen meiner Eltern.
Die Lügen meiner Freunde.
Die Lügen meiner Stadt.

Mir fiel mein Gedanke mit den neuen Augen ein, als unten die Haustür aufging. Sie waren zurück! Ich atmete durch, dann rannte ich die Treppe runter.

»Alles okay«, rief Dad am Eingang. Es gäbe zwar keine vollständige Entwarnung und Mom müsse sich in ein paar Wochen noch mal bei dem Spezialisten untersuchen lassen, der sie operiert hatte. »Aber das gestern war offenbar falscher Alarm und …«

Ich schoss auf die beiden zu. Es entstand eine diffuse Dreierumarmung, bei der nie ganz klar war, wer gerade wen umarmte. Als ich losließ, sah ich, dass Mom sogar weinte.

Selbst Dad hatte feuchte Augen; es schien ihm egal zu sein, dass ich es sah. Aus dem Keller holte er einen Karton Eis, und als wir es in der Küche aßen, hielt er die ganze Zeit Moms Hand. Er erzählte die Story, wie sich Annie Wozniak und Joseph Turner vor der College-Mensa kennengelernt hatten und wie er und Mom während ihrer Schwangerschaft heirateten und nach Grady zogen, als er den Bürojob in der Textilfabrik bekommen hatte. Und mich fragte er, wie's mir ging, und bot an, mit mir Fahren zu üben, wann immer ich wollte. Mein Vater war mir oft wie eine heruntergelassene Jalousie vorgekommen. Doch an jenem Mittag konnte ich zumindest durch die Ritzen spähen.

Nach dem Mittagessen (Dad hatte darauf bestanden, für uns zu kochen, seinen Nudelauflauf allerdings anbraten lassen) saß ich im Zimmer. Aus Euphorie erstellte ich eine Liste mit all meinen Lieblingssongs und -bands, als Kieselsteinchen an mein Fenster flogen. *Pling. Pling. Pling.*

Ich öffnete: Unten im Garten stand Kirstie.

»Wie geht's deiner Mom?«, rief sie. »Hab die ganze Zeit die Daumen gedrückt.«

»Fürs Erste alles okay«, rief ich zurück.

Sie lächelte. »Sehr gut. Dann kannst du ja ins Kino mitkommen.«

»Aber ich hab doch gekündigt.«

»Komm einfach runter!«

Ich trug eines meiner Kinder-T-Shirts und wühlte im Schrank nach Alternativen. Hastig sprühte ich ein getragenes, müffelndes Hemd mit Deo voll. Im Garten umarmte mich Kirstie, und auf dem Weg in die Stadt stellte sie mir eine Menge Fragen. Sie erzählte mir auch von ihrem Freund (leider) und der Zusage der New York University, an der sie studieren würde. Und dass sie bald ihre Zahnspange rausbekäme, was ihr offenbar wichtig war, denn sie erwähnte es gleich zweimal. So lange hatte ich nicht oft mit einem Mädchen geredet, und ich hoffte, es fiel ihr nicht auf.

Im Metropolis schienen die anderen auf mich gewartet zu haben. Cameron gab mir ein High Five, und selbst Hightower klopfte mir auf die Schulter.

»Ich weiß, was du durchmachst«, sagte er nur.

Ich entschuldigte mich dafür, dass ich so ausgerastet war. Verlegen fragte ich, ob ich meine Kündigung zurücknehmen dürfe.

»Wieso, welche Kündigung?«, fragte Cameron. »Also ich hab nichts gehört. Hey, Brand, hast du was von einer Kündigung gehört?«

Hightower schüttelte den Kopf.

»Und du, Kay, was ist mit dir?«

Kirstie schüttelte ebenfalls den Kopf.

»Da siehst du's«, sagte Cameron achselzuckend zu mir. »Keine Kündigung.«

Den restlichen Tag stand ich gutgelaunt an der Kasse. Am Nachmittag las ich sogar in *Hard Land* weiter, als eine Gruppe Mädchen ins Foyer kam. Ich glaube, sie hatten an der Highschool zu den Beliebten gehört, allerdings war ich keine sichere Quelle, da aus meiner Sicht fast alle beliebt waren (außer denen, die sich an meinen Tisch verirrten). Sie kauften nur ein Eis und wollten gerade gehen. Da kam Kirstie auf die Mädchen zu. Anders als mit uns wirkte sie auf einmal schüchtern und gleichzeitig angestrengt lässig;

ungefähr so wie Stevie, als er sich mal vergeblich mit zwei coolen älteren Jungen anfreunden wollte. Ich weiß, es klingt komisch, Kirstie mit ihm zu vergleichen, aber ihr Verhalten war verblüffend ähnlich. Die Mädchen dagegen reagierten eher herablassend auf sie. Und als sie kurz darauf abzogen und draußen ihr Eis aßen, sah Kirstie ihnen noch eine ganze Weile mit verkniffenem Gesicht nach.

Es war ein ungewöhnlich heißer Abend, schon zum zweiten Mal blieben beide Vorstellungen leer. Ich machte Saal 1 mit dem Wischmopp sauber und wollte danach nach Hause, als die anderen mit klirrenden Tüten hereinkamen. Cameron nahm mir den Mopp aus der Hand: »Genug gearbeitet, alter Knabe.«

»Du bist jetzt zehn Tage hier, wird Zeit, dass du richtig aufgenommen wirst«, sagte Kirstie und stupste mich. Sie bestimmte nicht nur ständig, was getan wurde, sie boxte und pikste einen auch dauernd oder lehnte sich gern an.

Ihr Aufnahmeritual: Wir würden uns alle einen der miesesten Filme aller Zeiten reinziehen und daraus ein Trinkspiel machen. Als ich fragte, wo sie den Alkohol herhätten, sagte Cameron, dass der Typ, dem die Tankstelle am Lake Virgin gehörte, ein großer Fan der Hornets und von Hightower sei. Er ahmte ihn heiser nach: »*Hey Jameson, hast denen am Wochenende tüchtig eingeheizt, was?* … Der Typ liebt Brand, der würde ihm auch seine Mutter verkaufen.«

Er und Hightower gingen die Filmrollen holen. Kirstie zog zwei Flaschen Bourbon aus einer Tüte. »Das ist das Gute, wenn niemand kommt. Dann gehört das Kino uns.«

Ich nickte, aber ehrlich gesagt war mir wegen des Alkohols ziemlich mulmig zumute. Außer einer Dose Bier beim Zelten mit Stevie hatte ich kaum Erfahrungen.

»Und du glaubst, das ist wirklich okay, wenn wir hier trinken?«, fragte ich.

»Wart's ab!«, sagte sie nur und legte dabei ihre Hand auf meinen Arm.

Ich fühlte jede einzelne ihrer Fingerkuppen.

Wir saßen alle nebeneinander in einer Reihe. Der Film hieß *Virgin Slayer* und war laut Cameron eine »Trashperle«. Die Handlung: Eine Gruppe Teenager aus Arizona wird von einem Jungfrauen-mordenden Dämon mit Mumienmaske abgeschlachtet. Wir mussten immer dann ein Gläschen Bourbon exen, wenn einer der Jugendlichen starb. Was allerdings ziemlich oft vorkam, denn sie stellten sich wirklich bescheuert an. Als zum Beispiel ein Geräusch in einer düsteren Hütte zu hören war, rannte der Junge im Film nicht weg, sondern ging nachschauen. Allein. »Hallo?«, fragte er mit zittriger Stimme. »Ist da jemand?« – *Zack, tot.*

Ich trank mein drittes Glas Bourbon und fühlte mich überhaupt nicht schlecht, im Gegenteil. »Ich bin noch gar nicht besoffen«, sagte ich stolz. Die anderen grinsten, doch ich kapierte nicht, was daran lustig sein sollte.

Normalerweise war ich in einer Gruppe unsicher, sagte nichts oder machte nach einer Ewigkeit eine Bemerkung, die mir dann sofort peinlich war. Jetzt dagegen war ich in der besten Laune meines Lebens und musste bei fast jeder Einstellung lachen. Eine hölzern gespielte Liebesszene – zum Brüllen. Die schlechtgemachte Papiermaske des Dämons – zum Brüllen. Die Dialoge der Jugendlichen – zum

Brüllen. Ich musste unbemerkt in eine Parallelwelt geraten sein, denn auf einmal waren alle dunklen Bilder von zu Hause weg, und es gab auf der ganzen Welt nichts Besseres, als hier mit den anderen im Kino zu sitzen. Und als Cameron höhnisch die Szene kommentierte, bei der ein Mädchen versuchte, mit einem der Jungen noch schnell ihre Jungfräulichkeit loszuwerden, schoss mir vor Lachen Bourbon aus der Nase.

»Tja, gut, dass uns das nicht mehr passieren kann«, sagte Kirstie, und ich ahnte sofort, was nun kam. Tatsächlich schauten alle zu mir und machten Witze, dass der Dämon mich holen und meinen »unberührten Knabenkadaver« schänden würde.

Ich lachte nur kurz. Wieso waren sie so sicher, dass ich noch Jungfrau war?

Dann schien der Gag endlich durch zu sein. Aber als Cameron von der Toilette kam, hatte er sich eine Rolle Klopapier wie eine Maske um den Kopf gewickelt. In der Hand hielt er ein Messer aus der Büroküche.

»Ich rieche eine Jungfrau!«, gurgelte er. »Wo ist sie?« Er schnupperte umher und tat, als würde er meine Fährte aufnehmen und mich mit dem Messer abstechen.

»Ha, ha!«, sagte ich. »Echt witzig.«

»Jetzt lasst ihn in Ruhe, ist doch nicht schlimm, wenn er's noch nicht getan hat«, sagte Kirstie. Ich blickte dankbar zu ihr rüber, da hielt sie sich erschrocken die Hand ans Ohr. »Was war das für ein Geräusch? Ich glaube, es kam aus dem Lager … Hey Sam, willst du nicht mal allein da unten nachsehen?«

Wieder lachten sie, dabei war es wirklich überhaupt

nicht lustig! Dann starb endlich wieder jemand und mein Glas wurde gefüllt. Ich exte es trotzig und bekam das Gefühl, dass ich mich hier alles in allem ziemlich gut schlug.

Das Erstaunliche beim Kotzen: Es kam immer noch etwas raus. Ich hatte längst alles ausgespuckt, was ich die letzten Tage zu mir genommen hatte, ein bourbongetränktes Wiedersehen mit teils vergessenen Speisen (Karotten? Wann hatte ich Karotten gegessen?). Trotzdem hörte es nicht auf. Obwohl ich schon seit einer halben Stunde über der Kloschüssel hing und nur noch Galle schmeckte.

»Wie geht's ihm?«, fragte Hightower.

»Langsam besser.« Kirstie kniete neben mir und fuhr mir durchs Haar. Eine Geste, die ich mehr zu schätzen gewusst hätte, wenn ich mich dabei nicht hätte übergeben müssen.

Später legten sie mich auf die durchgesessene Couch im Büro, wo es beruhigend nach Kaffee und altem Leder roch. Ich döste nur mit geschlossenen Augen vor mich hin. Doch als ich hörte, dass die anderen hereinkamen, stellte ich mich schlafend.

»Glaubt ihr, das war zu hart für ihn?«, fragte Kirstie.

»Ach was«, hörte ich Cameron sagen. »Mich hat's auch schon oft erwischt.«

Sie standen dicht vor mir und schienen mich zu betrachteten.

»Was für eine Scheiße mit seiner Mom«, flüsterte Kirstie. »Vielleicht sollten wir ihn ein bisschen adoptieren? Er wäre ein würdiges Mitglied im Mystery Club gewesen.«

Ich fragte mich noch, was ein Mystery Club war, dann

nickte ich wirklich weg. Und als ich mich später schlaftrunken auf der Couch aufrappelte, war nur noch Kirstie da. Sie saß neben mir und schrieb in ein Notizbuch. Ich starrte auf den Einband: *Kirsten.* Die zwei Silben tanzten durch meinen Kopf, dabei hatte ich den Namen früher gar nicht gemocht. Aber früher hatte ich auch Mädchen und Pizza nicht gemocht.

Kirstie schloss das Kino ab und brachte mich nach Hause. »Wenn du gleich ins Bett gehst, wird sich alles drehen«, sagte sie unterwegs. »Stell am besten einen Fuß auf den Boden, und wenn das nicht hilft, dann halte noch eine Hand an die Wand.«

»Und das soll was bringen?«

»Wart's ab!«, sagte sie wieder.

Eine warme Brise wehte uns entgegen, es ging mir besser. Wir redeten über Musik, aber Kirstie kannte kaum Bands und mochte sogar Country. Also wechselten wir zu Lieblingsfilmszenen. Meine war, als Luke Skywalker auf seinem Heimatplaneten die Zwillingsmonde betrachtet und sich in die Ferne wünscht. Kirstie sagte, ihre wäre aus einem norwegischen Film; sie könne sie jedoch nicht erzählen, nur nachspielen.

»Der Junge hat sich vor das Mädchen gestellt und … gib mir mal deine Hand.«

Wir blieben unter einer Straßenlaterne stehen, sie nahm einfach meine Hand. Ich war elektrisiert. *Jetzt kommt was Irres,* dachte ich.

»Er sieht sie also an …« Kirstie schaute mich herausfordernd an, wie offenbar der norwegische Junge im Film das Mädchen. »Und dann sagt er: *Ich zähle jetzt langsam von zehn runter, und bei null bist du in mich verliebt. Du hast keine Chance, es ist ein Zauber, und es dauert nur zehn Sekunden.«*

Normalerweise konnte ich ihr kaum länger in die Augen sehen als in die Sonne. Nun schaute ich hin – die ganze Zeit! Und zum ersten Mal fiel mir auf, dass sie braun mit einigen Tupfern grün waren.

»Zehn …«, fing Kirstie zu zählen an, ihr Blick drang tiefer in mich ein. *»Neun …«*

Ich spürte, wie es an meinem Nacken zu kribbeln begann.

»Acht …« Ich musste grinsen, weil es so verrückt war. Auch Kirstie lächelte. *»Sieben … sechs … Gleich bist du in mich verliebt …«*

Bei diesen Worten machte sie kurz ein unsicheres Gesicht. Als würde sie begreifen, was sie da eigentlich tat und dass sie genauso mit drinhing wie ich.

Dann fuhr sie fort: *»Fünf … vier …«*

Ich sah ihr weiter fest in die Augen. Unter ihrem Blick tat sich eine neue Welt auf, und plötzlich wusste ich, dass der Zauber funktionieren würde – *»Drei … zwei …«* –, und ich spürte, was mir mein ganzes Leben gefehlt hatte, dabei hatte ich es bis zu dieser Sekunde nicht mal vermisst.

»Eins …«

Kirstie wirkte genauso gespannt wie ich. Sie zögerte, dann sagte sie leise: *»Jetzt!«*

Ich hielt die Luft an. Im Hintergrund sah ich die Lichter des Larry's, das noch offen hatte. Menschen gingen an uns vorbei, in der Ferne der Lärm eines Motorrads. Ein paarmal atmete ich tief ein und aus.

Dann fühlte ich wieder Kirsties Hand in meiner. »Und?«, fragte sie.

Erst da kam ich zu mir. »Was?«

Ungeduldig sah sie mich an. »Hat der Zauber funktioniert?«

Ich war unfähig, auch nur ein Wort zu sagen.

»Schade«, sagte sie schließlich unernst. »Ich war so sicher, dass es klappt.«

Als ich später nach Hause kam, warteten meine Eltern im Wohnzimmer. Ich fing einen besorgten Blick von Mom auf, die mich fragte, wo ich gewesen sei und ob ich getrunken habe. Als sie mir daraufhin ins Gewissen redete, blickte ich schuldig zurück. Doch als ich Dads ewig ernste Miene sah, musste ich plötzlich kichern.

»Tut mir leid«, sagte ich sofort und versuchte es abzustellen. »Sorry.«

Aber er schaute nun ernst *und* enttäuscht, und da hätte ich fast weinen können, so witzig fand ich das auf einmal. Und obwohl ich einen ziemlichen Anschiss von Mom bekam, machte es mir nichts aus. Denn als ich später im Bett lag und einen Fuß auf den Boden stellte und eine Hand an die Wand hielt (wirkte tatsächlich), da sah ich wieder vor mir, wie sie langsam herunterzählte: Drei, zwei, eins … Drei, zwei, eins …

Drei, zwei, eins … *Jetzt*!

Nummer 7

Als ich mich am nächsten Tag verkatert ins Kino schleppte, applaudierten die anderen. Ich verbeugte mich wie ein Theaterschauspieler auf der Bühne. Sie lachten, und als sie später ins Larry's gingen, fragten sie sogar, ob ich mitkommen wolle.

Es war das erste Mal, dass ich den Laden betrat, und den ganzen Weg hoffte ich, dass Chuck Bannister nicht da sein würde. Klingt vielleicht dramatisch, aber in Stevies und meiner Kindheit war Chuck so etwas wie der Joker und der Undertaker gewesen – in einer Person. Die Spannbreite seiner Quälereien reichte von simplen Schlägen bis hin zu demütigenden »Loyalitätstests«. Einmal hatte er auch unsere Köpfe in eine dreckige Pfütze getaucht und es die »Weltmeisterschaften im Schlammfressen« genannt. Inzwischen war Chuck achtzehn und hatte meist Besseres zu tun, blieb aber wie alle Sadisten unberechenbar.

Und dann trafen wir tatsächlich direkt auf ihn. Ganz im Ernst.

Ich war mit Cameron ein Stück vorausgegangen. Wir redeten gerade über Filme (Cameron: »Stell dir vor, du bist George Lucas: Du hast *American Graffiti* gemacht, die *Star Wars*-Trilogie und dir die beiden *Indiana Jones*-Filme ausgedacht … der Typ ist so was von un-fehl-bar!«), als Chuck aus der Tür des Larry's trat.

Sofort bekam ich Schiss. Doch er schien mich gar nicht zu bemerken und fragte nur: »Hey, Leithauser, musst du gerade nicht ein paar Schwänze in St. Louis lutschen?«

Cameron wirkte für eine Sekunde getroffen. Dann zuckte er mit den Schultern. »Nur an den Wochenenden, Bannister, schau in deinen Plan.«

Chuck antwortete nichts, musterte bloß verächtlich Cameron und dessen gestylte Frisur, die Sonnenbrille und das Sakko. Chuck selbst sah auf eine bullige Weise gut aus. Allerdings hatte er im Profil eine fast prähistorisch flache Stirn, als hätte man ihm als Kind immer wieder mit der Bratpfanne eins drübergezogen. Er trat sich etwas Dreck von seinen Boots und sagte ansatzlos: »Verpiss dich, Chipmunk.«

Damit war offenbar ich gemeint. Ich fühlte Panik aufsteigen und ging – ein alter Trick von mir – die Zahl Pi bis auf dreißig Stellen nach dem Komma durch.

Zahlen hatten mich immer beruhigt.

Ich war gerade bei der elften Stelle (fünf), als die anderen zu uns aufschlossen und Hightower mit verschränkten Armen fragte, ob's ein Problem gäbe. Und natürlich gab es kein Problem. Denn einerseits war niemand so blöd, sich mit dem stärksten und mutigsten Typen in Grady anzulegen. Außerdem spielten er und Chuck seit Jahren für die Hornets und kannten sich gut.

Erleichtert huschte ich durch die Tür. Drinnen warf ich Cameron wegen Chucks Bemerkung noch einen Blick zu. Aber er sagte nichts, also fragte ich auch nicht.

In »Larry's Corner« roch es nach Bratfett und Filterkaffee. Und obwohl der ganze Laden versifft wirkte, war es wirklich der beste Ort, den ich mir vorstellen konnte. Aufgeregt ging ich durch das Diner mit seinen Sitzecken, dem flimmernden Fernseher und dem Tresen mit Barhockern. Im hinteren Bereich spielten ein paar Ältere Billard, Tisch-Eishockey und an Automaten (leider kein *Defender*).

Wir setzten uns an den Tisch am Fenster. Kirstie erklärte mir die Karte: »Burger und Shakes sind echt gut, nur die Chicken Wings darfst du hier nie bestellen.« Bedrohlich flüsternd: »Denn die sind gar nicht aus Chicken …«

Ich nickte, auch wenn es bei mir höchstens für eine kleine Portion Pommes reichen würde. An jedem anderen Tag wäre es mir peinlich gewesen, nun dachte ich nur daran, wie sie meine Hand ergriffen hatte.

Beim Essen redeten die anderen über Mitschüler, Klatsch und das bevorstehende *Festival am See*. Ich traute mich nicht, etwas zu sagen, dafür sog ich alles auf. Denn so, wie sie diskutierten, konnte man erkennen, wie sie waren: Kirstie leidenschaftlich und bestimmt, Cameron spöttisch und provozierend, Hightower zurückhaltend. Aber wenn er etwas sagte, war es schlau und interessant.

Die Kellnerin brachte ihm gerade den Nachtisch, wobei sie offensichtlich mit ihm flirtete. Hightower stritt es ab, und die anderen zogen ihn damit auf.

»Na ja, ich kann sie schon verstehen«, sagte Kirstie. »Ich war auch mal in Brand verliebt, als ich fünfzehn war!«

Und Cameron sagte: »Er ist nun mal heiß.«

Und Kirstie nickte: »Absolut. Und er hat einen Oberlippenbart.«

Und Hightower stöhnte. »Könnt ihr Penner bitte aufhören so zu tun, als säße ich nicht neben euch?«

Kirstie grinste, so dass ihre Zungenspitze zwischen den Zahnreihen aufblitzte. Dann deutete sie auf den Jungen mit Dreadlocks, der gerade reingekommen war. »Der mit den Dreads sieht ja aus wie ›Der Alte‹ aus *Georgetown.*«

Falls jemand die Serie nicht kennt: Sie läuft nachts im Kabelfernsehen, und es geht um die Waldens, eine dysfunktionale Politikerfamilie, die im Washingtoner Stadtteil Georgetown lebt. Es gibt Affären, Wahlkampfintrigen und tiefschwarzen Humor. Der Clou: Alle Erwachsenenrollen werden durchgehend von Kindern gespielt; nur ein Schauspieler ist Teenager und wird »Der Alte« genannt. Ausgedacht hat sich das alles eine junge Drehbuchstudentin von der L. A. Film School, die dadurch über Nacht zum Shooting Star geworden war.

»Hey, Sam«, sagte Kirstie. »Darf ich dich was fragen? Stimmt es, dass …«

»Jep, meine Schwester«, sagte ich und unterdrückte ein Seufzen. Vielleicht nicht fair, aber wenn ich mal starb, stand auf meinem Grabstein bestimmt »Jean Turners kleiner Bruder«. Schon an der Schule war sie sehr bekannt gewesen. Und berüchtigt.

Die anderen flippten nun aus und wollten wissen, ob ich mal am Set gewesen sei (ja, mit meinen Eltern), ob ich einen Cameo-Auftritt als Kind gehabt hätte (nein), ob ich oft darauf angesprochen würde (ja), ob meine Schwester mal wieder nach Grady käme (vielleicht, die Flüge waren irre teuer) und ob sie Millionärin sei (leider gar nicht, Jean klagte oft, wie mies die Bezahlung für weibliche Serienautoren sei).

»Ich würd so gern mal an so ein Set!«, sagte Kirstie.

»Kannst dich ja an Sam ranwerfen, vielleicht schleust er dich rein«, sagte Cameron.

»Mach ich sofort«, antwortete sie, »der ist eh ziemlich süß.«

Es war nicht leicht zu flirten, wenn man sich gerade Fritten in den Mund geschoben hatte und Zahnspange trug, doch Kirstie tat ihr Bestes. Sie legte ihren Arm um mich und kam mir dabei so nahe, dass ich den Duft in ihren Haaren roch. Meine Wangen wurden schlagartig heiß. Doch dann lachte sie nur und streichelte mir über den Kopf. So, wie man den Hund des Nachbarn streichelt.

Nummer 8

Tags darauf lernte ich Kirsties Freund Mason kennen. Er studierte Journalismus an der Ostküste, half den Sommer über im Restaurant seines Dads aus und war großer Fan der Miami Dolphins und von Dan Marino … Keine Ahnung, wieso ich mir das gemerkt habe. Er wirkte jedenfalls ziemlich nett, was mich insgeheim störte, und noch in der Nachmittagspause bettelte ich Mom um Geld für neue Klamotten an. Ich wusste, dass wir uns das nicht leisten konnten. Aber ich brauchte jetzt *unbedingt* etwas, das so cool war wie die Lederjacke von Kirsties Freund.

In der Mall fand ich in einem K-Mart ein dunkelblaues Jeanshemd, eine reduzierte hellblaue Jeans und weiße Sneaker mit Klettverschluss. Zwar nicht von Nike, doch sie sahen wirklich fast genauso aus. Zu Hause schnitt ich dem Jeanshemd die Ärmel ab, damit ich es wie eine Weste über meinem T-Shirt tragen konnte. Und ich weiß nicht, ob das übertrieben klingt, aber als ich in meinen neuen Klamotten vor dem Spiegel stand, fühlte ich mich wie ein anderer Mensch.

Ich konnte es kaum erwarten, damit am nächsten Tag im Kino aufzukreuzen, denn ich war so gespannt, was Kirstie dazu sagen würde. Und dann war sie gar nicht da. Es war, als wäre ich mit Anlauf in einen Pool ohne Wasser gesprungen. Ich sprach zwar mit Cameron, der mir sagte, dass Hightower »ein paar Probleme mit dem Wagen« habe und später komme. Sonst aber passierte nicht viel. War Kirstie nicht im Kino, fehlte den Witzen die Pointe, war der Sommer weniger heiß, das Popcorn weniger knusprig und die Cola nicht so prickelnd wie sonst.

Stattdessen dachte ich dauernd daran, wie sie ihren Freund geküsst hatte. Und an den *Blick*, mit dem sie seine Hand genommen hatte und mit ihm nach unten ins Lager verschwunden war … Mit Stevie hatte ich oft über Sex und Mädchen geredet, aber ich glaube, insgeheim fanden wir es beide nicht schlimm, dass das alles noch weit weg war. Jetzt sehnte ich mich wie verrückt danach und stellte mich auf die Zehenspitzen – wäre ich nur schon so groß! Ich malte mir aus, wie ich über Nacht fünfzehn Zentimeter wuchs und wie mich am nächsten Tag im Kino alle verwundert anschauen würden. »Du bist ja auf einmal riesig«, würde Kirstie sagen und zu mir aufsehen, aber ich würde nur grinsen. »Echt? Ist mir gar nicht aufgefallen …«

Kopfschüttelnd legte ich eine Filmrolle ein. Ein Schwarzweißklassiker über eine Jury von Geschworenen, die in einem Zimmer über einen jungen Mann richten sollte. Schnell waren sich elf von ihnen einig, dass er schuldig war. Nur der Typ, den Henry Fonda spielte, war anderer

Meinung. Ich wollte bloß den Anfang schauen und konnte mich nicht mehr lösen. Irgendwann kam Cameron in den Projektorraum. Als er begriff, dass ich schon ewig hier stand, lächelte er. Zusammen schauten wir den Schluss und räumten den Saal auf. Wir quatschten über *Die zwölf Geschworenen* und andere Klassiker, und er erklärte mir sein geliebtes französisches Kino, das »Nouvelle Vague« hieß.

Das Gute an Cameron war, dass es mir bei ihm nie schwerfiel zu reden; als hätte er eine Art Gegengift für unsicheres Schweigen entwickelt. Schließlich kamen wir sogar auf Chuck Bannister, und ich erzählte, wie er mich mal »überredet« hatte, mit ihm und seinen Freunden in seinem Mercedes mitzufahren. Drei Meilen vor Grady hatten sie mich ausgesetzt – ohne meine Schuhe.

Es sollte lustig klingen, doch Cameron blies die Backen auf. Dann stieß er mich an: »Wusstest du, dass Chuck jede Woche den Leuten im Altenheim in Hudsonville vorliest? Er erzählt es niemandem, aber er kümmert sich rührend um sie.«

»Echt?«

Er zog einen schiefen Mund. »Quatsch! Wär aber nicht schlecht, dann wär er vielleicht nicht dieses Klischee von einem Kleinstadtarsch. Allerdings …« Cameron stopfte betont beiläufig einen Colabecher in den Müllsack. »Es stimmt, was er neulich über mich gesagt hat. Okay, teilweise. Ich würde sagen: zu fünfundzwanzig Prozent steh ich auf Mädchen, zu fünfundsiebzig Prozent auf Jungs.«

Er sah mich an, unsicher, was ich davon hielt. Als ich ihm zunickte, fuhr er fort: »Ich wollte da nie eine große Sache draus machen, aber vor ein paar Jahren war ich das erste Mal verliebt. Troy Catalano, ein Footballkumpel von Brand. Ausgerechnet! Brand hat damals wirklich alles getan, um mir zu helfen, doch der Typ hat einfach keine Lust gehabt, schwul zu werden. Frechheit.«

Wir grinsten beide, dann stieß er mich an. »Zigarette?«

Obwohl ich nicht rauchte, nickte ich routiniert. Wir gingen ins Büro. Als er mir die Packung hinhielt, versuchte ich möglichst lässig zu wirken. Die ersten Züge gingen auch, dann musste ich husten. Ich nahm noch einen Zug, zwecklos, inzwischen hustete ich so heftig, dass meine Halsschlagader anschwoll.

»Schon okay, so ging's mir anfangs auch.« Er klopfte mir mitfühlend auf die Schulter. »Bleibt alles unter uns, alter Knabe.«

Cameron verwendete zum Spaß oft bescheuerte und ausgestorbene Begriffe aus Klassikern, die dann unmerklich in seinen Sprachschatz übergingen, wobei dieses »alter Knabe« eindeutig sein Favorit war. Er zog an seiner Zigarette, dann erzählte er, was die »paar Probleme mit dem Wagen« bei Hightower waren: Jemand hatte mit Lack ein ziemlich rassistisches Wort auf die Heckklappe seines Pickups geschrieben.

Ich konnte es erst nicht glauben.

»Doch. Ich hab das auch ein paarmal bei Brands Spielen erlebt, dass die Leute ihn auf diese Weise beleidigt haben. Tja, *welcome to Missouri.*«

Fassungslos nahm ich noch einen Zug. »Aber … was sagt er dazu?«

»Na ja, ich weiß nicht, ob's dir schon aufgefallen ist, aber Brand ist nicht gerade einer der gesprächigsten Typen.«

Cameron aschte ins Waschbecken. »Eigentlich haben wir nur einmal darüber geredet. Damals hatte ein Ordner vor einem Konzert dumme Sprüche in seine Richtung gemacht. Es ist nicht eskaliert, aber es war unerträglich. Das Konzert über waren wir wie gelähmt. Auf der Rückfahrt hab ich dann gesagt, dass ich mir kaum vorstellen kann, wie's ist, von einem Wichser wie dem Ordner auf diese Weise angemacht oder eingeschüchtert zu werden. Und Brand hat nur so was gesagt, wie: *Ja, toll ist es nicht. Aber das Problem sind mehr die Leute, die nichts sagen und nichts machen, die es sich aber denken …* Das war's. Danach konnte passieren, was wollte, er hat nie mehr darauf reagiert. Aber ich weiß, wie sehr es ihn trifft.«

Später sah ich Hightower im Foyer sitzen. Er trug ein blaues Muskelshirt und Hornbrille und las in einem der Bücher, die er sich schon mal für sein Jurastudium ausgeliehen hatte. Noch immer wusste ich fast nichts von ihm. Eigentlich nur, dass er ein Stipendium der UCLA in der Tasche hatte und nach dem Sommer dort spielen würde. Und dass er gläubig war, jeden Morgen um sechs Uhr trainierte und dann lernte oder seinem Dad auf der Farm half. Auf mich hatte er immer distanziert und schroff gewirkt. Allerdings hatte ich mir ja selbst noch nie viele Gedanken über ihn gemacht. Oder mir überlegt, wie es für ihn sein musste, einer der wenigen schwarzen Jugendlichen in dieser Gegend zu sein.

Ständig dachte ich daran, wie geknickt er ins Kino gekommen war. Und dass er bei der Sache mit meiner Mom so etwas Nettes zu mir gesagt hatte. Irgendwann ging ich zu ihm und sagte, dass es mir leidtue. Erst reagierte er nicht, dann sah er auf. Und ich wünschte, ich hätte den Mut gehabt, richtig mit ihm zu reden. Aber ich wusste einfach nicht, was ich ihm sagen sollte. Ob er überhaupt darüber sprechen wollte. Schließlich nickte er mir stumm zu und las weiter.

Mehr war nicht. Ich will deshalb nicht so tun, als hätte ich irgendeine Ahnung von diesen Dingen. Aber ich wollte das alles trotzdem erzählen, weil er inzwischen ein Freund von mir ist. Und weil ich später noch oft daran denken musste, wie jeder von uns von unterschiedlichen Erlebnissen geprägt wurde. Hightower vermutlich von dem Rassismus und seiner schwierigen Kindheit. Und ich von dem, was in jenem Sommer an meinem Geburtstag geschah.

Nummer 9

Als wir abends zum See gingen, hörte ich schon aus der Ferne Kirmeslärm und Musik. Ich trug meine neue Jeansweste und dachte: Heute! Wird! Groß! An diesem Wochenende startete das jährliche *Festival am See,* und jeder in Grady wusste: Da ist alles möglich und erlaubt.

Um sieben war ich mit den anderen am Ticketstand verabredet. Leider bestanden meine Eltern darauf, mich hinzubringen; vermutlich wollten sie nach dem Trinkabend neulich schauen, mit wem ich »Umgang« hatte. In der Edison Lane sahen wir die bunten Festwagen der Parade, vor dem Rathaus hielt Bürgermeister Lambert eine Rede. Meine Eltern waren beängstigend gut drauf. An einem Weinstand nahm Mom ein Glas und verkündete feierlich, dass wir nach dem Schrecken mit ihrer Untersuchung am Ende der Ferien nach Rom fliegen würden. Sie hatte die Reise oft geplant und genauso oft wegen unserer finanziellen Situation verschoben. Doch Onkel Bill, ihr Bruder, hatte versprochen, sie zu unterstützen.

»Wieso eigentlich immer Rom?«, fragte ich.

»Ganz einfach, Schatz: weil ich da noch nie war.«

Sie lachte, und ich fand, dass sie an diesem Abend wirklich hübsch aussah, mit den nachgewachsenen Haaren und dem weißen Kleid. Auch wenn sie seit der letzten OP oft Mühe mit dem Gehen hatte und mit ihren unsicheren Tippelschritten selbst auf dieser kurzen Strecke aus der Puste kam.

Als wir den Treffpunkt erreichten, hatte ich Angst, meine Eltern könnten peinlich sein oder so. Doch Dad quatschte sofort mit Hightower und Mason über die Grady Hornets, während Kirstie mit Mom über Bücher redete, die sie beide gerade lasen. Auch Cameron stieß zu uns, im Schlepptau ein schwarzhaariges Mädchen in meinem Alter. Sie trug ein geblümtes Kleid und musterte uns neugierig.

»Das ist Sarah«, sagte er, »meine kleine Cousine.«

Ihr Blick verharrte ziemlich lange auf mir, bis ich verlegen wurde.

Ich wollte gerade »Hi« zu ihr sagen, da hielt Mom es nicht mehr aus und strich mir über die Wange – vor Sarah und allen anderen. »Ich freue mich so, dass Sam Freunde gefunden hat. Das bedeutet uns viel.«

Es war, als hätte sie es in Zeitlupe und mit tiefer, verlangsamter Stimme gesagt: »Ichhhh freeeeuueee miiiiiccchhh soooo, daaassss Saaaaamm Freeeuuundddeeee geeeffuuunnddeen haaatttt, daaasss beeedeuuttett uuunnnss viiii-eeelll!!!!«

Ein Wunder, dass die Band nicht aufhörte zu spielen und alle Zuschauer hersahen. Und dann ging meine Mutter nicht mal, sondern schaute einige ewige Augenblicke in die Runde. Alle nickten höflich, ich zischte wütend »Mom!«, was es zugegeben nicht besser machte. Am Ende tat Cameron das, was er in peinlichen Situationen immer tat: Er machte einen Spruch und raunte meinem Vater zu: »Sie bezahlen uns für den Escort des Jungen wie immer danach, Sir, oder?«

Dads Antwort: Er sagte nichts und starrte ihn einfach nur irritiert an … und zwar *sekundenlang.* Aber kurz darauf schafften wir es endlich, meine Eltern loszuwerden.

Die Sonne verschwand hinter den Bergen, die Luft wurde weich. Es war ein trockener, knisternder Abend, ich sah auf die Lampions und Fahrgeschäfte, und ich weiß nicht, was dann geschah, doch auf einmal gab es keine Zeit mehr, nur noch den Moment, als ein Flachmann mit Schnaps die Runde machte und ich einen kräftigen Schluck nahm, als Kirstie – geschminkt und mit großen Ohrringen – meine Klamotten bemerkte und sagte, dass sie die Jeansweste cool fände, als sogar ihr Freund Mason mit mir redete und die anderen ihm und Camerons Cousine erzählten, dass ich mich beim Aufnahmeritual im Kino »ganz okay« geschlagen hätte, und Sprüche machten, als gehörte ich zu ihnen, und noch immer fürchtete ich die Achterbahn, traute mich aber ins Geisterhaus (oder wie Cameron sagte: »Willkommen im Unterbewusstsein meines Vaters«), es roch überall nach Grillfleisch und Zuckerwatte, und die ganze

Zeit blickte ich in erwartungsvolle Gesichter und hörte das Stimmengewirr der Festivalbesucher und die Musik der Rockband auf der Bühne, und ich fühlte mich großartig, als ich beim Schießen erstaunlich gut war, obwohl die anderen mich beim letzten Versuch absichtlich störten, und ich wurde wehmütig, als mir einfiel, wie Dad früher immer beim Hot-Dog-Wettessen im Festzelt mitgemacht und Mom »Du bist verrückt, Joe« gemurmelt hatte – und da dachte ich wie so oft nur noch an meine Mutter, die so zerbrechlich und klein war und vor ihrer Krankheit so quirlig und lebendig sein konnte, und wie sie nach der zweiten OP kaum reden konnte und wochenlang depressiv und mit diesem aschfahlen Gesicht zu Hause im Bett lag, und ich hörte das Gelächter der anderen, die weiterzogen, während ich stehen blieb und auf die bunten Lichter des Riesenrads in der Dämmerung starrte …

Noch einmal holte ich Luft. Dann schob ich die Bilder mit Mom weg, *nicht jetzt, nicht heute,* an diesem Abend würde diese ewige Horrorvorstellung in meinem Kopf mal bis auf den letzten Platz leer bleiben, stattdessen rannte ich den anderen nach und stimmte in ihre Unterhaltung ein, und wieder ging der Flachmann herum, ich trank zu viel, stolz und aufgeregt, vor allem, als wir an Chuck Bannister und seinen Freunden vorbeikamen und er hoffentlich sah, mit wem ich hier herumhing, doch Sekunden später war es mir schon egal, und ich beobachtete nur noch, wie Kirstie sich bei Mason einhakte, wie sie ihn anhimmelte und ihm durch die langen Haare strich, und wie schon im Kino wirkte sie in seiner Nähe wie verwandelt, sagte keine seltsamen Sachen mehr und tat viel erwachsener – bis sie entdeckte, dass hinter dem Autoscooter getanzt wurde. Es war ein wilder *Cotton-Eyed Joe*, bei dem alle in einer Reihe standen, rhythmisch klatschten und die Füße nach vorne warfen, und da sprudelte es aus Kirstie heraus und sie redete schnell wie ein Kind: *»OmeinGottwirmüssendasoforthin!«* Obwohl Mason davon leicht genervt wirkte, schaffte sie es, ihn und die anderen auf die Tanzfläche zu ziehen, nur Hightower und ich blieben abseits und sahen amüsiert zu, wie Camerons schweigsame, aber alles genau im Blick behaltende Cousine sich übermütig zur Musik bewegte, während Cameron schon wieder einen Jungen von ihr wegscheuchte; er hatte uns gesagt, ihre Eltern wären ziemlich religiös und würden ihn töten, wenn Sarah unter seiner Aufsicht etwas mit einem Typen anfing. Der Junge rief noch: »Aber ich will doch bloß mit ihr *tanzen*«, und Cameron sagte nur: »Ja, klar«, und winkte ihn fort. »Netter Versuch!«

Er schaute verzweifelt in unsere Richtung, Hightower und ich grinsten, bis Kirstie zu uns kam: »Wisst ihr, was uncooler ist als Leute, die nicht tanzen können? Leute, die diesen Leuten nur zusehen!« Sie stampfte auf. »Komm schon, Sam, das ist das *Festival am See*, du *musst* mitmachen!«

Ich starrte auf ihre ausgestreckte Hand, wie damals, als sie mit mir die Filmszene mit dem Runterzählen nachgespielt hatte, und ich dachte: *Wenn ich diese Hand jetzt nicht ergreife, brauch ich nie mehr das Haus zu verlassen*, und da ließ ich mich von ihr auf die Tanzfläche ziehen, auch Hightower rückte noch mal seinen weißen Cowboyhut zurecht und folgte grummelnd; tatsächlich konnte er – so geschmeidig er sich auf dem Footballfeld bewegte – überhaupt nicht tanzen und stolperte hilflos der Melodie hinterher. Jeder Schritt wie ein Ballverlust.

Kirstie dagegen hielt weiter meine Hand, die Band spielte Bluesrock, und wenn die Zeit bis dahin geflogen war, dann raste sie nun, als ich ihre dunklen Augenbrauen und die Zahnspange betrachtete, die im Licht der Lampions aufleuchtete, und wie gern hätte ich richtig mit ihr getanzt, so, wie vorhin ihr Freund, aber obwohl ich wusste, dass es völlig okay gewesen wäre, traute ich mich nicht, meine Hand auf ihre Hüfte zu legen, sondern sah nur zu, wie sie sich vor mir bewegte und mich anlächelte. Ich lächelte zurück, war jedoch zerrissen vor Sehnsucht nach ihr und vor Wut auf meine Feigheit, und trat dabei immer nur hüftsteif von einem Fuß auf den anderen. S. S. T. – *Sam Schaufensterpuppe Turner.*

Nach dem Song setzten wir uns alle ans Seeufer, der Flachmann wanderte herum, alle außer Hightower tranken davon, Kirstie deutete auf ein paar Kinder, die einem Schwarm grüner Leuchtkäfer hinterherjagten, während sich direkt daneben ein Mädchen lautstark in ein Gebüsch übergab, ansonsten redeten wir kein Wort, nicht mal, als es über uns knallte und zum Höhepunkt des Sommerfests unzählige Raketen am Himmel zerbarsten. Wir legten nur die Köpfe in den Nacken und sahen zu, und ich glaube, es war das erste Mal überhaupt, dass ich mich in einer Gruppe so sicher und gemocht fühlte, und ich dachte: *Vielleicht ist Grady gar nicht so übel*, aber schon im nächsten Moment wurde mir klar, dass das alles ja bald vorbei sein würde; dass nach dem Sommer alle an ihre Colleges gehen würden und auch das Kino zum Ende des Jahres schloss. Und da wurde die Zeit wieder langsamer, und ich sah in die bunt erhellten Gesichter der anderen. Aber sie bemerkten meine Blicke nicht.

Nummer 10

Auf der großen Bühne spielte eine Band aus Kentucky, die *The Mullets* hieß: die Vokuhilas. »Beste Frisur aller Zeiten«, sagte Cameron und strich sich durchs dunkle Haar. *»Business in the front, party in the back.«*

Eine Weile hörten wir zu und tranken weiter. Bis Kirstie plötzlich rief: »Lasst uns surfen!« Ich hatte keine Ahnung, was sie meinte, sagte aber in meiner Betrunkenheit: »Ja, surfen!«, und Kirstie sagte: »Super, dann auf zum Bruce-Mobil!«, und ich sagte euphorisch: »Ja, auf zum Bruce-Mobil! … Was ist das Bruce-Mobil?«

Wir stolperten durch Ströme von Festivalbesuchern zum Parkplatz. Ein Besoffener grölte etwas in mein Ohr und zog lachend weiter, dann standen wir vor Hightowers Mercury Pick-up, der offenbar auf den Namen Bruce hörte. Hier verabschiedete sich Kirsties Freund. Sie versuchte noch, ihn zu überreden, bettelte sogar scherzhaft, zog ihn zu sich und küsste ihn leidenschaftlich. Es schien alles an ihm abzuprallen. Irgendwann diskutierten sie nicht mehr und sahen sich nur an. Mason sendete etwas mit seinem Blick, sie empfing es, und ich bekam das Gefühl, dass es um etwas ganz anderes ging. Dann ließ er sie einfach zurück.

Kirstie sah ihm nach. Mit einem Mal schienen alle Masken und Verkleidungen von ihr abzufallen, und auf der

Straße stand nur noch ein unsicheres Mädchen mit gestylten blonden Haaren und zu viel Schminke.

Dann fing sie sich und sprang betont heiter zu uns auf die Ladefläche. »Na ja, er hat gerade viel um die Ohren«, sagte sie fröhlich. Doch wir kauften es ihr nicht ab, weil sie es sich selbst nicht abkaufte.

Hightower stieg vorne ein. Selbst mit Alkohol im Blut machte ich mir noch Sorgen, er könne betrunken losfahren. Dann wurde mir klar, dass er als Einziger nüchtern geblieben war. Während wir aus der Stadt fuhren, überlegte ich, wieso zum Henker der Wagen Bruce hieß. Bis Hightower die Musikanlage anmachte. Mit ohrenbetäubender Lautstärke dröhnte ein Springsteen-Song aus den Lautsprechern.

»Einzige Regel im Bruce-Mobil: Nur Songs vom Boss«, sagte Kirstie laut, während sie ihren Liebesfrust mit dem frisch aufgefüllten Flachmann bekämpfte.

Hightower streckte den Daumen hoch. Dann tippte er an seinen Hut und gab richtig Gas. Normalerweise fürchtete ich mich vor Geschwindigkeit wie vor Höhe, doch hier, neben den anderen, machte es mir nichts aus. Der Pick-up raste den Highway entlang durch den dunklen Wald, der Nachtwind wehte mir kühl ins Gesicht, und Springsteen sang *I'm On Fire.*

Ich schloss die Augen. *So muss es sein,* dachte ich, *an diesem Abend bist du endlich mal richtig da.* Ich musste lächeln, und als ich die Augen öffnete, sah ich, dass Camerons Cousine mich beobachtet hatte und ebenfalls lächelte.

Wir lehnten uns nebeneinander mit dem Rücken gegen die Seitenwand. Unser gesamtes Gespräch ging ungefähr so: Ich fragte Sarah, wie alt sie sei und was sie so mache. Sie sagte sechzehn, und dass sie in St. Louis lebe und jedes Jahr zum Festival nach Grady komme, es aber hasse, von Cameron so bevormundet zu werden. Und dass sie gern Comics zeichne. Und ich sagte: »Cool, ich mag Comics.« Stille. Schließlich fragte sie, was ich denn so mache, und ich meinte, dass ich gerade viel Gitarre spiele, und sie sagte: »Cool.«

Und mehr redeten wir nicht, weil wir nicht wussten, was wir sagen sollten. Nur war dieses Schweigen überhaupt nicht peinlich, es stand nicht wie sonst zwischen mir und den anderen, sondern war mehr etwas, das wir gemeinsam taten. Springsteen sang nun von seiner Heimatstadt, und der Pick-up fuhr ruckelnd auf einer Brücke über den Missouri River, die Felder in dunkelblauem Licht, über uns der sichelförmige Mond.

»Wohin fahren wir eigentlich?«, rief ich.

»Zu den Wellen«, sagte Cameron nur und umklammerte ein Seil.

Nach einer halben Stunde Fahrt verstand ich, was er meinte: An dieser Stelle führte die Straße über fünf kleine Hügel hintereinander, die tatsächlich wie Wellen aussahen. Und da kapierte ich auch, was das Seil sollte. Es war auf die Ladefläche des Pick-ups geschweißt, direkt unten an die Fahrerkabine. Die Idee war offenbar, dass Hightower so schnell wie möglich über die fünf Wellen fuhr – und immer einer von uns hinten auf der Ladefläche stand, sich am Seil festhielt und wie beim Rodeo versuchte, so lange wie möglich stehen zu bleiben. *Surfen* eben …

Kirstie hatte sich dieses Spiel ausgedacht.

»Spinnt ihr?«, war alles, was mir nach dem ersten Schreck dazu einfiel. »Was, wenn man das Gleichgewicht verliert und vom Auto fällt?«

»Kann nicht passieren«, sagte sie. »Wir haben die Wände in der Werkstatt meines Dad erhöht, die Ladefläche ist wie eine große metallene Kiste.«

Oder ein metallener *Sarg,* dachte ich und spürte, wie mein Herz schneller schlug. Ich traute mich nicht mal, freihändig Fahrrad zu fahren. Das hier war *Wahnsinn.*

»Das ist echt sicher«, sagte Kirstie noch mal. »Wir haben's schon oft gemacht. Fühlt sich an, als würde man im Traum einen Abhang runterstürzen.«

Als Erster war Cameron dran. Während wir vom Straßenrand aus zusahen, stellte er sich hinten auf die Ladefläche und gab Hightower ein Zeichen: Der Pick-up startete mit quietschenden Reifen und raste auf die fünf Wellen zu. Die ersten zwei schaffte Cameron noch irgendwie, mit flatternden Haaren. Bei der dritten taumelte er, bei der vierten haute es ihn auf die Ladefläche, und er verschwand hinter dem seitlichen Schutzblech. Als der Wagen vor uns bremste, kletterte er zerknittert, aber enthusiastisch herunter.

Als Nächstes wollte Kirstie. Sie galt als Meisterin ihres eigenen Spiels und war auch die Einzige, die es bisher geschafft hatte, gar nicht hinzufallen.

»Die fünfte Welle ist die schwierigste«, sagte sie mit einem Blick zu Hightower. »Da gibt der Mistkerl immer noch mal richtig Gas.«

Ich beobachtete vom Straßenrand, wie sie sich auf die

Ladefläche des Pick-ups stellte. Mit ihren langen Beinen sah es aberwitzig aus. Als wären die Wände viel zu niedrig und als *müsste* sie doch beim kleinsten Ruckeln seitlich oder hinten vom Auto herunterfallen. Auch Kirstie wirkte nun unsicherer, ihr blonder Bob schimmerte im Dunkeln. Mit der einen Hand hielt sie das Seil, mit der anderen gab sie das Zeichen – der Wagen startete.

Instinktiv wandte ich mich ab. Zu meiner Verwunderung tat Cameron es mir nach.

»Bei Kirstie kann ich nie hinsehen«, murmelte er. »Hab mal geträumt, dass sie dabei stirbt. Totaler Quatsch, doch aus Aberglaube schau ich trotzdem nie hin.«

Der Mercury beschleunigte. Ich blinzelte und sah, wie der Pick-up auf die dicht aufeinanderfolgenden Hügel zuschoss. Kirstie ging in die Hocke, umklammerte das Seil und meisterte die ersten drei Wellen lässig. Bei der vierten wackelte sie, hielt sich gerade noch mit einer Hand fest. Bei der fünften riss es sie spektakulär um. Ich hatte Angst, sie wäre heruntergefallen oder zumindest schwer verletzt. Sie schien hart gegen die seitliche Schutzwand geknallt zu sein.

Doch als der Wagen anhielt, tauchte auch sie unversehrt wieder auf.

»Gibt höchstens eine kleine Beule.« Sie strahlte und ließ sich sofort den Flachmann geben.

Danach versuchten die anderen Sarah und mich zu überreden. Lange wehrten wir uns, bis Sarah zu meinem Entsetzen einknickte. Sie schaffte zwei Wellen, und als sie von der Ladefläche sprang, rief sie mit im Rausch aufgerissenen Augen, das sei das Unglaublichste, was sie je getan hätte.

Extremer als Achterbahnfahren. In ihrem Schock umarmte sie mich sogar.

Na toll, dachte ich, denn ich wusste, was nun kam. Und tatsächlich redeten alle auf mich ein: »Komm schon, du wirst es lieben. Sei *mutig*.«

So ging das ewig. Ich sagte nichts und starrte nervös auf den Wagen.

Es war schließlich Hightower, der mich rettete. »Jetzt lasst ihn endlich mal in Ruhe«, sagte er und trat vor mich. »Ist eh mutiger, zuzugeben, dass man Schiss hat, als diesem bescheuerten Gruppenzwang zu folgen.«

Ich blickte ihn dankbar an. Und da begriff ich, dass er ein wirklich netter Typ war. Er legte nur keinen Wert drauf, dass man es sofort bemerkte.

Zurück in Grady wollten die anderen noch ins Metropolis. Die ganze Rückfahrt über hatte Kirstie weitergetrunken. Mit Hightowers Cowboyhut sah sie aus wie eine Anhalterin aus einem Film, doch ihre Euphorie war verschwunden. Sie hatte schon ewig nichts mehr gesagt und schwankte beim Gehen. Im Foyer fiel sie hin.

Hightower half ihr hoch. »Alles okay? Vielleicht solltest du dich hinlegen.«

»Ich hab Hunger«, murmelte sie.

Wir suchten in der Büroküche nach etwas Essbarem. Das Einzige, was wir fanden, war eine uralte Banane und eine viertelvolle Flasche Bourbon von neulich. Kirstie nahm sie, ohne zu zögern, und trank sie fast komplett leer.

»Bist du sicher, dass das eine gute Idee ist?«, fragte ich.

Sie fuhr herum und lallte: »Hör zu, Sam, nett von dir,

aber du bist zwölf Jahre oder so, du brauchst hier nicht meine scheiß Eltern zu spielen, okay?«

Ich war davon so überrascht und wütend, dass ich nichts sagte.

Wir kletterten aufs Dach des Kinos. Bis zu diesem Abend hatte ich nicht gewusst, dass man hier raufkommen konnte, doch im Abstellraum gab es eine Luke. Auf dem Kies standen morsche Holzliegestühle und alte Kerzenstummel. Ich hockte mich bewusst weit weg von Kirstie nach außen, direkt neben Sarah.

Zu fünft starrten wir in die bewölkte, tintenschwarze Nacht. Aus der Ferne hörten wir leise die Musik des Festivals, während Cameron eine Zigarette anzündete und uns eine seiner Theorien schilderte: das »Drei-Schichten-Modell«, in das sich alle Menschen einteilen ließen.

»Es gibt immer nur Warm oder Kalt«, sagte er. »Die erste Schicht ist die Oberfläche: Ist jemand bei den ersten Treffen offen oder distanziert? Die zweite Schicht ist tiefer, die spürt man erst, wenn man jemanden besser kennt: zynisch beziehungsweise zurückhaltend – oder liebevoll? Die dritte Schicht ist der Kern. Am Schlimmsten ist, wenn jemand Warm-Warm-Kalt ist. Du kennst die Person jahrelang, sie wirkt sowohl an der Oberfläche als auch darunter warm. Aber eines Tages merkst du: innendrin eigentlich kalt. Genauso gibt's Leute, die wirken im ersten Moment nett, dann aber lange kühl und schroff, bis du irgendwann kapierst, dass sie tief drinnen doch ein gutes Herz haben; Warm-Kalt-Warm. Und so weiter … Was glaubt ihr, seid ihr?«

Wir diskutierten darüber. Ich fragte mich, was ich selbst

war oder meine Schwester und meine Eltern. Bis Kirstie mit einem Ruck aufstand. »Mir ist schlecht …«

Hastig stolperte sie zur Luke mit der Leiter. Erst ging Hightower mit und half ihr beim Runterklettern. Nach ein paar Minuten rief er dann von unten nach Cameron, der nun ebenfalls verschwand und versprach, dass er gleich zurück wäre. Seine Cousine und ich schauten auf die Stadt hinab und warteten.

Bloß kam keiner mehr.

Nach einer Weile sagte ich: »Keine Angst, ich hau nicht auch noch ab.« Über den Satz hatte ich bestimmt fünf Minuten nachgedacht. Sarah lächelte, dann schwiegen wir wieder und starrten auf das Riesenrad in der Ferne, das sich noch immer drehte.

Auf einmal griff sie nach meiner Hand. Ich sah noch verwundert zu ihr, da fühlte ich im nächsten Moment ihre Lippen auf meinen. Ich war darüber so erschrocken, dass ich schaute, ob es jemand bemerkte. Aber von den anderen fehlte weiter jede Spur, und dann war es mir auch egal. Wir küssten uns wieder. Ich spürte ihre Zungenspitze in meinem Mund, die nun neugierig über meine Lippen strich. Ich war nicht sicher, ob es mich störte oder ob ich es mochte.

Doch, ich mochte es.

Als wir uns voneinander lösten, grinste Sarah verstohlen. Die Lichter der Stadt glommen zu uns herauf, wir hörten den Straßenlärm unter uns, und mein Herz war noch immer ein Drumset, auf das jemand wie verrückt einhämmerte.

Als die anderen gar nicht mehr kamen, kletterten wir herunter. Ich musste auf die Toilette und merkte, dass ich selbst schwankte; mehrmals stützte ich mich an der Wand ab. Aus dem Projektorraum hörte ich Stimmen. Ich folgte ihnen und sah Hightower und Cameron mit Kirstie reden, die auf dem Boden saß. Sie wirkte blass und hatte sich offenbar übergeben. Es war nicht klar, ob sie auch geweint hatte und ob es um ihren Freund ging oder generell um Beziehungen.

»… ja, aber egal, was ich mache, es ist *immer* das Gleiche«, sagte sie so leise, dass ich es kaum verstand. Sie wischte sich über das Gesicht und schaute die beiden an. »Ich meine, bin ich zu kindisch oder nervig?«

Beide schüttelten ernst den Kopf. Bis jetzt war ich sauer auf Kirstie gewesen. In diesem Moment änderte sich das und ich wollte nur noch zu ihnen. Zu *ihr.* Dann halfen sie ihr auf, und ich schlich wieder zu Sarah zurück.

Wir standen draußen vor dem Kino. Hightower fuhr die anderen nach Hause und bot es mir ebenfalls an, doch ich ging lieber zu Fuß. Als ich beim Verabschieden zu Cameron und seiner Cousine kam, wollte ich Sarah umarmen, da gab sie mir wieder einen Kuss auf den Mund – diesmal vor allen anderen.

»Was zur Hölle war das?«, fragte Cameron.

Sie antwortete nicht, sondern stieg einfach auf die Ladefläche des Pick-ups.

»Ernsthaft, was war das?«, fragte er sie noch mal und folgte ihr. Er drehte sich nach mir um. »Vielen Dank, Sam, ihre Eltern *killen* mich!«

Ich musste lächeln und schaute dabei zu Kirstie, die auf eine Weise zurücksah, die ich nicht deuten konnte. Sie nickte mir zu und stieg vorne bei Hightower ein. Der Motor startete, ich hörte noch Springsteens Stimme, dann war ich allein.

In der Stadt torkelten nur noch wenige Festivalteilnehmer herum. Es war still, die Laternen warfen scharfe Schatten auf das Pflaster. Ich war benommen und dachte an früher, als die Tage entweder gut oder schlecht gewesen waren. Jetzt war alles zu groß, um es sofort zu verstehen. Ich ließ meine Finger über einen hölzernen Zaun streifen, mein Kopf randvoll mit Bildern der vergangenen Stunden. Mit dem Moment, als wir am Ufer saßen und das Feuerwerk ansahen. Mit dem, was Kirstie den anderen im Projektorraum gesagt hatte. Und wie konnte es eigentlich sein, dass ich ein Mädchen geküsst hatte und mich gleichzeitig nicht traute, auf den Wellen zu surfen?

Egal, ich hatte zum ersten Mal geküsst!

Ich musste auf einmal lachen und sprang auf die Bank an der Bushaltestelle. Mein Leben lang hatte ich mir so einen Abend gewünscht; mich danach gesehnt, zu einer Gruppe dazuzugehören. Für einen Moment schossen mir sogar Tränen in die Augen. *Bist du jetzt total bescheuert,* dachte ich, dann lief ich los.

In der warmen Nacht rannte ich über die mit Konfetti übersäte Main Street, flitzte ich durch Gassen und Gärten, immer weiter den Hügel hinauf. Ich dachte an den herrlichen Sommer, der vor mir lag, und dass nun endlich alles *anfangen* würde, und statt unser Gartentor zu benutzen, hüpfte ich über den Zaun.

Beschwingt schlief ich ein.

Und dann wachte ich nur wenig später mit Schwindel und Herzrasen aus einem Alptraum auf. Ich blickte auf den

Wecker auf dem Nachttisch, 06:37, und da sah ich es wieder ganz deutlich vor mir: *Etwas Schlimmes wird passieren, etwas Schlimmes wird passieren, etwas Schlimmes wird passieren.*

Dieses Gefühl hatte ich so heftig noch bei keinem meiner Friedhofsstreifzüge gehabt, bei keinem Besuch im Krankenhaus, es schien aus einer anderen Welt zu kommen. In meinem Kopf erloschen alle Lichter, und es dauerte lange, bis ich mich beruhigt hatte.

Der Ball in der Luft

Nummer 11

Hätte ich das alles letztes Jahr erzählt, hätte ich mich wohl auf das konzentriert, was an meinem Geburtstag geschah. Denn auf den ersten Blick ist alles andere unwichtig. Etwa die sechsunddreißig Tage zwischen dem Festival und meinem Geburtstag: Eigentlich passierte da gar nichts Entscheidendes. Trotzdem ist diese Zeit wichtig für mich. Weil ich nie mehr so sein kann wie damals. Und weil seitdem alles anders ist.

Ich denke inzwischen auch oft an den Tag mit Kirstie, obwohl er deprimierend anfing: Dad vertrat Mom mal wieder im Buchladen, während sie mit Kopfschmerzen im Bett lag. Auf ihrem Nachttisch die üblichen Pillendosen. Ich machte ihr Tee, dann zog ich die Jalousien herunter und las ihr etwas vor.

Als mittags meine Schicht begann, wollte ich bei ihr bleiben. Aber Mom bestand darauf, dass ich zur Arbeit ging. Ich protestierte, bis sie irgendwann ziemlich barsch sagte: »Sam, ich möchte jetzt bitte allein sein … Außerdem willst du bestimmt kein *Muttersöhnchen* werden.«

Ich wusste, dass sie es nicht böse meinte. Dass dieses Unwirsche, Direkte sogar zur Krankheit gehören konnte, vor allem, wenn sie Schmerzen hatte. Trotzdem machte mich das Wort wütend. »Du kannst mich …«, murmelte ich und lief aus dem Haus, während sie mir noch etwas Entschuldigendes nachrief.

Draußen prallte ich gegen eine Wand aus Hitze, gefühlt hundert Grad. Entschlossen ging ich den Hügel hinab, aber nach ein paar Minuten bekam ich Angst, Mom könne sterben, während ich weg war. Der Gedanke ließ mich nicht los. Ich überlegte sogar, noch mal zurückzugehen, um etwas Nettes zu ihr zu sagen. Mich nervte, dass ich wegen ihrer Krankheit nie richtig mit ihr streiten konnte.

Im Metropolis dagegen empfing mich der vertraute Geruch nach Staub und Karamell, die Klimaanlage surrte. Meistens trieb die Langeweile alle drei ins Kino, diesmal entdeckte ich nur Kirstie, die mit einem Buch auf der Couch lag.

»Sieht aus, als wären wir nur zu zweit«, sagte sie, ohne mich anzusehen.

Ich nickte, als wär's keine große Sache, doch innerlich durchzuckte es mich.

In Saal 2 zeigten wir *Blow Up.* Da kaum etwas los war, holten wir Eis aus der Truhe – ich war gerade in meiner Choco-Taco-Phase, Kirstie nahm sich ein Chipwich – und machten es uns auf den roten Sitzen bequem. Und als der Projektor knisterte, war tatsächlich für eine Weile alles von zu Hause vergessen.

In den letzten Wochen hatte ich wie ein Süchtiger Klassiker angeschaut. Fast alle handelten von Themen, über die ich so noch nie nachgedacht hatte. Nachts im Bett sah ich dann das alte New York und Marlon Brando vor mir, der in *Die Faust im Nacken* rief: »Ich hätte jemand sein können!«, Anita Ekberg, die in *La Dolce Vita* im Trevi-Brunnen in

Rom badete, oder den Jungen aus *Sie küssten und sie schlugen ihn,* der von zu Hause ausgerissen war und durch Paris stromerte. Ich dachte an die französischen Filme, die ich nie ganz verstand, deren Lässigkeit mich aber faszinierte. Und dann dämmerte mir, wie wenig ich wusste: nichts von der Liebe, nichts von der Welt. Bis auf einen Besuch bei Jean kannte ich nur unser Kaff und ein paar Ecken von Missouri und Kansas. Nun war mein Kopf vollgestopft mit diesen fremden Orten und Menschen, während Grady wie eine alte Jeans wirkte, aus der ich längst herausgewachsen war.

Nach dem Abspann half mir Kirstie beim Aufräumen. Wir stapften über den klebrigen Boden, auf dem Generationen von Teenagern ihre Cola verschüttet hatten, und redeten über die *Aussage* des Films – bis wir feststellten, dass wir ohne Cameron und Hightower keinen Plan hatten. Wir mussten lachen. Kirstie stieß mich an: »Komm, dafür zeig ich dir eines der neunundvierzig Geheimnisse.«

In der schwülen Nachmittagshitze schoben wir abwechselnd ihr Rad die Franklin Ave entlang (in Grady hießen fast alle Straßen nach Leuten, die nie freiwillig einen Fuß in diese Stadt gesetzt hätten), vorbei an der Absturzbar *Loose Caboose.* Kirsties Ziel: das Eckgeschäft für Brautmode. Die Besitzerin, die alte Mrs. Ricks, schien sie zu kennen und verschwand lächelnd nach hinten.

»Und jetzt?«, fragte ich.

»Wart's ab«, sagte Kirstie.

Mrs. Ricks kam mit einem Blech selbstgebackener Blaubeermuffins zu uns. Wir durften jeder einen nehmen. Sie waren noch warm und dufteten seltsamerweise auch nach

Orangen. Als ich vor dem Geschäft hineinbiss, wurden meine Geschmacksnerven von tausend Reizen gleichzeitig geflutet.

»O mein Gott! Was ist das?«

»Die besten Blaubeermuffins der Welt«, sagte Kirstie kauend. »Sie backt sie jeden Dienstag, seit Jahrzehnten. Und jeder, der davon weiß, darf vorbeikommen und sich einen nehmen. Ab sofort bist du auch Geheimnisträger.«

Sie schlug vor, nicht ins Larry's zu gehen, sondern an den See zu fahren. Ich setzte mich auf den Gepäckträger ihres Fahrrads. Wir kamen nur mühsam voran. Also tauschten wir: Ich fuhr, während sie nun aufrecht auf dem Gepäckträger stand und sich an meinen Schultern festhielt. Anfangs wackelte das Fahrrad bedenklich.

»Schneller«, rief sie hoch über mir. »Du musst stärker treten.«

Ich zögerte, dann beschleunigte ich. Tatsächlich ging es so viel besser, und als wir die Straße runterrasten, hörte ich sie hinter mir vor Freude kreischen.

Wir setzten uns ans Ufer des Lake Virgin. Ein paar vertäute Ruderboote malten ihr Spiegelbild auf das Wasser, in der Ferne die Bleistiftzeichnung der Ozark Mountains. Ich überlegte mal wieder, was ich sagen könnte, da kam Kirstie mir zuvor und erkundigte sich nach dem Laden meiner Mutter. Sie erzählte, dass sie früher aus Langeweile oft ein Buch nach dem anderen aus dem Regal gezogen und sich immer nur die ersten Sätze angeschaut habe. Stundenlang.

»Echt?«, fragte ich.

»Ja, ein paar kann ich sogar noch auswendig.« Auf einmal war sie hellwach. »Pass auf, du musst raten, von wem … *Einst, wenn ich mich recht erinnere, war mein Leben ein üppiges Fest, da öffneten sich alle Herzen, da flossen alle Weine.*«

Ich zuckte mit den Achseln. Viel gelesen hatte ich nicht, daher standen die Chancen ungefähr eins zu fünf Millionen, dass ich ein Zitat erriet. Nur wollte ich ihr das nicht sagen, denn das Spiel machte mir trotzdem Spaß. Weil sie selbst so enthusiastisch war. Und weil sie das bestimmt nicht mit jedem machte.

»Ist von Arthur Rimbaud, aus *Eine Zeit in der Hölle*«, sagte sie. »Nummer zwei: *Es war ein verrückter schwüler Sommer, dieser Sommer, in dem die Rosenbergs auf den elektrischen Stuhl kamen und ich nicht wusste, was ich in New York eigentlich wollte.*«

Kannte ich auch nicht.

»Sylvia Plath, *Die Glasglocke* … Hoffe, so geht's mir nicht auch in ein paar Wochen«, murmelte sie zu sich selbst. »Okay, hab noch einen: *Alle Kinder, außer einem, werden erwachsen.*«

»Warte, das kenn ich.« Ich richtete mich auf. »*Peter Pan*, oder? Das hab ich als Kind oft gelesen. War mein Lieblingsbuch!«

»Nicht schlecht!«, sagte sie, und ich freute mich.

Wir legten uns auf den Rücken. Sie sagte, dass Mason sie nachher abholen würde, sie hätten etwas zu zweit geplant. Ich nickte nur.

Eine Weile dösten wir im Gras, dann fragte Kirstie nach meiner Schwester. Sie war – wie die beiden anderen im Kino – ein Einzelkind und hätte gern Geschwister gehabt.

»Versteht ihr euch gut?«

»Sicher«, antwortete ich etwas zu schnell. Ich überlegte. »Wobei, keine Ahnung. Ich meine, Jean hat mir früher Musik gezeigt und so …« (*Und so* bedeutete, dass sie mich auch aufgeklärt hatte: »Ich kann das leider unmöglich Mom und Dad überlassen … bringen wir's hinter uns!«).

»Aber sie ist fast acht Jahre älter als ich«, sagte ich. »Und als wir endlich richtig miteinander hätten reden können, ist sie weggezogen.«

Im Gegensatz zu mir war Jean immer schon selbstsicher. Früher war sie wegen ihrer wilden Locken und der großen Nase oft gehänselt worden. Aber es hatte sie nie interessiert, was die Leute dachten. Weder als Chefredakteurin der Schülerzeitung, der sie zum Entsetzen vieler Eltern und Lehrer einen politischeren, kritischen Kurs verpasste, noch wenn sie mit Streichen dagegen protestierte, dass Mädchen nicht im Schulteam schwimmen durften (ihretwegen war zweimal der Unterricht ausgefallen). Doch obwohl Jean wirklich die beste große Schwester sein konnte, hatte sie immer etwas Unnahbares gehabt. Wie eine Katze. Eben noch hatte man sich gut mit ihr verstanden, dann war sie tagelang abwesend, nur noch mit Freunden unterwegs oder hockte allein in ihrem Zimmer, um zu schreiben. Und seit ihrem Umzug nach L. A. war sie wie verschollen. Manchmal sah ich ihre Serie und wusste gar nicht, wer dieser Mensch eigentlich war.

Ich erzählte, dass sie schon ewig nicht mehr zu Hause war. Kirstie sagte, das mit Mom wäre sicher nicht leicht für sie, und ich dachte: *So kann man »einfach abhauen« natürlich auch beschreiben.* Mir fielen Moms Schreie vor ihrer zweiten OP ein. Sie hatte damals nicht gewusst, dass ich zu Hause war, und geglaubt, sie sei allein. Und da hatte ich gehört, wie sie im Bad schrie. Kein Weinen, kein Schluchzen, sondern richtige Schreie. Doch das konnte ich Kirstie nicht sagen. Das konnte ich niemandem sagen.

»Was ist eigentlich mit *deinen* Eltern?«, fragte ich nur und klatschte auf meinen Arm, weil mich eine Mücke gestochen hatte. »Dein Dad wirkt ziemlich cool.«

»Alles Show.« Sie lächelte, dann sagte sie ernst: »Na ja, mein Dad wollte lieber einen Jungen, und meine Mom arbeitet sogar noch mehr als er. Ich musste mich also immer anstrengen, wenn ich ihre Aufmerksamkeit wollte. Aber ich schätze, sie sind schon ziemlich okay.«

Kirstie erzählte, dass ihre Mom mit autistischen Kindern arbeite und auch ihr Cousin Autist sei. »Er ist neun. Manchmal ist es schwer, weil du das Gefühl hast, dass du ihn nie ganz erreichst; als wäre er im selben Raum, aber in seiner eigenen Zeit. Doch dann gibt's Momente, wo er was Komisches sagt oder macht und ich ihn auf einmal *verstehe.* Weil es auf seine Weise total Sinn ergibt. Das mag ich eh: Wenn Menschen ihre eigene Welt haben und nicht sofort alles von sich preisgeben. Wenn man sie selbst entdecken kann …«

Je länger sie redete, desto leidenschaftlicher wurde sie. Ich beobachtete, wie sie beim Sprechen immer wieder gestikulierte und lächelte, und plötzlich fragte ich mich nur noch, ob Mason sie auch manchmal so ansah wie ich in diesem Moment.

Ob *irgendjemand* sie so ansah.

Auf dem Rückweg fing es an zu schütten: warmer Sommerregen. Ich wollte mich mit dem Fahrrad unter einen Baum stellen, da rannte Kirstie schon wie eine Verrückte los. Ich zögerte, dann lief ich fluchend hinterher, das Fahrrad schiebend. Als wir am Kino ankamen, waren wir beide klitschnass, aber sie lachte nur.

Ich schlüpfte in mein trockenes Angestellten-T-Shirt und dachte, dass auch Kirstie sich längst umgezogen hätte. Doch als ich ins Büro kam, sah ich, wie sie halbnackt etwas in ihr Notizbuch schrieb. Sie hatte ihr Shirt auf den Couchtisch gelegt, daneben ein Handtuch und ihren BH. Mein Blick fiel sofort auf ihren schönen, langen Rücken. Gleichzeitig konnte ich auch eine Andeutung ihrer gar nicht kleinen Brüste sehen. Dieser Anblick elektrisierte mich, ich konnte nicht wegschauen.

Dann bemerkte Kirstie mich und blickte mich über die Schulter an. Ihre Haare waren hinter die Ohren geklemmt und vom Regen dunkler als sonst. Sie hielt sich das Shirt vor die Brust. Ich glaube, sie war nicht mal erschrocken und sah mich einfach nur an.

Ich machte schnell oder vielleicht auch nicht schnell die Tür zu und atmete durch. Es war mir irre peinlich, gleichzeitig dachte ich dauernd an das, was ich gesehen hatte. Ich lief nervös durchs Foyer und hatte Angst, wie es gleich werden würde.

Als Kirstie zu mir kam, erwähnte sie die Szene im Büro jedoch mit keinem Wort. Auch während der Abend- und der Spätvorstellung sprachen wir kaum. Zu meiner Überraschung schlug sie danach vor, noch zur alten Fabrik zu gehen.

»Und was ist mit Mason?«

»Er wollte schon vor Stunden vorbeikommen. Hab ihn zu Hause angerufen, aber da ging niemand ran.« Sie holte aus dem Büro eine Taschenlampe und ihr Notizbuch und stopfte beides in ihren Rucksack. »Na ja, hat er halt Pech gehabt.«

Die Missouri Textil, kurz *M-Tex,* hatte über hundert Jahre lang existiert. Fast jeder aus Grady hatte jemanden in der Familie, der mal dort gearbeitet hatte. Aber dann war sie mitsamt ihrem Knowhow von einer größeren Firma gekauft worden, die lieber billiger im Ausland produzierte, und vor zwei Jahren geschlossen worden. Dad und fast alle anderen wurden auf einen Schlag arbeitslos. Inzwischen war ein Fünftel der Einwohner weggezogen. Die Fabrik hatte Grady über Generationen hinweg ernährt, nun hatte sie sich in eine Art schwarzes Loch verwandelt.

Mondlicht fiel auf das Gelände am Stadtrand. Wie zwei Diebe kletterten wir über den Zaun und schlichen um das finstere Gebäude.

»Und wenn wir Ärger kriegen?«

»Quatsch!« Kirstie stieg durch ein zerbrochenes Fenster ein. Sie wirkte sehr sicher, denn hier war sie zu Hause; im Herzen eines Abenteuers.

Ich folgte ihr zögernd und passte auf, dass ich mich nicht am zerbrochenen Glas schnitt. Immer an meiner Seite: die treue Zahl Pi, die ich bis zur dreißigsten Stelle nach dem Komma durchging.

In der Fabrikhalle roch es nach Staub und kaltem Stein, und wo einst mechanische Webstühle gestanden hatten, lagen nur noch ein paar Zettel auf dem Boden. Wäre ich allein gewesen, hätte ich mich zu Tode gefürchtet. Dauernd dachte ich an Horrorfilme wie *Virgin Slayer* und stellte mir vor, wie wir hier eine modrige Leiche fanden. Oder wie plötzlich der Dämon mit der Papiermaske vor uns stand, ein Messer in der Hand. *Na toll*, dachte ich, *schon klar, wer dann zuerst dran ist …*

»Ich war seit dem Mystery Club nicht mehr hier.« Kirstie richtete den Strahl ihrer Taschenlampe auf ein verstaubtes Gurkenglas an der Wand.

»Was war das denn für ein Club?«

Sie schüttelte schnell den Kopf. »Nichts Wichtiges.«

Wir gingen weiter. In der Mensa schimmerten die Fliesen im Mondschein, in der Spinnerei standen leere Kartons herum. In einem entlegenen Büroraum blieb ich abrupt stehen. Hier hatte mein Vater vor seiner Entlassung gearbeitet; ich erkannte alles von meinen Besuchen in der Fabrik.

Als ich Kirstie davon erzählte, sah ich in der Dunkelheit des kahlen Raums plötzlich Dad mit seinem unsicheren Blick vor mir. Sah Mom und wie sie, mit raspelkurzen Haaren, nach der letzten OP vergeblich versucht hatte, normal zu gehen. Zu Beginn der Ferien hatte ich gehört, wie sie miteinander stritten. Ich hatte nicht verstanden, was mein Vater sagte, nur, wie Mom ihm vorwarf, zu wenig mitzuhelfen. Irgendwann rief sie: »… nein, es geht *nicht* nur um irgendein Abendessen. Du kümmerst dich auch nie um *ihn* und lässt mich hier mit allem allein, ist dir das mal aufgefallen?«

In dem leeren Fabrikraum versuchte ich mir wieder vorzustellen, wie es ohne sie wäre. Ich konnte es einfach nicht. Mein Atem wurde schneller. Ich hörte Kirstie noch etwas fragen, aber es war, als hätte ich eiskaltes, brackiges Wasser getrunken. Ich brachte kein Wort mehr hervor.

Trotzdem schien sie es zu verstehen. Ich spürte ihre Hand auf meinem Rücken. »Sam?«, fragte sie leise. »Willst du gehen?«

Entschieden schüttelte ich den Kopf. Und als ich mich besser fühlte: »Nein, alles gut.«

»Okay … Ich hab was, das dich vielleicht aufmuntert.«

Ich folgte ihr in eine Abfertigungshalle am Ende der Fabrik. Ein paar Bürostühle mit Rollen standen herum, in der Ecke stapelten sich Wolldecken. Kirstie ging zielgerichtet darauf zu – darunter lagen eine Weinflasche, Chips und ein Dutzend Kerzen, die sie jetzt überall aufstellte.

Erst freute ich mich, dann begriff ich, dass das alles für Mason geplant gewesen war, und ich fühlte mich wie ein Eindringling im Traum eines anderen.

»Ich wollte das Zeug eigentlich nur wieder mitnehmen. Aber wir können es uns genauso gut schön machen.« Kirstie zündete die Kerzen an.

In der düsteren Halle entstand eine magische Filmkulisse. Staunend betrachtete ich ihr Werk und überlegte, ob wir uns vielleicht romantisch auf die Decken setzen würden oder so. Da rollte sie mir mit dem Fuß einen Bürostuhl rüber und setzte sich auf den gegenüber.

Anfangs redeten wir kaum und tranken abwechselnd von dem Wein, auch wenn er ziemlich sauer schmeckte. Ich fragte, ob sie ihre Klasse vermissen würde, wenn sie bald wegging.

»Eigentlich nicht.« Sie nahm einen Schluck. »Cameron und Brand werden mir wahnsinnig fehlen, die sind für mich wie Familie. Aber mit den meisten anderen hatte ich nicht so viel zu tun. Vor allem nicht mit meinen Mitschülerinnen.«

»Warum?«

»War schon immer so.« Sie zuckte mit den Schultern. Ihr Gesicht flackerte im Licht. »Ich schätze, ich konnte mit diesen klassischen Mädchensachen schon als Kind nie was anfangen und bin eben lieber mit Jungen rumgehangen.«

Ich nickte, auch wenn ich nicht sicher war, ob das so stimmte. Nach dem Festival hatte ich mit Cameron über Kirstie geredet. In einem seiner unzähligen »Das bleibt aber unter uns«-Momente hatte er mir anvertraut, dass sie früher eine kindliche Leseratte gewesen sei, die ewig nicht in die Pubertät kam. Die Jungs in ihrem Jahrgang hätten sich damals noch nicht für sie interessiert, die Mädchen sie oft schlicht nicht gemocht – oder sich über sie lustig gemacht, wenn sie mal wieder Spiele erfunden und seltsame Bemerkungen gemacht habe.

Wieder stockte das Gespräch – bis Kirstie mich beiläufig nach Camerons Cousine fragte. Ich erzählte, dass ich Sarah in meiner Euphorie nach dem Festival einen Brief geschrieben hätte. »Es kam aber keine Antwort.«

Kirstie verzog das Gesicht und reichte mir kumpelhaft die Flasche. Überhaupt hatte ich das Gefühl, dass sie mich seit jenem Abend endlich ernster nahm. Wir gingen das Liebesleben der anderen durch: Cameron hatte offenbar schon mehrere One-Night-Stands gehabt, auch wenn mir schleierhaft war, wie er das anstellte. Hightower dagegen war die ganze Schulzeit über nur in ein Mädchen verliebt gewesen.

Als das Gespräch auf die Schüler an der Grady High kam, die »warten« wollten, schimpfte Kirstie auf die fünf Kirchen in Grady, die alle gegen Sex vor der Ehe waren. Und auf ihren Onkel Wiley, der strenggläubig war und ihr deshalb oft Vorhaltungen wegen ihres »Umgangs« machte, selbst jedoch Waffen sammelte. »Ich meine, was soll das, Sex als *Sünde* zu verdammen? Als ob's was Schlimmes wäre! Wenn, dann sind Waffen was Schlimmes, denn die töten und sind menschengemacht. Sex dagegen macht Spaß und ist gottgegeben.«

Dieser Satz gefiel ihr, das sah ich. Sie grinste mich an und schien meine volle Zustimmung zu erwarten. Mein Blick fiel wieder auf die Wolldecken in der Ecke.

»Äh, ja, total!«, sagte ich und nahm einen Schluck. Ich deutete auf ihren Rucksack. »Was schreibst du da eigentlich immer, Tagebuch?«

»Nichts. Es ist total bescheuert.«

»Komm schon, ich erzähl's auch niemandem … Versprochen!«

Sie musterte mich erst unsicher, dann holte sie das Notizbuch heraus. Es war prall, zerfranst und wirkte mit dem dunkelroten Ledereinband wie ein uralter Schatz. Die meisten Seiten waren dicht und in mikroskopisch kleiner Schrift beschrieben. Sie erzählte, dass sie seit ihrer Kindheit die interessantesten und wichtigsten Dinge aufschrieb, die jemand in ihrer Gegenwart sagte – und zwar mit Namen und Datum. »So kann ich immer sehen, wer mich in all den Jahren am stärksten beeinflusst hat.«

Ich wollte unbedingt ein paar Sachen daraus hören.

Sie rollte mit ihrem Stuhl neben mich, und mir war sehr wohl bewusst, dass unsere Knie sich nun berührten. Dann nahm sie eine der Kerzen als Licht und las mir ein paar der Gedanken vor, die sie als Kind aufgeschrieben hatte und die so eigenartig waren, dass wir immer wieder lachen mussten (in der ersten Klasse hatte ihr ein Mitschüler anvertraut: *»Ich hab total Angst, so zu werden, wie ich bin!«*). Sie las aber auch das, was ihr Vater mal angetrunken nach einer Geburtstagsparty zu ihr gesagt hatte: *»Früher war alles viel schwerer, und trotzdem fühlte ich mich damals leichter.«* Und wie ihre Großmutter ihr auf dem Sterbebett mitgegeben hatte: *»Das Leben ist nicht einfach, es ist hart und schnell. Die meisten Menschen machen eine Menge durch und denken dabei kaum nach … Ich weiß bis heute nicht, wer ich eigentlich war.«*

Je länger sie mir diese Sätze von anderen vorlas, über Erinnerungen, Ängste oder absurde und philosophische Gedanken, desto deutlicher trat sie selbst hervor. Auf einmal sah ich, was sie im Geheimen beschäftigte. Und ich weiß nicht, was ich mir je von einem Sommer erhofft hatte, aber nachts mit Kirstie Andretti in die Fabrik einzusteigen und zuzuhören, wie sie mir bei Kerzenlicht solche Sachen vorlas, war bestimmt nah dran.

Am Ende des Buchs entdeckte ich eine Zeile: *»Neues Wort. Mischung aus Euphorie und Melancholie.«* Der Eintrag war niemandem zugeordnet.

Ich tippte darauf. »Ist das von dir selbst?«

Kirstie wurde rot und sagte schnell, es gehe um ein Gefühl, das sie immer habe, wenn sie sich auf die Zukunft freue, aber Grady dabei schon jetzt vermisse. Manchmal hätte sie es auch einfach so. »Kennst du das?«

Ich nickte und erzählte ihr von den Wochen vor Stevies Umzug, als wir gerade in den schönsten Unterhaltungen wehmütig gewesen waren.

»Es sollte echt ein Wort für dieses Gefühl geben«, sagte sie. »So was wie *Euphancholie.* Einerseits zerreißt's dich vor Glück, gleichzeitig bist du schwermütig, weil du weißt, dass du was verlierst oder dieser Augenblick mal vorbei sein wird. Dass alles mal vorbei sein wird.« Sie packte ihr Notizbuch weg. »Na ja, vermutlich ist die ganze scheiß Jugend Euphancholie.«

Der letzte Satz klang abfällig, als wäre es nur albernes Zeug, gleichzeitig ahnte ich, wie wichtig es ihr war. Ich dachte an ihr jüngeres Ich, das stundenlang allein in der Buchhandlung stand und erste Sätze auswendig lernte. Daran, wie sie das alles in der Fabrik für Mason vorbereitet und dann im Kino vergeblich darauf gewartet hatte, dass er kam. Und ich wünschte, ich hätte damals eigene Worte für das alles gehabt, aber alles, was ich tun konnte, war, sie anzusehen.

Sie bemerkte es, reagierte aber nicht darauf. Stattdessen drehte sie einen Joint. Ohne zu überlegen, zog ich auch daran. Ein angenehmer, kribbelnder Schwindel breitete sich in mir aus. Vor allem, als Kirstie selbst einen Zug nahm und danach ihren Kopf an mich lehnte. Nur für einen Moment, aber für mich dehnte er sich ewig. Dann stieß sie sich mit den Füßen vom Boden ab, so fest, dass sie mitsamt ihrem Bürostuhl weit in die Halle hineinrollte.

Ich beobachtete, wie sie mit dem Joint im Mund im

Dunkeln verschwand. Noch nie hatte ich einen Menschen getroffen wie sie. Sie tat nur, wozu sie Lust hatte, war aber offenbar auch gut in der Schule und sehr belesen. Sie wirkte oft albern und laut, erfand Spiele und gab vor den anderen an, wie toll ihr Freund im Bett sei. Doch unter dieser ersten Schicht wirkte sie verletzlich und manchmal sogar unsicher. Sie konnte mir so ähnlich sein, und sie war das Gegenteil von mir, und wenn meine Stimmung eine leere Fabrikhalle war, dann war sie ein Haufen Kerzen.

Nummer 12

Vier Wochen vor meinem Geburtstag klingelte um halb sechs der Wecker. Ich glaube, in meinem ganzen Leben war ich nie früher aufgestanden. In der Küche versuchte ich, mir einen »starken Kaffee« zu kochen, wie Mom oft sagte, bekam jedoch das mit dem Filter nicht hin und fabrizierte nur eine ungenießbare schwarze Pampe. Danach radelte ich im Morgengrauen zur Jameson-Farm.

»Dachte, wir laufen erst mal 'ne Runde.« Hightower erwartete mich bereits am Gatter, er trug eine kurze Sporthose und einen Hoodie. »Dann lockeres Training.«

Nach mehreren Anläufen hatte ich mich getraut und gefragt, ob ich mal mitmachen dürfe. Zu meiner Überraschung hatte er nichts dagegen gehabt. Meine Vorstellung war, dass ich sofort schlappmachte, doch als wir in den Wald joggten, fühlte ich mich gut. Die Morgensonne blinkte durch die Baumstämme, die Erschöpfung machte mich ruhig. Wegen meiner Zappeligkeit hatten meine Eltern oft versucht, mich in ein Sportteam zu stecken. Aber schon beim Gedanken an die derben Sprüche und Rituale in der Umkleide war mir schlecht geworden. (Nur Völkerball machte mir Spaß, weil ich klein und schnell war und gut dem Ball ausweichen konnte, während die größeren Spieler sich anschnauzten: »Jetzt knall das scheiß Wiesel endlich ab!«)

Es ging immer weiter bergauf, vorbei an einer Lichtung mit einer verfallenen Hütte. Als wir uns oben vor der »Selbstmordklippe« auf eine Bank fallen ließen, brannten meine Lungen, ich keuchte. Hightower warf mir einen anerkennenden Blick zu.

Das Kaff unter uns erwachte. Der hügelige Wald und der See lagen im Osten am Stadtrand, im Süden der Friedhof und unser Haus, im Westen die Mall, im Norden ragten die rostroten Stahlträger der Morris Bridge auf, die über den Missouri River führte. Und dazwischen Grady, dessen Straßen sich nun im ersten Sonnenlicht mit Matchboxautos und winzigen Playmobilfiguren füllten.

Als wir so schweigend hinabschauten, gingen mir die Geschichten durch den Kopf, die über Hightower an der Schule erzählt wurden.

»Hey … *Brand*?«, fragte ich vorsichtig. Es war komisch, ihn so anzureden, weil ich ihn mit seinem Spitznamen kennengelernt hatte; für mich würde er irgendwie immer Hightower bleiben. »Sag mal, hast du wirklich mal einer Fledermaus den Kopf abgebissen?«

Er lachte nur. »Die Gerüchte hat Cameron im ersten Highschool-Jahr gestreut. Er meinte, damit bekäme ich einen tödlichen Ruf und würde so schneller in die erste Mannschaft kommen.«

Ich grinste und trat zur Klippe. Der Horizont mit den vertrauten Bergketten kam mir immer vor wie das Ende der Welt. Dann sah ich nach unten, in das dunkle Blau des Lake Virgin. Von hier aus konnte man direkt in den See springen, aber das taten nur Lebensmüde, und beim Blick in die Tiefe wurde mir schwindlig.

Wir joggten zur Rinderfarm der Jamesons zurück. Sie war über zwanzig Hektar groß, in der Garage standen Fitnessgeräte, an der Wand hingen Poster: Tommie Smith und John Carlos bei der olympischen Siegerehrung, die Faust zum Black-Power-Protest erhoben, daneben berühmte Footballer. Hightower zeigte mir, wie man die Geräte benutzte und am effizientesten Sit-ups und Liegestütze machte. Zwischendurch kam sein Dad herein. Und erst da begriff ich, dass er vielleicht auch sein Stiefvater oder so war, denn er war … nun ja, weiß. Mr. Jameson begrüßte mich freundlich und sagte, dass er schon viel von mir gehört habe, was mich verwunderte und freute, denn ich wäre nie auf die Idee gekommen, dass Hightower zu Hause auch nur ein Wort von mir erzählen würde. Er trug einen Cowboyhut und die gleichen karierten kurzärmligen Hemden wie sein Sohn. Beide machten aus, dass sie später zu einer Viehausstellung in Hudsonville fahren würden.

Als wir wieder allein waren, sah Hightower meinen fragenden Blick. »Ja, er ist weiß«, sagte er, »ist mir auch schon aufgefallen.«

Er grinste, doch es wirkte mehr wie ein Gag, den er schon Dutzende Male hatte machen müssen. »Meine Mom hat meinen Vater verlassen, als ich ein Baby war.« Er hängte

Gewichte an eine Stange. »Ich hab ihn danach noch ein paarmal getroffen, aber er ist nicht gerade der Typ, den du zum Vater haben willst. Meine Mom hat mich dann ein paar Jahre allein großgezogen, sie hat wie eine Wahnsinnige dafür gekämpft, dass ich auf eine gute Schule komme, und dann hat sie den Mann kennengelernt, den du gerade gesehen hast. Sie haben geheiratet, er hat mich adoptiert, es gab viel Gerede. Ende der Geschichte.« Er legte sich auf die Hantelbank. »Und dann ist meine Mom gestorben, als ich zwölf war. Anderes Ende der Geschichte.«

Er stemmte mehrmals die Stange mit zweihundert Pfund in die Höhe, dann ließ er sie krachend auf die Halterung fallen.

»Das tut mir sehr leid mit deiner Mom«, sagte ich.

»Ich will mich nicht beschweren. Ich liebe meinen Dad, er war immer für mich da. Ich könnte jetzt Vollwaise sein oder, noch schlimmer, bei meinem leiblichen Vater in irgendwelchen Löchern aufgewachsen sein, stattdessen habe ich ziemlich viel Glück gehabt. So seh ich das.«

Eigentlich hatte ich noch viele Fragen an ihn, aber sein letzter Satz klang wie eine zugezogene Schublade. Ich beobachtete Hightower: Er mochte vielleicht verschlossen und schweigsam sein; selbstmitleidig war er auf keinen Fall.

Auf dem Heimweg fragte ich mich dann wieder, was mit mir selbst sein würde, falls Mom wirklich starb. In der Ferne sah ich unser Haus auftauchen, und bei dem Anblick überkam mich das vertraute, beklemmende Gefühl.

Am nächsten Morgen brach die Sonne durch die Ritzen meiner Jalousien und warf dünne Streifen auf den Boden.

Sonntags ließen meine Eltern mich immer ausschlafen. Erst am Mittag kam Mom mit Wäsche ins Zimmer. Sie wirkte ungewöhnlich munter, fast wie früher. »Aufstehen, Schlafmütze!«

Mit einem Ruck zog sie die Jalousien hoch und lüftete. Das Zimmer explodierte vor Licht. Ich fauchte wie ein Vampir, während sie meine gebügelten T-Shirts in den Schrank räumte. Schon seit Ewigkeiten wollte sie mir beibringen, wie man richtig die Wäsche macht und kocht, und noch immer drückte ich mich davor.

Dann sah ich, dass sie die zerknüllten Taschentücher bemerkt hatte, die verdächtig neben meinem Bett lagen. *O nein!* Ich richtete mich auf. »Warte, die kann ich selbst wegschmeißen …«

Doch sie hatte sie schon mühsam aufgehoben und in den Müll geworfen.

Als sie endlich aus dem Zimmer war, zog ich mich seufzend an und schlurfte runter.

Dad, der schon wieder das Haus geputzt hatte, ging wie jeden Sonntag nach »nebenan« in den Gottesdienst von Reverend Connors und danach zum Stammtisch mit seinen ehemaligen Fabrikkollegen. Mom saß in der Hollywoodschaukel im Garten. Sie trug einen Jogginganzug, auf dem Schoß ein Buch. Seit der letzten OP hatte sie Probleme, sich zu konzentrieren – es war ein gutes Zeichen, wenn sie las.

Ich betrachtete sie von der Veranda aus. Vor Jahren hatte sie überlegt, ihr Psychologiestudium zu beenden, um sich später doch noch den Traum von einer Praxis zu erfüllen. Aber erst ging es nicht, weil sie krank wurde, dann hatte Dad seinen Job verloren. Trotzdem hatte sie sich nie beklagt. Sie nahm ihre Brille ab und schloss die Augen, die Nase in die Luft gestreckt: wie ein schnupperndes Eichhörnchen, das den Sommer in sich aufsaugte. Der Anblick rührte mich. Seit dem kleinen Streit vor einigen Tagen hatte ich versucht, sauer auf sie zu sein (was schwierig war, da sie mir gegenüber so nett war) und ihr aus dem Weg zu gehen (was ziemlich gut klappte). Nun hatte ich ein schlechtes Gewissen, dass ich kaum noch zu Hause war.

In Zeitlupe bewegte ich mich durch den Garten – vom gestrigen Joggen hatte ich einen abartigen Muskelkater – und setzte mich zu ihr auf die Schaukel.

Sie schien sich zu freuen und fuhr mir durchs Haar. »Jeany hat kurz angerufen. Sie meinte, sie meldet sich bald noch mal.«

»Also nächstes Jahr«, murmelte ich.

Mom lächelte, aber ich wusste, dass sie sich um meine Schwester sorgte, weil sie kaum jemanden nah an sich heranließ. Bis sie vierzehn war, war Jean noch überzeugte Kirchgängerin gewesen. Dann hatte sie ihrem Glauben von einem auf den anderen Tag abgeschworen und hing nur noch mit einer Gruppe Punkerinnen herum. Warum, wusste keiner. Jean hatte schon immer nur ihr Ding gemacht. Anders als der Rest ihrer Clique hatte sie nie getrunken oder geraucht, sondern war – als es endlich erlaubt war – im Schulteam geschwommen. Und obwohl sie diese witzig-fiese Serie schrieb, verzog sie selbst fast nie eine Miene. Es war verrückt, doch der Einzige, der zumindest ab und zu einen Zugang zu ihr fand, war Dad.

Ich fragte Mom, ob es sie nicht ärgere, dass Jean sich so selten bei uns meldete. Doch sie erwiderte, dass eben jede Veränderung ihren Preis habe und man für alles Neue etwas Altes zurücklassen müsse. Selbst wenn man es liebe. »Ich weiß noch, wie ich geheult habe, als ich meine Eltern fürs College verlassen hab«, sagte sie. »Und genauso habe ich Jahre später geheult, als ich in meinem leeren Campuszimmer stand und wieder auszog. Aber wäre ich immer nur geblieben, dann hätte ich das College verpasst. Dann hätte ich deinen Vater verpasst. Dann hätte ich euch beide verpasst ... Jeany braucht das jetzt einfach.«

Ich verzog das Gesicht; warum konnte sie nicht zugeben, dass meine Schwester uns im Stich ließ? Dann bemerkte ich, dass es ihr vielleicht nicht ganz so gut ging, wie ich gedacht hatte; aus der Nähe wirkten ihre Augen müde. Dad hatte sie in letzter Zeit häufiger im Laden vertreten. Bald stand ihre Untersuchung bei dem Spezialisten an, und ich spürte, dass sie mit mir darüber reden wollte. Aber ich hatte keine Lust, mich schon wieder von dem Thema runterziehen zu lassen. Immer, wenn die Krankheit akut war, waren wir alle in Alarmbereitschaft, alles andere spielte keine Rolle mehr. Nur war dieses »alles andere« mein Leben. Also stand ich einfach auf und ließ Mom auf der Schaukel zurück. Schon im Haus bereute ich es, und ich fragte mich, wie man das alles immer gleichzeitig fühlen konnte.

Nummer 13

An den Montagen hatte das Metropolis zu, und ich wurde in die bleierne Zeit zurückgeworfen, als ich noch nicht dort gearbeitet hatte. Das Schlimmste war, dass ich dann auch

Kirstie nicht sah. Ich fuhr mit dem Rad durch das Kaff und suchte sie überall. Im Larry's. In der Werkstatt ihres Dads. Bei Hightowers Farm … Nirgends eine Spur von ihr. Ich starrte auf die Eisenbahngleise, die golden im Abendlicht aufleuchteten, und da spürte ich einen stechenden Schmerz im Bauch. Weil, mir dämmerte nun natürlich, dass sie bei ihrem Freund war.

Zu Hause wollte ich dann zum ersten Mal einen Song schreiben. Aber alles, was ich aufs Papier brachte, war: *Kirstie Andretti.* Nie in der Geschichte der Menschheit hatten zwei Worte besser zusammengepasst. Ich schrieb ihren Namen sicher zwanzigmal, in allen erdenklichen Formen. Dann warf ich das Papier kopfschüttelnd weg. *Jetzt reiß dich zusammen, und fang mit dem Song an.* Ich streckte mich, nahm wieder den Stift und schrieb auf ein neues Blatt Papier: *Kirstie Andretti.*

Nachts war es drückend schwül. Ich lag nur in Unterhose auf dem Bett und konnte nicht schlafen. Die angestaute Langeweile des Tages machte mich immer zappeliger. Schließlich schlich ich mich runter ins Wohnzimmer und schob das Video mit dem Michael-Jackson-Konzert in den Recorder, das ich aufgenommen hatte. Immer wieder spulte ich zu der Stelle, bei der er zu *Beat It* tanzte und den Moonwalk machte.

Das Zimmer wurde nur von der Bildröhre erhellt. Ich ahmte im Dunkeln seine Schritte und Sprünge nach. Noch immer trug ich bloß einen Slip, Schweiß rann mir über den nackten Oberkörper. Ich tanzte immer verrückter und wilder, und schließlich fasste ich mir wie Jackson in den Schritt und sang schnaufend mit:

Just beat it, beat it,
beat it, beat it
Kirstie, Kirstie,
Kiiiirrstie, Kiiiirstie!

Plötzlich ging das Licht an, und Mom stand verschlafen im Nachthemd vor mir. »Schatz, was machst du da?«

Ich sprang vor Schreck gegen eine Stehlampe und hielt ein Sofakissen vor meine Unterhose. »Ich wollte nur den Moonwalk üben und, äh … *Jesus,* wieso kommst du denn nachts hier rein?«

»Ich hab unten Stimmen gehört.« Sie starrte erst auf mich, dann auf den Fernseher, wo Jackson gerade seine Jacke ins Publikum warf. Erleichtert atmete sie durch. »Ohne Brille dachte ich schon, da hüpft ein nackter Einbrecher durchs Wohnzimmer.«

»Mom!«

Sie verkniff sich ein Grinsen und sagte mir gute Nacht. Als sie wieder langsam nach oben geschlurft war, hielt ich mir das Kissen vors Gesicht und jaulte hinein.

Ich ging in die Küche, trank ein Glas Milch, eher zufällig schaute ich aus dem Fenster. Ich konnte nicht glauben, was ich sah: Auf der Friedhofsbank saß Kirstie und rauchte! Hastig zog ich mich an und schlich aus dem Haus. Sie hörte mich nicht kommen und wirkte irgendwie traurig, wie sie da auf der Bank saß und versuchte, etwas von ihren Rollschuhen zu pulen. Schließlich gab sie es auf und ließ den Kopf hängen.

Ich trat aus dem Dunkeln. »Hey!«

»Hey!«, sagte sie nur. Offenbar gab es wirklich nichts, was sie überraschen konnte; vermutlich war ihre Phantasie so stark, dass sie ohnehin mit allem rechnete.

Sie nickte mich zu sich. Unter ihren Blicken versuchte ich, möglichst männlich zu gehen, was dazu führte, dass meine Schritte immer unrunder wurden. Als wäre Gehen diese tolle neue Sache, von der ich erst vor kurzem gehört hatte.

Kirstie gab mir eine Zigarette ab. Sie sagte, sie käme manchmal hierher, wenn sie ihre Großmutter vermisse. »Oder wenn ich die schwarzen Tasten auf dem Klavier spiele …« Sie sah meine fragenden Blicke. »Also wenn ich mich beschissen fühle.«

»Wieso, was ist passiert?«

»Mason hat sich jetzt endgültig von mir getrennt. Er hat gesagt, ich wär ihm zu jung und dass er eine ernsthaftere Beziehung suche.« Sie gab mir Feuer. »Mit anderen Worten: Er hat mich jetzt oft genug im Bett gehabt.«

Es klang abgeklärt, aber irgendwie unecht. Ich dachte daran, wie sie ihrem Freund auf dem Festival liebevoll durchs Haar gestrichen hatte. Und wie gern ich jemand gewesen wäre, dem sie sich anvertraute.

»Scheiße«, murmelte ich. »Tut mir leid.«

Kirstie starrte ins Nichts. »Das mit ihm war eigentlich was Besonderes, er war nicht so ein Arsch wie die anderen Typen. Ich dachte, mit ihm … egal.« Sie setzte ihre Baseball-Cap verkehrt herum auf, wieder betont lässig, dann schüttelte sie den Kopf. »Immerhin hat er mich nicht wie der Typ davor eine langweilige Schlampe genannt.«

Ich musste unwillkürlich lachen.

»Was ist?«, fragte sie, plötzlich unsicher.

»Du könntest nicht mal langweilig sein, wenn du dich *anstrengst.*«

Sie sah zu mir herüber, für einen Moment überrascht. Dann grinste sie: »Okay, dann also einfach nur eine Schlampe.«

Ich zuckte scherzhaft mit den Schultern. »Was wirst du eigentlich an der NYU studieren?«

»Literatur.« Ihre Augen funkelten auf. »Ich kann's kaum erwarten. Dort kennt mich niemand, da kann ich endlich jemand anderes sein … Aber wenn ich ehrlich bin, hab ich manchmal auch Schiss. Dann glaub ich, dass ich in drei Monaten wieder hier bin.«

»Wieso?«

»Weil …« Sie knetete ihre Finger. »Ach, nichts. Ist halt so.«

Sie saß so dicht neben mir, dass etwas von ihren Gefühlen auf mich überschwappte, das mir überraschend vertraut vorkam. Und da sagte ich ihr etwas, das Mom mal zu mir gesagt hatte, als ich behauptete, dass mich niemand in der Klasse leiden könne, weil ich seltsam sei: »Sie hat gesagt, dass sie sich als Jugendliche auch oft so gefühlt hat. Sie meinte, sie hätte erst später begriffen, dass es darauf ankommt, sich mit den richtigen Leuten zu umgeben und an Orte zu gehen, an denen man sich wohl fühlt. Denn mit manchen Leuten ist man klein und langweilig, und mit anderen spannend und aufregend, und der eine blüht eben in einer Disco auf, und die nächste bei einem Essen mit Freunden.«

Vielleicht war es peinlich, dass ich Mom zitierte. Ich

hoffte einfach, es würde ihr helfen. Und obwohl meine Stimme fast heiser wurde, erwähnte ich nun auch die Nacht, als sie die Kerzen in der leeren Fabrik angezündet hatte, und dass sie genau wie meine Schwester viel Phantasie habe. Aber während Jean diese oft nur für sich selbst und ihre Geschichten nutze, würde sie damit die wirkliche Welt verschönern.

»Ich hab's bei meiner Schwester oft erlebt, dass die Leute Witze machen, wenn man sich Sachen ausdenkt und kreativ ist und so, aber das sind Idioten.« Ich sah sie an. »Ich bin mir jedenfalls sicher, dass es in New York richtig gut wird. Und ich *meine* ... also ich *finde* ... also du solltest da überhaupt nicht jemand anders sein wollen, weil ...«, mir wurde immer heißer, ich senkte schnell wieder den Blick, »ich zum Beispiel mag dich so, wie du jetzt bist.«

O! Mein! Gott! Ich glühte fast vor Verlegenheit.

»Danke.« Kirstie lächelte. Ihre kleine Zahnlücke war selbst im Dunkeln zu sehen.

Sie streckte sich, dann lehnte sie sich zurück. So nah, dass unsere Hände sich auf der Bank fast berührten. »Das liebe ich so an der Nacht«, sagte sie. »Es ist wie das Negativ des Tages, alles ist umgedreht. Die einen, die laut sind, werden leiser, und die, die tagsüber schweigen, hört man plötzlich.«

Ich starrte auf ihre Hand neben meiner. Was, wenn ich sie jetzt einfach ergriff? Ich stellte mir vor, wie ich es tat und wie Kirstie mich verdutzt anschauen würde. Vielleicht lag ihre Hand ja auch nicht ganz unabsichtlich so dicht an meiner. Aber dann dachte ich daran, dass sie verlassen wurde und aufgewühlt war, und traute mich nicht. Schließlich machte ich mit mir einen Deal: *Wenn ihre Hand in dreißig Sekunden noch da liegt, nehme ich sie.* Gespannt zählte ich herunter, zwanzig Sekunden, zehn Sekunden, fünf Sekunden, dann war die Zeit um. Ihre Hand lag noch da. Ich tat nichts. Dann gähnte sie und verabschiedete sich.

Ich sah zu, wie sie auf ihren Rollschuhen die nächtliche Straße hinabfuhr, und als sie schon lange verschwunden war, saß ich noch immer auf der Bank und flüsterte zu mir selbst: »Kirstie.« Es war nur ein Wort, aber ich hatte noch nie so viel gesagt.

Nummer 14

Über den 4. Juli besuchte Kirstie Verwandte in St. Louis – zwei ganze Tage! Ein ernstes Problem, denn in ihrer Abwesenheit gab es für mich inzwischen nur noch einen Zustand, den ich DUWOK nannte (depressiv und wahnsinnig ohne Kirstie). In seiner schwächsten Form ein sanftes Ziehen im Magen, gerade noch aushaltbar. Nahm DUWOK jedoch zu, schaltete sich ein Großteil meines Hirns ab und ein Verrückter übernahm das Steuer und zwang mich, peinliche Tagebucheinträge zu schreiben oder manisch durch die Stadt zu laufen und nach ihr zu suchen. Und bei einem besonders schweren Anfall von DUWOK hätte ich sogar eine Million im Lotto gewinnen können und nicht mal müde gelächelt.

Auch die anderen litten unter der Ohne-Kirstie-Diät. Am ersten Tag hatten wir ihr Fehlen im Kino noch irgendwie überspielt. Am zweiten hingen wir apathisch im Foyer herum. Unser Unterhaltungsprogramm: Hightower lernte und trainierte dazu unablässig mit einer knirschenden Fingerhantel – Faust auf, Faust wieder zu –, und wir beobachteten ihn dabei. Minutenlang. Cameron seufzte. »Und da sage noch einer, wir können uns nicht allein amüsieren.«

Normalerweise machten er und Hightower außerhalb des Metropolis nichts mit mir. Doch an diesem Abend war das Kino wegen der Feiern zum Unabhängigkeitstag geschlossen, und sie fragten, ob ich mit zum Fluss wolle. Wir schnappten uns die Räder. Die Luft war staubtrocken, eine Hitze wie aus einem apokalyptischen Film nach dem russischen Erstschlag. Wir kämpften uns gerade mit den Rucksäcken einen Hügel hinauf, da setzte Cameron zum Überholen an.

»Jetzt Leithauser …«, rief er. »Unwiderstehlich vorbei an Turner, vor ihm nur noch der alte, gedopte Jameson. Kann er ihn schlagen?« Er war nun gleichauf mit Hightower, der bei diesen Sprüchen gelangweilt abwinkte.

Cameron zog an ihm vorbei. »Oje, Jameson schnauft wie 'ne Lok. Gedemütigt muss er abreißen lassen.« Er preschte davon. Ich zögerte, dann fuhr ich ihm kurzentschlossen hinterher.

Man konnte nun sehen, wie der Sportler in Hightower erwachte. Ja, es war nur ein dämlicher Hügel an einem viel zu heißen Tag. Ja, es war nur albernes Gerede, *aber trotzdem*! Er nahm unsere Verfolgung auf. Seine monströsen Oberschenkelmuskeln waren beim Treten aufs Äußerste gespannt, und am Ende schoss er mit dem Rad an uns vorbei und war als Erster oben.

Verschwitzt hielten wir auf der Kuppe des Hügels und blickten wie die Könige auf den Fluss im Tal. Wir ließen eine Trinkflasche rumgehen, dann rollten wir bis zu einer Feuerstelle hinab, schmissen unsere Sachen ins Gras und sprangen ins kalte Wasser. Als ich wieder auftauchte, schwamm ich eine Weile auf dem Rücken und schaute in den Himmel, und das hätte ich wirklich ewig tun können.

Später grillten wir über dem Lagerfeuer Würstchen, spielten Karten und betranken uns. Mir fiel wieder auf, wie anders Hightower in Camerons Nähe war; viel gelöster und alberner. Beim ersten Bier diskutierten sie, wer der größte Basketballspieler aller Zeiten war: Oscar Robertson, Bill Russell oder Kareem Abdul-Jabbar. Wie meistens hörte ich nur zu, doch irgendwann sprachen sie über Religionen und Kriege. Und da traute ich mich und erzählte von meinem Onkel Bill, der sich die besten Geschichten ausdenken konnte und mich nie wie ein dummes Kind behandelt hatte oder so – und den sie mit achtzehn eingezogen und nach Khe Sanh geschickt hatten.

Beim dritten Bier spielten wir dann dieses Spiel, bei dem man bei drei berühmten oder befreundeten Personen wählen muss, mit wem man Sex haben, wen man heiraten und wen man »töten« will – bis Cameron plötzlich aufstand und mit feierlicher Stimme ankündigte, über das Lagerfeuer zu springen.

»Das schaffst du niemals«, sagte Hightower. »Das Feuer ist viel zu hoch.«

»Und wie ich das mache. Richtig drüber.«

»Unmöglich, Mann. Das schaffst du nicht.«

»Siehst du das?« Cameron deutete auf seine aufgerissenen Augen. »Ich bin schon im *Tunnel.* Das wird ein Jahrhundertsprung.«

Er nahm so absurd viel Anlauf, dass wir ihn kaum noch sahen und er nur ein winziger Punkt in der Ferne war. Dann rannte er ewig lang auf uns zu und wirkte richtig verbissen. Doch kurz vor dem Ziel schienen ihn Mut und Kraft zu verlassen. Er wurde langsamer und langsamer, und schließlich stolperte er fast vor dem Lagerfeuer und hüpfte halbherzig daran vorbei, und wir bogen uns vor Lachen.

Es dunkelte. Der Himmel füllte sich mit Sternen, das Feuer knisterte nur noch leise. Es roch nach verbrannten Zweigen und Fleisch. Hightower stieß gedankenversunken mit einem Stock in die Glut. Er hatte ein Radio mitgenommen und versuchte einen Sender zu finden, aber es gab kaum Empfang. Cameron und ich saßen abseits am Ufer. Wir warfen Steine und zielten auf ein Stück Holz in der Flussmitte.

»Hey Sam, was willst du später mal machen?«

»Keine Ahnung.« Ich warf daneben. »Wahrscheinlich irgendwas mit Zahlen.«

Das war seit der Kindheit meine Antwort auf diese Frage, einfach, weil Mathe mein bestes Fach war. Dabei mochte ich es nicht mal besonders und auch nicht die Jobs, die damit zusammenhingen. Doch während die meisten Mitschüler an der Tafel nur Hieroglyphen sahen, hatten Zahlen in ihrer simplen, berechenbaren Logik für mich immer etwas Beruhigendes. Wenn ich allerdings an die simple Logik von Moms dreißigprozentiger Überlebenschance dachte, war ich nicht mehr so sicher.

»Also gehst du nach der Schule aus Grady weg?«, hakte Cameron nach.

»Ja, auf jeden Fall.« Ich nahm einen Stein vom Ufer und zielte … daneben, es platschte laut. »Wieso, du nicht?«

»Na ja, ich soll an die University of Chicago, Wirtschaft studieren. Aber …« Er zündete sich eine Zigarette an. »Eigentlich ist es egal. Meine Eltern sind so reich, dass ich eh nie arbeiten muss.«

Cameron erzählte, dass die Firma seines Vaters Jet- und Helikoptersitze herstelle und nordamerikanischer Marktführer sei. »Er rüstet quasi die ganze Army aus und macht mehrere hundert Millionen Dollar Umsatz im Jahr.«

Ich lachte ungläubig.

»Ja, verrückt, aber es nimmt mir auch jeden Ehrgeiz, weißt du?« Er nahm einen Zug. »Ich weiß einfach ums Verrecken nicht, was ich mal machen möchte. Außer Kino und Filmen hat mich nie etwas begeistert, und da hab ich null Talent … Und ob ich mit meinen miesen Noten auf irgendeine Elite-Uni geschmuggelt werde oder nicht, ist egal.«

»Wieso gehst du dann überhaupt nach Chicago und bleibst nicht hier?«

»Befehl von Mr. Leithauser.« Er seufzte. »Manchmal glaub ich, ich bin nur eine seelenlose Puppe, und mein Vater hat irgendwo eine Fernsteuerung für mich.«

Cameron versuchte zu lächeln, nur gelang es ihm diesmal nicht so richtig. Für eine Weile blickten wir schweigend auf den Fluss. »Das heißt, es gab doch mal etwas, was mich begeistert hat. Willst du's wissen?«

Ich nickte.

»Vor einem Jahr hab ich vorgeschlagen, eine Party im Kino zu machen. Motto: *Sixties' Night.* Ich hatte gerade *American Graffiti* gesehen und mir gedacht, dass es in Grady einen Haufen Erwachsener geben muss, die sich danach zurücksehnen und es lieben würden, das alles für einen Abend noch mal aufleben zu lassen. Niemand hat geglaubt, dass es klappt. Mr. Andretti nicht, Kirstie nicht, vor allem mein Dad nicht. Ich hab ihn gefragt, ob er mir hilft, aber obwohl er aus Grady stammt, hat er nur abgewunken. Ich hab's trotzdem durchgezogen. Hab Flyer verteilt, mit Brands Hilfe das Foyer geschmückt und in eine Tanzfläche verwandelt, ich hab sogar eine alte Kopie von *American Graffiti* aufgetrieben, der Film sollte an dem Abend im Metropolis laufen. Mich haben die Sechziger immer viel mehr fasziniert als die jetzige Zeit, und das alles auf die Beine zu stellen hat mir echt viel Spaß gemacht.«

»Und? Hat's geklappt?«

Cameron warf einen Stein und traf damit fast das Holz im Fluss. »Das Kino war am Ende randvoll, im Foyer liefen die Oldies, die Leute haben die ganze Nacht getanzt und noch Wochen später davon geschwärmt. Kirstie meinte, ich sei ein richtiges Organisationsgenie.« Er biss sich auf die Lippe und wirkte niedergeschlagen.

»Aber das ist doch super«, sagte ich.

»Ja, schon, aber … *Er* war nicht da, verstehst du? War mal wieder beruflich unterwegs. Hat er zumindest behauptet.« Er strich mit der Hand übers Gras. »Er hat einfach dieses Bild von mir. Dass ich studieren soll, dass ich dieses und jenes im Leben machen soll. Dieses Bild ist falsch, wirklich total falsch.«

Cameron feuerte noch mal einen Stein ins Wasser und sah mich an. »Aber es ist stärker als das Bild, das ich selbst von mir hab.«

Er schüttelte den Kopf. Danach saßen wir schweigend am Ufer, bis das Feuer ausging und wir aufbrachen.

Auf dem Rückweg legte sich eine nicht unangenehme Melancholie über uns. Die Scheinwerfer der Räder warfen drei Lichtkegel in die Dunkelheit, wir sprachen kaum, jeder in seine eigenen Gedanken versunken. Meine drehten sich erst um Kirstie, dann landeten sie in meiner Kindheit. Und als in der Ferne Grady auftauchte, tat ich etwas, was ich in meinem Leben noch nie getan hatte: Ich nahm die Hände vom Lenker. Erst nur wenige Nanosekunden und wacklig, später länger, und als wir am Ortsschild vorbeifuhren, hatte ich es gelernt und fuhr freihändig in die Stadt hinein. Und auch wenn es keine große Sache war, erfüllte es mich mit Stolz.

Nummer 15

Zwei Wochen vor meinem Geburtstag stand ich vor dem Spiegel. Durch das tägliche Training mit Hightower brachte ich es inzwischen auf zwanzig Liegestütze am Stück. Trotzdem war ich so schmächtig wie zuvor, wenn auch vielleicht etwas zäher. *Immerhin,* dachte ich. Denn am Abend würde ich auf meine erste richtige Party gehen, meine Eltern hatten es mir erlaubt. Alle sollten sich als Berühmtheiten verkleiden. Und Kirstie hatte versprochen, mir zu helfen! Seit ihrer Rückkehr hingen wir ziemlich oft zusammen herum – doch an diesem Montag kam sie einfach nicht.

Den ganzen Nachmittag lag ich auf dem Bett, vor Nervosität wie gelähmt. Einmal suchte ich die Nummer der Andrettis im Telefonbuch heraus und wählte … Schon beim ersten Tuten legte ich erschrocken auf. Danach floss die Zeit wieder so zäh wie Harz. Irgendwann setzte ich mich aus Langeweile sogar zu Dad vor den Fernseher. Unsere letzte Begegnung war zwei Nächte her: Ich war wieder mal spät vom Kino nach Hause gekommen und ihm im Flur begegnet; angetrunken und etwas bekifft. Mein Vater hatte mich angesehen, aber nichts dazu gesagt.

Jetzt aß er ein Müsli und trug diesen alten Pullover vom College, der sich vor Jahren beim Waschen knallpink verfärbt hatte. »Nur ein bisschen rötlich«, sagte er immer. Ich hatte nie verstanden, wieso er das hässliche alte Ding nicht endlich wegwarf. Mom hatte ihn schon mehrmals darum gebeten, auch seine Freunde zogen ihn mit dem pinken Pulli auf. Aber Dad ließ sich nicht beirren.

Mit abwesendem Blick schaute er eine Sitcom, dabei war Ironie nicht gerade seine Stärke. Jean und ich hatten uns früher oft darüber amüsiert, wie er bei Komödien und sogar *Georgetown* an den falschen Stellen lachte oder – verwirrt vom Gelächter anderer – ein Lächeln vortäuschte.

»In deinem Alter war ich nachts oft unterwegs …« Dads Worte schnitten in unser Schweigen. »Mein Vater hat mich dafür bestraft, er hat nicht verstanden, wie wichtig das für mich war. Ich will nicht das Gleiche machen. Wer bin ich, dir vorzuschreiben, wie du dich in einer Situation wie mit deiner Mutter verhalten sollst?«

Er betrachtete mich lange: Wenn Blicke ein Gewicht hatten, dann wog dieser hier so viel wie ein Kleinwagen. Ich schaute an ihm vorbei auf die Wanduhr, und ich schwöre, einmal ging der Zeiger rückwärts. Wo blieb nur Kirstie?

»Ich will dir nur zwei Fragen stellen.« Er schob sich wieder einen Löffel Müsli in den Mund. »Sind das gute Leute, mit denen du dich abgibst? Und geht's dir gut?«

Ich dachte an den Klassiker mit James Dean, der neulich im Metropolis lief und in dem er seinen Vater nicht mit »Dad«, sondern fast anklagend mit »Vater« angeredet hatte. Plötzlich hatte ich den Wunsch, das Gleiche zu machen, um ihn zu provozieren.

»Ja, *Vater*«, sagte ich ernst. »Es sind gute Leute. Und mir geht es gut … *Vater.*«

Doch Dad nickte nur und legte mir die Hand auf die Schulter. »Übrigens …«, er schaute wieder zum Fernseher, »den Geruch von Marihuana riecht man zehn Meilen gegen den Wind, pass beim nächsten Mal auf. Nicht dass deine Mutter es mitkriegt.«

Ich drehte mich zu ihm. Er reagierte nicht darauf.

Später hockte ich mich vors Haus und übte im Schatten Gitarre. Inzwischen probierte ich immer öfter eigene Melodien oder Textideen, nur schien jedes Mal etwas Entscheidendes zu fehlen.

»Hey, du bist ja echt gut.«

Ich blickte auf. Am Zaun stand Kirstie in ihrer Verkleidung: Stiefel, Minirock, Goldketten und ein knappes schwarzes Top mit tiefem Ausschnitt. Ihre blonden Haare waren gewellt. Es war das eine, wenn ich sie mir in gewissen Momenten so sexy vorstellte. Und etwas ganz anderes, sie wirklich so zu sehen.

»Like A Virgin!« Sie ließ eine Kaugummiblase platzen. »Und, was sagst du?«

»Äh … nicht schlecht.«

»Fällt dir nichts auf?« Kirstie lächelte mich breit an. »Keine Veränderung?«

Erst nach Sekunden bemerkte ich es.

»Deine Zahnspange ist weg!«, sagte ich, war aber insgeheim froh, dass die kleine Lücke zwischen ihren Vorderzähnen noch immer da war.

»Gerade noch vor dem College erlöst!« Sie strahlte. »Sorry fürs Zuspätkommen.«

»Kein Problem. Hatte sowieso noch zu tun.«

Ja, nämlich stundenlang an die Wand starren.

Wir gingen ins Haus – schnell vorbei an Dad –, hoch in mein Zimmer, das plötzlich viel unordentlicher aussah als gedacht. Ich schwieg die ganze Zeit. War das falsch? Musste ich jetzt nicht eine »lockere Bemerkung« oder so etwas machen? Ich beobachtete, wie Kirstie auf mein ungemachtes, zerwühltes Bett sah.

»Entschuldige, das ist noch von dem Mädchen, das kurz vor dir hier war«, sagte ich und schämte mich noch in derselben Sekunde. Was redete ich da?

Doch sie war gnädig mit mir und lächelte.

Ich strich die Bettdecke glatt. Es hatte etwas seltsam Intimes, wie sich zum ersten Mal in meinem Leben ein Mädchen auf mein Bett fallen ließ. Auf einmal sah ich alles nur noch mit ihren Augen und beobachtete angespannt, wie Kirstie die Kassetten und Bücher studierte, meine Hanteln hochstemmte, dann die Kinoplakate von *Der Pate* und *À Bout de Souffle* entdeckte, die ich hatte mitnehmen dürfen – und mir beim Phoebe-Cates-Poster einen amüsierten Blick zuwarf.

Sie griff nach dem Gedichtband auf meinem Tisch. »Ach ja, *Hard Land*, das müsst ihr nächstes Jahr beim Inspector lesen, oder?« Sie blätterte darin herum. »Hier, meine Lieblingsstelle, als er noch ein letztes Mal durch den Ort geht.« Sie las vor:

Die Stadt, die Stadt … in rußiges Licht getaucht. In
der Morgenkühle spaziere ich durch die Straßen.
Vorbei an den Kirchen. Vorbei an der Fabrik und
an den Läden.
Ein kleines Mädchen spielt mit dem Ball:
Ich will sehen, wie hoch ich es schaffe …
Sie wirft ihn in die Luft. Der Ball steigt empor, die
Augen des Kindes folgen ihm:
Staunend, gebannt, erwartungsvoll.
Ein Ruf ertönt, die Mutter kommt. Sie zerrt das
Mädchen in die Schule.
Beide beachten den Ball nicht mehr.
Ist er noch in der Luft?
Langsam gehe ich weiter; vergessen sein wird alles,
was ich einst war.
Kind sein ist wie einen Ball hochwerfen,
Erwachsenwerden ist, wenn er wieder herunterfällt.

»Und was soll das heißen?«, fragte ich.

Kirstie legte die Plastiktüten aufs Bett und holte einige beunruhigend hässliche Kleidungsstücke hervor. »Das heißt, dass du den Ball so hoch wie möglich werfen musst«, sagte sie. »Dann bleibt er länger in der Luft.«

Die Party fing erst um zehn an. Vorher wollten wir alle noch diesen Film schauen, der Anfang Juli gestartet war und über den inzwischen das ganze Land sprach. Mr. Andretti hatte – seinen Fehler einsehend – über das Wochenende endlich eine Kopie auftreiben können und veranlasst, dass es am sonst freien Montag eine Sondervorstellung gab.

Unterwegs wurde ich unablässig angestarrt. Ich trug kurze weiße Hosen, ein weißblaues Polohemd von Kirsties Vater, ein rotes Stirnband und eine Lockenperücke – fehlte nur noch der Tennisschläger. »Ich seh aus wie ein Vollidiot!«, stellte ich fest, als mich eine ältere Dame musterte.

»Das muss so sein.«

»Und wie kommt's, dass du nicht wie ein Vollidiot aussiehst?«

»Tja, die einen haben's eben …«, sagte sie nur und zündete sich eine Zigarette an. Als sie meinen Blick sah, steckte sie mir ebenfalls eine in den Mund.

Auch Kirstie fiel in ihrem Outfit auf, allerdings auf andere Weise als ich. Ab und zu schauten ihr Männer hinterher. Sie genoss es, doch ich sah, dass es ihr manchmal auch nicht ganz geheuer war. Wie jemand, der Superkräfte bekommen hat und noch nicht weiß, wie er damit umgehen soll.

Wir bogen in die Franklin Ave ein. Die Sonne versank gerade am Horizont und ließ die Stadt in bläulichem Licht schimmern, als wir etwas sahen, was es vor dem Metropolis noch nie gegeben hatte: eine Menschenschlange.

Ich war froh, dass ich an dem Tag frei hatte.

»Abgefahren, oder?« Cameron begrüßte uns am Eingang. »Aber der Film ist es echt wert. Übrigens, John und Madonna, nette Verkleidung!«

Er selbst trug eine rötliche Perücke und hatte sich einen rotblauen Blitz ins Gesicht gemalt. Da meine Schwester Bowie-Fan war, erkannte ich es sofort: Ziggy Stardust. Und Hightower war ohnehin einfach zu erraten, denn er trug eine Polizeiuniform und ging als ... nun ja, Officer Hightower aus *Police Academy.*

Saal 1 war voll, uns blieb nur die vierte Reihe außen. Ich hatte kaum Erwartungen an den Film, aber was ich nun sah, haute mich um: Ich liebte alles an *Zurück in die Zukunft.* Die Dialoge, die Figuren, die Musik und vor allem die Geschichte.

Die größte Offenbarung war Michael J. Fox. Ich kannte ihn zwar aus *Family Ties,* hatte die Serie aber nie richtig geschaut und war überwältigt. Die meisten Schauspieler, Musiker oder sonstigen Idole waren immer so anders als ich gewesen, viel größer, muskulöser, cooler, männlicher. Dieser Michael J. Fox dagegen hatte auch keine tiefe Stimme, war schmächtig und wirkte genauso zappelig wie ich. Und das Beste: Die anderen fanden das auch. Kirstie sagte nämlich irgendwann im Film, dass sie Marty McFly heiß fände. Nicht süß, sondern heiß.

»Aber der ist doch bestimmt kleiner als du«, warf ich ein und hoffte, sie ahnte nicht, wieso ich das gesagt hatte.

»Ist mir total egal«, antworte sie nur.

Daraufhin bemerkte Cameron, dass ich ihn an Marty erinnern würde (ewiger Dank dafür). Und Kirstie sagte nicht »So ein Quatsch« oder so. Sondern sie betrachtete mich im Halbdunkel des Kinos, und dann sagte sie: »Stimmt, ein bisschen«, und sie schien es wirklich ernst zu meinen. Danach fand ich den Film noch viel besser und beobachtete jede Bewegung von Marty McFly, um sie einzustudieren. Und als er am Schluss auf der E-Gitarre *Johnny B. Goode* spielte, da wusste ich nur noch zwei Dinge auf der Welt: Ich wollte genauso sein! Und ich wollte eine E-Gitarre!

Das Problem war nur, dass so eine Gitarre teuer war. Und dass dieser Marty McFly richtig selbstbewusst wirkte und sich zur Not, obwohl er klein war, auch prügelte. Und beides war nicht so meine Sache. Egal, als wir aus dem Kino kamen, platzte ich fast vor Energie und sprang als Erster auf die Ladefläche des Pick-up. »Kommt schon«, rief ich mehrmals zu den anderen und trommelte auf dem Schutzblech herum. Keine Ahnung, wann ich zuletzt so ausgelassen war.

Die Nacht brach an, wir redeten über den Film und die bevorstehende Party. Unsere Stimmen wirbelten durcheinander, wir erwarteten alle nur das Beste. Auf der Fahrt zur Tankstelle hörten wir wie immer Springsteen, dann durfte Kirstie – große Ausnahme – ein Tape von Journey einlegen. Sie spulte vor bis *Don't Stop Believin'*.

Cameron schüttelte den Kopf: »Gott, du bist so *be-rech-en-bar.* Wahrscheinlich singst du gleich auch noch mit und …« – und in diesem Moment tat sie es wirklich:

Just a small town girl
Livin' in a lonely world
She took the midnight train goin' anywhere

Sie sang es total übertrieben. Cameron seufzte nur, dann aber legte er sich die Hand aufs Herz und sang noch alberner die nächsten Zeilen, so dass ich lachen musste:

Just a city boy
Born and raised in south Detroit
He took the midnight train goin' anywhere

Und dann brüllten wir alle gemeinsam den Refrain, aber niemand so laut wie Kirstie, sie riss die Arme in die Luft. Der Mercury raste durch die Kleinstadt, der Wind wehte uns ins Gesicht, wieder kam der Refrain, wieder grölten wir alle auf der Ladefläche mit, und ich ahnte: Egal, was kam, dieser Moment würde bleiben.

Nummer 16

Wir standen mit unseren Tankstellentüten vor Brian D'Amatos Haus und hörten den Partylärm. Ich war nervös. In der Clique fühlte ich mich sicher, doch das hier war eine völlig neue Situation mit vielen unbekannten Menschen. Ich stellte mir vor, wie mich alle anstarrten, weil ich so jung war, und wie irgendjemand plötzlich die Musik abdrehte und sagte: »Leute, kurze Pause ... wer ist denn dieser kleine Scheißer hier?«

Ich weiß auch nicht, wie ich immer auf so etwas komme.

Wir traten ins Haus. Brians Eltern waren wie erwartet nicht da, dafür gab es Musik, jede Menge Alkohol in Plastikbechern und angeblich auch ein paar härtere Drogen. Wir saßen zu viert zusammen. Kirstie reckte jedoch dauernd den Hals, weil sie gehört hatte, dass Mason oder seine Freunde vielleicht auch kommen würden. Schließlich ging sie auf eine Gruppe ehemaliger Mitschülerinnen zu, die als

Charlie's Angels verkleidet waren. Es waren die gleichen, die vor Wochen im Kino ein Eis gekauft hatten. Zuerst wirkte Kirstie unsicher, dann straffte sich ihre Haltung, und sie redete lässig mit ihnen. Ich klammerte mich an meinen Drink und sah zu, wie sie einfach mit ihnen verschwand.

Cameron und Hightower diskutierten dagegen mal wieder über Filme, bis sie in einem Regal die *Herr der Ringe*-Bände entdeckten und sofort das Thema wechselten. Ihr Dialog ging in etwa so:

Cameron: »Glaubst du, dass die Orks Kinder haben?«

Hightower: »Klar haben Orks Kinder.«

Cameron: »Ja, okay, aber was machen die, wenn die noch ganz klein sind?«

Hightower: »Was meinst du mit *klein*?«

Cameron: »Ganz praktisch. Ich meine, gibt es für die dann so was wie Ork-Kindergärten oder Ork-Kitas?«

Hightower: »Was läuft eigentlich in deinem Hirn falsch, dass du dauernd auf solche Gedanken kommst?«

Es war irgendwie lustig, die beiden so reden zu hören, weil ich mir genau vorstellen konnte, wie sie schon als Zehnjährige auf dem Weg zum See auf diese Weise diskutiert hatten.

Danach verschwand auch Cameron, weil ein paar Leute oben in einem Zimmer Acid nahmen. Ich blieb mit Hightower zurück. Wir wussten nicht so recht, was wir reden sollten, und dann hatten ihn auch schon seine Footballkumpels aufgespürt. Obwohl Hightower versuchte, mich miteinzubeziehen, saß ich irgendwann abseits und hörte einfach nur zu, wie sie über das rivalisierende Team der Hudsonville Cavaliers herzogen (die sie wegen des dortigen Gefängnisses nur *Hudsonville Knastis* nannten) und bescheuerte Witze erzählten: »Was hat vier Beine und einen Arm? – Ein Pitbull auf dem Kinderspielplatz!«

Ich trank aus meinem Pappbecher – Wodka und Sevenup –, rauchte eine nach der anderen (acht angefangene Zigaretten, neuer Rekord!) und heuchelte Interesse an einer alten Fernsehzeitung. Manchmal suchte ich Blickkontakt zu den älteren Mädchen, die zur Musik tanzten. Sie sahen immer schnell weg. Vermutlich hätte ich allein in meiner Couchecke auch nicht langweiliger gewirkt, wenn ich mit einem Atlas die Namen von Hauptstädten gebüffelt hätte. Dafür wurde mir vom Alkohol angenehm warm, meine Füße wippten im Takt. Aus der Küche drang das Klirren von Glas und Gelächter. Ein Paar verschwand nach oben und wurde noch auf der Treppe von Freunden gestellt. Ich holte mir gerade wieder am Büffet etwas zu trinken, da sprang jemand von hinten fast auf meinen Rücken.

»Sam, da bist du ja!«

Ich drehte mich um und stieß beinahe mit Kirstie zusammen. »Ich bin etwas betrunken«, informierte sie mich. Vielleicht hatte sie auch etwas genommen, denn sie wirkte total aufgedreht, sagte dauernd meinen Namen und tippte mir einmal auf die Stirn: »*Sam,* nie weiß man bei dir, was du denkst.« Und: »*Sam,* komm, wir gehen tanzen!« Und: »*Sam,* du musst!«

Die Tanzfläche war im hinteren Teil des Wohnzimmers und voll mit älteren Jungen und Mädchen, die meisten verkleidet. Wie beim *Festival am See* stand ich schüchtern vor ihr. Diesmal nahm Kirstie einfach meine Hände und führte sie an ihre Hüften.

»Nicht so nervös«, sagte sie. »Locker, locker.«

Sie selbst legte ihre Arme auf meine Schultern. Schmerzhaft fiel mir wieder auf, dass sie größer war als ich, allerdings nur ein bisschen. Wenn ich auf Zehenspitzen stand, konnte ich es fast ausgleichen.

Zunächst tanzten wir nur albern, dann brachte sie mir ein paar Schritte bei. Ich war nicht mal so schlecht. Tanzen machte erstaunlich viel Spaß, es war wie eine andere Sprache, bei der ich viel mehr sagen und mich besser ausdrücken konnte als mit Worten. Und endlich ergab auch meine Hibbeligkeit mal Sinn. Im Wohnzimmer war es stickig, die Hitze sickerte fast von der Zimmerdecke, ich sah eine Schweißperle an Kirsties Schläfe hinablaufen. Ihr Atem traf auf meine Haut, und mit jedem weiteren Song verdichtete sich die Party auf das winzige Stück Tanzfläche, auf dem wir uns bewegten. Ich blickte ständig nach unten, um ihr nicht auf die Zehen zu treten. Nur einmal sah ich hoch und entdeckte ihr Grinsen.

»Geht doch«, sagte sie, und wieder: »Locker, locker.«

Bei diesen Worten traute ich mich endlich: Ich griff ihre Hand und ließ sie vor mir eine Pirouette drehen. Danach kamen wir uns noch näher, und auf einmal musste ich an etwas denken, das mir meine Schwester mal erzählt hatte.

»Hier kommt eine sensationelle Neuigkeit für dich: Auch Mädchen in dem Alter können manchmal verwirrend sein«, hatte Jean geantwortet, als ich sie nach ein paar Tipps für die Highschool fragte. »Das wird dich noch verrückt machen, ist aber immer auch eine Chance. Um 20 Uhr 10 würden sie lachen, wenn man sie fragt, ob sie etwas von dir wollen. Um 22 Uhr 29 finden sie dich immer noch bescheuert. Um

23 Uhr 11 machen sie mit einer Freundin sogar einen fiesen Spruch über dich und schauen einem anderen Jungen nach, aber um 0 Uhr 14, Sam, um 0 Uhr 14 finden sie dich für einen magischen Moment vielleicht ganz interessant. Dann ist auf einmal alles verdreht und alles möglich, und dann musst du eben immer noch da sein.«

Ich war nicht sicher, ob jetzt so ein Moment war. Doch als ich Kirsties Körper an meinem spürte, da waren wir tatsächlich nicht mehr unterschiedlich groß, nicht mehr unterschiedlich alt und auch nicht unterschiedlich mutig, sondern einfach nur hier auf dieser Tanzfläche in Brian D'Amatos Wohnzimmer. Und als auch noch *Beat It* kam, drehte ich mich schnell im Kreis und tanzte vor allen den Moonwalk. Erst nur ein paar Sekunden, aber ein paar Leute feuerten mich an, und da ahmte ich noch ein paar weitere Tanzschritte nach.

Kirstie lachte und wirkte sogar ein bisschen beeindruckt. Ich fasste sie wieder an der Hüfte, aufgepeitscht von diesem Abend. Und plötzlich sah ich, wie in ihren Augen etwas aufflammte: als wäre das alles ein neues, aufregendes Spiel für sie. Sie lächelte wieder leicht, und ich spürte, wie sie mir mit der Hand über den Nacken fuhr und ihren Körper dabei langsam an meinem rieb! Mir blieb fast die Luft weg, noch immer tanzten wir eng, ich spürte ihren Bauch an meinem Bauch, und dann bekam ich eine Erektion. Wir sahen uns an.

Und mein Blick sagte: »Tut mir leid!«

Und ihr Blick sagte: »Muss dir nicht leidtun!«

Dann drehte sie sich mit dem Rücken zu mir und rieb sich beim Tanzen weiter an mir. Ich war davon erst überfordert, atmete jedoch durch und legte vorsichtig meine Hände auf ihren nackten Bauch. Und wieder war ich erstaunt, wie warm und weich ihr Körper war und wie aufregend sie roch, nach Vanille, Rauch und ihrem ganz eigenen Geruch, den ich noch nicht ganz verstand, von dem ich aber nicht genug bekam, und ich konnte nicht glauben, dass mir das hier wirklich passierte.

Nach dem Song gingen wir nach draußen und teilten uns eine Zigarette. Kirstie nahm mir die Perücke ab, meine Haare waren klitschnass. Wir sahen uns an, sagten nichts, und aus irgendeinem Grund war das lustig, und wir mussten beide lächeln. Ich mochte es so sehr, wenn sie nicht die Coole spielte, sondern einfach sie selbst war. Und ich mochte es noch mehr, sie so anzusehen, weil ich dann das Gefühl bekam, hinter ihrer Fassade das Mädchen vom Friedhof zu entdecken, das mir so nahe war.

»Was ist? Was schaust du so?«, fragte sie irgendwann.

»Nichts. Was schaust *du* so?«

»Nichts«, sagte sie. »Ich schau überhaupt nicht.«

Und wieder lächelten wir gleichzeitig. Kirstie fuhr durch meine nassen Haare, so dass sie abstanden. Aus ihrer Handtasche holte sie einen Kamm und frisierte mir einen Scheitel. Sie hielt ihre Hand unter mein Kinn und musterte mich zufrieden. Erneut trafen sich unsere Blicke, stumm und lange, nur dass es jetzt nicht mehr spielerisch war, sondern irgendwie ernst.

»Was denkst du gerade?«, fragte sie.

Plötzlich Gejohle von der Straße. Wir drehten uns um und sahen Hightower in der Einfahrt halten. Die Ladefläche des Pick-ups war bis auf den letzten Platz mit Leuten gefüllt, die meisten davon Seniors aus seinem Footballteam.

»Komm!« Kirstie zerrte mich mit.

Zunächst fühlte ich mich von der neuen Situation bedroht. *Bestimmt wird jetzt alles schlechter* … Dann war ich es leid, so zu denken. Wer war eigentlich dieser uralte Typ in meinem Kopf, der mir ständig solche bescheuerten Gedanken einflüsterte? Ich war für einen Abend Marty McFly *und* John McEnroe, und von denen hatte ja wohl auch keiner Schiss, wenn mal ein paar Teenager um die Ecke kamen.

Hightower sagte, er habe ein paar Kumpels von einer anderen Party »erlöst«. Sie trugen keine Verkleidung und schienen alle angetrunken. Zwei kannte ich sogar von den Grady Hornets: Der eine war Corey Chambers, ein kugelrunder Linebacker, der jeden Gegner aus dem Weg rammte. Weil er den ganzen Tag aß, nannten ihn alle Pac-Man. Der andere hieß Eddie Thompson und war Runningback, und da er »nie was anbrennen ließ«, hatte er den Spitznamen Cool Eddie. Ein großer, schwarzhaariger Junge, ziemlich talentiert. Allerdings schien er seinen Sport nicht so ernst zu nehmen wie Hightower, denn Kirstie flüsterte mir beim Reingehen zu, dass er Gras dabeihätte und dass sie es alle im Schlafzimmer rauchen wollten. Ich dachte an Dads unfehlbare Nase und sagte, dass ich unten bleiben würde.

»Okay, ich komm bald wieder.« Sie strich mir über den Arm, dann ging sie mit ein paar Jungen und Mädchen nach oben.

Ich vertrieb mir die Zeit auf der Tanzfläche, bis ich sah,

wie Cameron die Stufen herunterkam. Ein großer Auftritt. Er trug offenbar die Klamotten von Brian D'Amatos Mutter, ein gemustertes Kleid und einen roten Schal, den er sich theatralisch um den Hals warf. Auch seine Haare waren bizarr umgestylt, mit Pony und zwei Hörnern.

Es kam gerade ein Song, in dem dauernd jemand mit tiefer Stimme »Oh Yeah« sagte. Cameron bewegte schon auf der Treppe dazu synchron die Lippen. Schließlich sprang er auf eine Wohnzimmerkommode und brüllte unter dem Buhen und vor allem dem Jubel einiger Anwesender, dass er jetzt strippen werde.

»Das wird ein böses Erwachen, meine Kinder«, rief er. »Ich sehe nämlich genau, was ihr jetzt über mich denkt, aber ihr irrt euch. *Alle*!«

Aus den Boxen dröhnte wieder mit tiefer Stimme: *»The sun, even more beautiful … Ohhhh Yeaaaahhhhh«*, Cameron sprach es mit spitzen Lippen mit und löste dabei einen Träger seines Kleids …

In diesem Moment kam Hightower in seiner Polizeiuniform und holte ihn von der Kommode. »Immer der gleiche Scheiß mit dir!«

»Mein Freund!«, sagte Cameron tief bewegt. »Mein lieber, ritterlicher Freund. *Sir Hightower.*«

»Ist ja gut, Mann!«

Ich füllte mir den nächsten Plastikbecher und wollte gerade nach Kirstie sehen, da hörte ich ihre Stimme. Sie kam mit einigen anderen die Treppe herunter und bemerkte mich nicht. Während die restliche Gruppe in die Küche ging, blieb sie mit einem der Jungen vor dem Büro stehen. Cool Eddie Thompson. Sie redeten vertraut, und manchmal stützte er seine Hand so an der Wand ab, dass sie direkt neben ihrem Kopf war. Es wirkte zufällig, aber das war es nicht, und ich beobachtete, wie Kirstie schon wieder über eine Bemerkung von ihm lachte.

Ich wusste, dass ich dringend etwas tun musste. Jetzt! Doch mein Selbstbewusstsein war wie eine kaputte Batterie, die sich nach jedem Rückschlag vollständig entlud, und ich starrte nur wie gelähmt auf meine lächerlichen Tennisklamotten.

Da entdeckte Kirstie mich. Sie sagte nichts, winkte auch nicht, schaute mich nur einige Sekunden lang an.

Ich tat schnell, als würde ich mich amüsieren und setzte mich mit einem Grinsen zu Hightower und Cameron auf die Couch. Sie wandte ihren Blick wieder ab.

»Nein, du musst es *fühlen*«, sagte Cameron gerade. »Wir sind alle winzige Punkte, und zusammen ergeben wir ein Bild. Das ganze Universum ist Pointillismus.«

Hightower sah zu mir und rollte mit den Augen.

Ich lachte viel zu laut darüber, blickte dabei wieder zum Büro und hatte plötzlich das Gefühl, dass eine eiskalte Hand in meine Brust fuhr. Sekundenlang hörte ich nichts mehr von der Musik oder den Stimmen von Hightower und Cameron, sondern sah nur noch, wie Kirstie und Eddie Thompson sich küssten. Sie hatte die Augen geschlossen, während er ihr über den Hinterkopf fuhr. Seine Hand krallte sich richtig in ihre blonden Haare. Seltsamerweise fühlte es sich nicht mal überraschend an, sondern eher wie etwas, was ich längst gewusst hatte, und in meinem Kopf lief in Endlosschleife der Satz: *Er lässt nie was anbrennen.*

In dem Moment wollte Cameron aufspringen und verkünden, dass er wie in irgendeiner Serie nur ein als Mensch getarntes, »ultraböses« Alienwesen wäre. Er meinte es offensichtlich nicht ernst, es gefiel ihm nur, im Mittelpunkt zu stehen.

»Das muss ich mir jedes Mal antun«, seufzte Hightower. Dann sah er, was ich sah – und legte mir die Hand auf die Schulter.

Ich brauchte eine Weile, um mich zu fangen. Schließlich war meine Reaktion: Trotz! Sollte Kirstie doch, ich brauchte sie nicht. Ich exte den Plastikbecher und stürzte mich wieder auf die Tanzfläche. Was auch immer gespielt wurde, ich tanzte wie ein Verrückter dazu, bis mein Poloshirt richtig an mir klebte. Immer wieder schaute ich dabei zu Kirstie. Endlich sah sie zurück, sah mich tanzen, und das erfüllte mich mit grimmigem Stolz, denn so bekam sie mit, wie wenig mir das alles ausmachte. Ich sprach sogar ein Mädchen an, damit sie es sah.

»Das ist echt stark!« Ich deutete auf die Anlage, die einen neuen, mir unbekannten Song spielte. »Was ist das?«

Das Mädchen zuckte mit den Schultern. Ich fragte das Mädchen neben ihr.

»*Take On Me* oder so«, sagte es gelangweilt.

Ich nickte und tanzte dazu. Dann drehte ich mich wieder nach Kirstie um – aber sie und Eddie Thompson waren weg. Ob nach draußen oder in ein Zimmer nach oben, wusste ich nicht. Ich wusste nur: *Das war's.* Ich war auf dieses Gefühl nicht vorbereitet. Ich dachte, die Sache mit Mom hätte mich immun gegen alles andere gemacht. Aber das hier kam aus einer ganz anderen Richtung.

Erschöpft setzte ich mich auf die Couch und trank immer weiter, und von da an kann ich mich nur noch an drei Dinge wirklich erinnern: Wie Hightower den ständig vor sich hinplappernden Cameron in den Mercury wuchtete und sagte, er solle endlich die Klappe halten. Wie irgendjemand meine Perücke nahm und sie sich aufsetzte. Und wie der als Magnum verkleidete Brian D'Amato sich mit einem Mädchen mit monströser Dauerwelle zu mir auf die Couch fallen ließ, mit ihr rummachte und dann plötzlich stoppte und auf mich zeigte: »Alter, wer bist du eigentlich?«

Und ich sagte: »Hi! Ich bin Sam.«

Und er sagte: »Wie auch immer«, und machte weiter.

Im nächsten Moment übergab ich mich fontänenartig auf den Teppich, so dass die Leute lachten oder aufschrien und irgendjemand rief: »Der scheiß McEnroe kotzt hier alles voll«, und mich schubste, und kurz darauf trottete ich auch schon nach Hause. Und es kann sein, dass ich auf dem Rückweg geweint habe, aber sicher weiß ich es nicht mehr.

Nummer 17

Ich erwachte mit Halsschmerzen. Ein Specht schien unablässig in meinen Kopf zu hacken, meine Stimme war rau. Mom meldete mich im Kino krank und brachte mir Speckbrote und Tee ans Bett. Den ganzen Tag blieb ich im Zimmer und schrieb Sachen in mein Tagebuch, für die man mich in die Geschlossene hätte stecken können. Manchmal phantasierte ich auch absurden Quatsch:

Jubelnde Menschenmassen, endlose Gitarrenriffs. Ich bin inzwischen ein berühmter Rockmusiker und entdecke im

Publikum Kirstie. Nach dem Konzert treffen wir uns backstage. Sie bereut alles und sagt, dass sie oft an mich denkt. Doch ich bin seit der Party damals emotional abgestumpft und verhärtet, zu keinerlei Gefühlen mehr fähig. Da beginnt Kirstie plötzlich zu weinen und ruft: »Aber Sam, ich liebe dich doch!« Ihr Blick könnte selbst Freddy Krüger erweichen. Ich aber beuge mich nur zu ihr runter (in meiner Phantasie bin ich riesengroß und irgendwie auch älter als sie) und streiche ihr über die Wange. »Ich weiß …«, sage ich und stelle den Kragen meiner Lederjacke hoch, bevor ich sie stehenlasse. »Aber manche Wunden heilen nie.«

DUWOK der übelsten Sorte, kann ich da nur sagen.

Um mich von diesem Elend abzulenken, versuchte ich, den *Zurück in die Zukunft*-Soundtrack auf Tape aufzunehmen. Doch immer, wenn im Radio *The Power Of Love* oder *Back In Time* kamen, redete der Moderator dazwischen. Wirklich jedes Mal. Am Ende hatte ich die Songs aber perfekt aufgenommen und eines der stärksten Tapes überhaupt zusammengestellt, denn ich hatte noch Lieder von INXS und Van Halen draufgepackt. Und das Allerbeste war, dass Mom mir abends einen Brief auf den Nachttisch legte, Absender: *Steven McCollister!*

Sofort schämte ich mich, dass ich sauer auf ihn gewesen war. Bestimmt hatten ihn meine Berichte über Mom überfordert, und er hatte Zeit gebraucht, um darauf zu antworten. Und auch wenn es nach Kanada teuer war: Vielleicht durfte ich ihn ja anrufen und mit ihm über alles reden: meine erste Party, das Kino, Kirstie.

Ich riss den Brief auf. Stevie ging jedoch auf all meine Nachrichten nicht ein und schrieb nur, er wünsche mir und Mom »alles Gute«. Ansonsten teilte er mir in wenigen coolen Sätzen mit, dass er jetzt oft skate und eine Freundin habe. Er hatte auch gleich ein Foto von ihr beigelegt (hübsch). Und das war natürlich fies, weil sich viele unserer Unterhaltungen um Sex gedreht hatten und dass wir beide noch als »verdammte Jungfern« die Highschool verlassen würden. Am Schluss schrieb er nicht mehr *Stevie,* sondern nur *Steve.* Ich schaute noch mal auf den Brief, dann murmelte ich »Arschloch« und warf ihn unters Bett.

Am nächsten Tag erfuhr ich endlich, was es mit diesem Mystery Club auf sich hatte. Ich war noch immer krankgemeldet, aber da ich mich besser fühlte, ging ich am Nachmittag ins Replay in der Mall, um *Defender* zu spielen. Meine Mission: Endlich den Rekord von ADC zu brechen, der den ewigen High Score aufgestellt hatte. Doch wer auch immer ADC war, musste die Reflexe eines Jedi haben, denn die Punktzahl war nicht zu knacken.

Vom Automaten aus konnte ich den Springbrunnen im Erdgeschoss sehen. In einer Pause entdeckte ich dort Cameron mit einem älteren Jungen. Beide umarmten sich linkisch, dann ging der andere Junge weg. Cameron schaute ihm ein paar Sekunden mit einem Lächeln nach – bis er seine Sonnenbrille aufsetzte und ins Replay kam. Als er meinen Blick sah, wirkte er ertappt. Er stellte sich neben mich. Das nächste Level fing an, und sofort drückte ich wie wild die Knöpfe, weil: Überlebenskampf. Mein Raumschiff raste über die Hügellandschaft und schoss die Aliens ab. »Wer war der Junge vorhin?«, fragte ich möglichst beiläufig.

»Ach, egal.« Cameron errötete. Dann erzählte er, wie er

in dieser Gegend andere Jungen kennenlernte: In St. Louis gebe es das *Village*, ein Café, in dem nur Homosexuelle abhingen. Dorthin würde er manchmal fahren und schauen, »was sich so ergibt«. Es gebe auch einen Park, aber da sei nachts oft die Polizei, und das sei hier im erzkonservativen Heartland ebenso gefährlich wie ein paar berüchtigte Tankstellentoiletten am Highway.

»Das ist echt das Einzige, wieso ich mich auf Chicago freue.« Er krempelte die Ärmel seines hellblauen Sakkos hoch. »Endlich kein Versteckspielen mehr.«

Erst da wurde mir klar, dass seine Eltern offenbar nichts wussten.

Ich fragte ihn, ob er schon mal in ein Mädchen verliebt gewesen sei, und er sagte, ein paar hätte er schon interessant gefunden und er sei neugierig, was da noch käme.

»Und bei dir?«, fragte er. »Ich nehm an, acht von zehn auf der *Kirstie-Herzschmerz-Skala,* inklusive Teppichkotzer und Abgang mit Tränen?«

Verlegen sah ich zu ihm.

»Brand hat's mir gesagt. Außerdem musst du auf der Party allen möglichen Leuten erzählt haben, dass du in sie verliebt bist.«

Jetzt, da er es erwähnte, kamen tatsächlich ein paar ungute Erinnerungen hoch.

»Scheiße«, murmelte ich.

Er stieß mich an. »Komm, wir essen was.«

In Sal's Bagels im Erdgeschoss diskutierten wir den Fall. Cameron meinte, Kirstie habe mich sicher nicht absichtlich verletzen wollen. Sie habe wegen früher nicht gerade ein starkes Selbstwertgefühl und suche immer wieder Bestätigung, wäre gleichzeitig aber auch einfach verrückt nach Jungs und mache, was sie wolle. »Schwierige Kombination … Und ich meine, sie war im Mystery Club, das sagt alles.«

»Was ist denn dieser Mystery Club?«

»Eigentlich ist es nur bescheuert.« Cameron biss in sein Sandwich, dann erzählte er, wie er und Hightower vor einigen Jahren im Kino angefangen hatten, als beide noch ein Regie-Duo hatten werden wollen. »Damals sind Kirstie die Typen noch nicht nachgelaufen. Sie hat auch nur ihre Bücher gelesen und uns höchstens ab und zu komisch angeschaut. Also haben wir sie gemieden. Bis sie plötzlich auf uns zukam und rief: *Ich hab Jenkins gesehen* … Weißt du noch?«

Ich nickte. Jeder in Grady kannte Roger Jenkins und die Story, wie er vor ein paar Jahren eine Bank in Jefferson ausgeraubt und sich angeblich wochenlang mit den dreihunderttausend Dollar in der Gegend versteckt gehalten hatte. Alle glaubten zu wissen, wo Jenkins' Versteck war; in einer Baracke am See, in der Fabrik, auf einer Farm – bis er mitsamt der Beute in Utah geschnappt wurde.

»Kirstie war besessen von dieser Sache«, sagte Cameron. »Sie hat uns erzählt, sie hätte Jenkins bei uns im Wald gesehen. Wir haben dauernd nach ihm gesucht, um die Belohnung zu kriegen, und eben diesen Mystery Club gegründet. Ein Dreierteam, das geheimnisvolle Fälle in der Gegend löst. Eigentlich waren wir zu alt für so was, aber insgeheim mochten wir's alle. Das Büro des Kinos wurde unsere Zentrale, Kirstie war die *Detektivin* und das Hirn, Brand der *Bodyguard*, eine Art tumber Schläger, und ich der *Hacker*, der wie bei *WarGames* gefährliche Codes knackt oder so. Dabei hatte ich damals nicht mal einen Computer.« Er lachte. »Dafür hab ich heimlich für uns Visitenkarten drucken lassen, und Kirstie hat in der Büroküche dauernd Kaffee gekocht, weil sie das erwachsen fand.«

»Echt?«

»Ja, sie hatte auch die Idee, später mal aus dem Mystery Club eine Krimireihe mit neunundvierzig Teilen zu machen, für jedes Geheimnis einen. Und der erste Band war *Der Fall Roger Jenkins* … Wie auch immer, bei einer Suche haben wir uns ziemlich übel im Wald verlaufen. Es war nachts, Brands Taschenlampe ging aus, es war stockfinster. Wir haben um Hilfe gerufen, keiner hat uns gehört. Dann fing es auch noch an zu regnen, und uns wurde klar, dass wir draußen übernachten müssen. Wir waren erst dreizehn oder vierzehn, Kirstie und ich haben geheult, nur Brand natürlich nicht, der verdammte Eisschrank. Er weint wirklich *nie*, in den ganzen letzten Jahren nicht eine Träne. Du könntest vor seinen Augen seinen Hund abknallen, und er würde nur fragen, was es nachher zum Essen gibt.«

Cameron zog einen schiefen Mund. »Jedenfalls waren wir ein Haufen durchnässter Jammerlappen, und am Ende haben wir mit Ästen eine Art Dach gebaut und bis zum Morgen geredet. Brand hat von seinem leiblichen Vater erzählt und dass die Leute in Grady immer zuerst ihn herablassend oder schroff anschauen würden und er dann eben genauso schroff zurücksehen würde. Kirstie hat erzählt, wie sie immer so tue, als merke sie's nicht, wenn die Mädchen Sprüche über sie machten, und dass sie das mit Jenkins bloß erfunden habe, um was mit uns zu unternehmen. Und ich dachte, *scheiß drauf,* und hab mich geoutet. Wir haben uns jedes Geheimnis erzählt, nichts war peinlich, niemand musste sich verstellen. Irgendwann hab ich gesagt, wir wären ein fabelhafter Club von miserablen Außenseitern. Und Kirstie hat gesagt, der Mystery Club eben. Und Brand hat gesagt: Amen!«

Ich nickte. Im Hintergrund sah ich, wie Chuck Bannister mit einem kleinen Mädchen durch die Mall ging, offenbar seine Schwester. Beide aßen ein Eis, er schien ihr etwas zu erklären, sie hörte aufgeregt zu. Der Anblick rührte mich, doch im selben Moment kam mir eine längst verdrängte Szene in den Sinn: Wie Chuck mir vor Monaten mit seinen Kumpels auf der Straße nachgegangen war. Er hatte mir Fragen gestellt und mir dabei ständig von hinten in die Füße getreten, dass ich ins Stolpern kam: »Hey, Turner, musst du eigentlich noch zur Psychosprechstunde?« *Tritt.* »Und, hat dein Dad einen neuen Job?« *Tritt.* »Wie geht's deiner Mom? Ich hoffe, sie tickt wieder richtig?« *Tritt.* Damals waren mir vor Wut die Tränen gekommen. Jetzt ärgerte mich am meisten, dass ich mich nie gewehrt hatte … Diese scheiß Erinnerungen, die blieben, während er bald wegging und alles vergessen würde.

Ich schüttelte den Kopf. Dann steckte ich mir die letzte schon kalte Fritte in den Mund. »Okay, und was soll ich jetzt mit Kirstie machen?«

Cameron überlegte eine Weile und trommelte mit den Fingern auf dem Tisch. »Also gut, hier kommt mein Plan …« Er lupfte seine Sonnenbrille und sah mir direkt in die Augen. *»Vergiss. Sie.«*

»Was, wieso?«

»Weil das jetzt erst mal nichts wird. Kirstie ist mit den Gedanken längst in New York, die hat im Moment tausend andere Sachen zu tun und gar keine Zeit, sich zu verlieben. Selbst, wenn sie wollte, könnte sie nicht das für dich sein, was du dir jetzt vielleicht wünschst. Ich fürchte, du musst einfach Geduld haben.«

Ich schüttelte wieder den Kopf, aber er blieb bei seiner Meinung und schleifte mich zu *Sam Goody*, dem Plattenladen im Obergeschoss. Den ganzen Nachmittag hörten wir Songs von seiner Lieblingsband ELO an. Zwischendurch erkundigte sich Cameron vorsichtig nach Mom – aber auch nach meinem Dad. Ich erzählte ihm alles; sogar, dass ich oft das Gefühl hatte, zwischen uns wäre wie bei einem Gefängnisbesuch eine Glasscheibe. Und es war schön, das mal jemandem sagen zu können, denn wenn einer mein schwieriges Verhältnis zu meinem Vater verstand, dann er.

Nummer 18

Als ich am frühen Abend von der Mall nach Hause kam, war ich beschwingt. Im Walkman lief das selbstgemachte Tape von gestern, und wie genial waren eigentlich Huey Lewis & The News? Ich wollte gerade in mein Zimmer, um ihre Songs auf der Gitarre nachzuspielen, da hörte ich aus dem Schlafzimmer meiner Eltern ein Schluchzen. Vorsichtig spähte ich hinein und sah Mom, wie sie vor einer Kiste mit ihren Tieren saß und weinte.

Vielleicht muss ich das mit den Tieren erklären. Erst mal: Mom liebte alles, was klein war. Winzige Überraschungsgeschenke, Teelichter, Zettelchen mit Botschaften, Ringe und Bändchen. Vor allem hatte sie den Tick, kleine Holz- oder Plastiktiere zu sammeln. Sie konnten kunstvoll handgemacht sein oder billig aus einem *Happy Meal*, Hauptsache: nicht zu groß. Keine Ahnung, warum. Vielleicht, weil sie selbst so klein war, sie sammelte sie jedenfalls seit ihrer Jugend. Wir hatten sie schon oft damit aufgezogen, aber Fakt ist: Sie hatte Tausende davon und hing an ihnen, und wenn man Mom eine Freude machen wollte, brachte man ihr vom Flohmarkt einen kleinen hölzernen Miniaturpanda oder so was mit.

Und nun sortierte sie offenbar eine Kiste davon aus und weinte, und ich wusste nicht, was ich machen sollte.

»Mom, was ist?«

Erschrocken fuhr sie herum und wischte sich über die Augen. Ich sah, dass sie sich zusammenreißen wollte, wie sie es schon oft für mich gemacht hatte. Nur, diesmal schaffte sie es nicht. Dieses eine Mal traf ich nicht auf meine Mutter. Sondern auf einen Menschen, der zermürbt war vom Kämpfen und sich vor der nächsten Untersuchung fürchtete. Der wusste, dass er vielleicht nicht mehr viele Jahre leben würde, und mir nun sagte: »Es ist alles so sinnlos.«

»Was meinst du?«

»Die Kisten mit den Tieren. Wieso soll ich sie noch sammeln? Ihr werdet sie eh wegwerfen, falls ich mal nicht mehr da bin.«

Für Sekunden war ich ausgeknockt, vollkommen überfordert von der Situation. Ich wollte erst sagen, dass das nicht stimmte. Aber was, wenn doch? Wenn ich in einigen Jahren diese vielen schweren Kisten aus dem Keller holen und irgendwo lagern musste, weil kein Platz mehr war und plötzlich jemand sagte: »Ach komm, werfen wir den ganzen Krempel einfach weg.«

Ich setzte mich neben meine Mutter und umarmte sie, und da weinte sie wieder.

»Tut mir leid«, sagte sie. »Ich sollte das nicht vor dir machen.«

»Ist schon okay, Mom.«

Ich umarmte sie noch fester und spürte, wie sie im Weinen immer wieder zitterte. Sie roch nach süßer Butter und frischgemachter Wäsche. Ein bemerkenswert zäher Knochen, hatten die Ärzte gesagt. Und jetzt wirkte sie so schwach, ihre Haut weiß, fast durchsichtig. Allmählich beruhigte sie sich wieder.

Ich beobachtete, wie sie in ein Taschentuch schnäuzte, und wusste nicht, was ich sagen sollte. Das war eh das Problem. Ich wusste nicht, was ich sagen sollte, wenn ich mit einem Mädchen allein war. Wenn jemand etwas Rassistisches auf Hightowers Wagen schmierte. Wenn mein Vater mir einen seiner Blicke zuwarf. Ich wusste einfach nie irgendetwas.

»Hast du …« Ich schaute zu Boden. Mein Fuß wippte. »Hast du *Angst*?«

Ich hoffte, sie würde nein sagen. Aber noch mehr hoffte ich, sie würde nicht lügen.

Mom sah mich überrascht an. Dann schien sie zu spüren, dass ich ihre ehrliche Antwort wollte. Sie fuhr mit den Fingern das Muster des Bettbezugs nach und nickte. »Nicht immer, aber manchmal.«

»Und was machst du, wenn du Angst hast?«

»Meistens versuche ich, mich abzulenken. Dann ordne ich Bücher neu oder gehe im Laden Abrechnungen durch. Und manchmal stelle ich mir sogar meine Beerdigung vor.« Sie lachte kurz, es kam wie ein Schuss aus dem Dunkeln. »Ich hab das nicht mal deinem Vater erzählt, aber falls es wirklich passiert, wird es eine ziemlich laute Beerdigung. Ich werde testamentarisch festlegen, dass auf der Trauerfeier Rockmusik gespielt wird. Auf jeden Fall etwas von Billy Idol.«

Trotz allem musste ich einen Moment grinsen.

»Die Angst ist jedenfalls mal kleiner, mal größer«, sagte Mom. »Aber irgendwie ist es für mich … Willst du das wirklich hören?«

Ich nickte.

»Irgendwie ist es auch ein Trost, dass man nur einmal stirbt. Es gibt so viele andere Dinge, vor denen ich Angst habe, und viele von ihnen kehrten immer wieder. Und Sterben-müssen ist die größte Angst überhaupt, doch wenigstens muss man da nur einmal durch.« Sie betrachtete einen kleinen blauen Holzlöwen. »Auch wenn es komisch klingt, das tröstet mich. Langes Dahinsiechen in der Klinik fände ich schlimm. Oder dass ich mich durch die Krankheit … *verändern* könnte. Wenn es also wirklich sein soll, wäre es am besten, wenn es schnell ginge. Wie ein Sprung in die Tiefe ohne Aufprall.«

Ich nickte und starrte auf die Kisten mit den Tieren und die Tablettenpackungen auf ihrem Nachttisch: Anti-Epileptika. Pillen gegen ihre Krankheit. Pillen gegen die Nebenwirkungen dieser Pillen. Auf einmal kamen mir die Tränen.

Mom berührte meinen Arm. »Sam, es tut mir leid … Ich weiß, dass du es schwer hattest. Und jetzt bist du endlich ein bisschen aufgeblüht und …« Sie brach ab und schaute mich an. »Du darfst ruhig wütend sein auf mich, okay? Ich fände es sogar gut. Bitte friss es nicht in dich rein, sondern sei wütend, auf mich, auf alles.«

Ich verstand noch nicht ganz, was sie meinte, und nickte wieder. Eine Weile saßen wir stumm nebeneinander. Dann hielt sie mir die Hand hin, und wie früher hakten sich unsere Finger ineinander.

Nummer 19

Nach dem Gespräch mit Mom schaute ich fern und zappte dumpf herum. Erst bei einer Doku über einen Ausreißer aus Iowa blieb ich hängen: Der Mann erzählte, wie er als Jugendlicher von seinem schwierigen Zuhause abgehauen war. Wie er bis nach Südamerika getrampt war und auf einem Zugdach mit anderen Hobos in der Abendsonne Karten spielte. Das beschäftigte mich sehr. Ohne groß zu überlegen, schnappte ich mir die Gitarre und schrieb einen Song über ihn und das Gefühl, abzuhauen und frei zu sein. Zwar hatte sich mein Wunsch mit der E-Gitarre zerschlagen (wie befürchtet hatte Mom gesagt, dass wegen der gestiegenen Versicherungskosten und Dads »unveränderter Situation« leider keine großen Sprünge drin seien), dafür hatte ich zum ersten Mal eine Melodie, die mir gefiel. Manchmal sang ich auch dazu; leise, damit es niemand hörte.

Ich feilte gerade an den Lyrics, als Kieselsteinchen gegen

mein Fenster flogen. *Pling, pling, pling.* Überrascht legte ich die Gitarre weg und öffnete.

»Kommst du runter?«, rief Kirstie vom Garten aus.

Ein Teil von mir freute sich, dass sie da war. Der Rest dachte nur an die Party. Und überhaupt: Es war wichtig, hier einen Punkt zu machen. »Lass mich einfach in Ruhe!«

»Du musst aber runterkommen! Sonst ist Mr. Bojangles wahnsinnig enttäuscht.«

»Wieso, wer ist Mr. Bojangles?«, fragte ich genervt.

Erst jetzt sah ich, dass sie etwas Pelziges in ihren Händen versteckt gehalten hatte, das sie mir nun entgegenstreckte.

»Mein alter Stoffaffe«, sagte sie. »Ich hab ihm versprochen, dass er dich heute endlich kennenlernen kann. Ich verstehe, wenn du mich nicht sehen willst, aber willst du *ihm* das wirklich antun?«

Ich musste gegen meinen Willen lachen, und schließlich kam ich doch herunter.

Wir spazierten in die Stadt und setzten uns auf die Schaukeln beim Spielplatz. Ich glaube, ich war seit meiner Kindheit nicht mehr da gewesen. Stevie und ich hatten hier im Sandkasten Höhlen für unsere Spielzeugfiguren und Autos gebaut.

»Seit wann hast du Mr. Bojangles?«, fragte ich.

»Seit ich drei bin. Früher konnte ich nie ohne ihn einschlafen!«

Sie drückte mir das Stofftier in die Hand. Es war schon angegraut und roch, als hätte man aus alten Lumpen eine Suppe gekocht. Währenddessen sagte Kirstie, dass ihr das mit der Party leidtue und sie mir einfach keine falschen

Hoffnungen machen wolle. Dass sie frei sein wolle und im Moment keine neue Beziehung suche. Dass sie ohnehin bald am College sei und ich das verstehen müsse.

»Und wegen Eddie … Das ist einfach so passiert. Ich hab mich nach der Trennung beschissen gefühlt, er war da, es war lustig, vielleicht war ich auch ein bisschen high, was soll's.« Kirstie seufzte. »Ich meine, du gehst noch zur Schule, hast du gedacht, dass wir jetzt richtig was anfangen?«

Nein, dachte ich. Na ja, vielleicht ein bisschen. Ich hatte ehrlicherweise keine Ahnung, was ich gedacht hatte. Aber da ich hier schon auf der Schaukel saß und mich wie der letzte Idiot fühlte, mit dem Stoffaffen in der Hand und Kirstie neben mir, die mich wie einen kleinen Jungen behandelte, konnte ich ruhig aufs Ganze gehen.

»Und was war, als wir so eng auf der Party getanzt haben oder nachher draußen standen? Wolltest du da wirklich gar nichts von mir?«

Ein Schuss ins Blaue, ich rechnete mit nichts. Doch Kirstie wirkte tatsächlich, als hätte ich sie irgendwie erwischt.

»Keine Ahnung … ein bisschen vielleicht.«

»Ein bisschen *was*?«

»Ein bisschen was wollte ich von dir!«

Ich spielte mit Mr. Bojangles' losem Knopfauge und spürte, wie mein ganzer Körper zitterte. Meine Schwester hatte recht, Mädchen konnten *wirklich* verwirrend sein. Mein Herz schlug viel zu schnell, und ich brauchte jetzt dringend eine weitere gute Frage, die meine Überforderung und meine Überlegungen perfekt zusammenfasste.

»Häh?«, fragte ich.

»Ich weiß.« Kirstie stöhnte auf. Sie sprang von der Schaukel runter und stapfte auf und ab. »Du bist zu jung, mit deiner bescheuert-niedlichen Unbeholfenheit, es macht alles keinen Sinn. Ich versteh's selbst nicht.«

Dann blieb sie plötzlich direkt vor mir stehen und funkelte mich an. »Aber was ist eigentlich mit *dir*?«

Ich sah sie fragend an.

»Ja, *du*! Spielst den Beleidigten, aber wo warst du, als ich mit Eddie geredet habe? Du bist irgendwo in der Ecke gestanden und dann weggegangen … Hör zu, Sam, ich hab mich vielleicht scheiße verhalten, und das tut mir leid. Aber wenn du mich willst, dann sag es, dann mach was, dann steh nicht einfach da wie ein verdammtes Kind.«

Ich blickte auf den Boden, wie ein … nun ja, verdammtes Kind.

»Wieso hast du denn nichts gemacht?«, hörte ich Kirstie noch sagen.

»Ich weiß es nicht«, sagte ich leise. »Ich hatte Schiss und …«

»Aber *wovor*? Wovor hattest du Schiss?«

»ICH *WEISS* ES NICHT!«, wiederholte ich laut. »Ich hab's nie gewusst, okay?«

Ich zitterte. Was sollte ich denn sagen … Dass ich einfach oft Angst hatte, und zwar vor *allem*? Dass das schon vor Moms Krankheit so gewesen war und ich selbst nicht wusste, wieso? Dass ich mich dafür hasste, so ein Feigling zu sein? Auf einmal brach es aus mir heraus, und ich weiß nicht mehr, wie viel ich Kirstie von all dem erzählt habe. Ich fürchte, nicht wenig. Aus den Augenwinkeln sah ich, wie die Kinder, die auf der Wiese vor uns Baseball gespielt hatten, lachend davonzogen.

Als sie weg waren, setzte Kirstie sich wieder auf die Schaukel und zündete eine Zigarette an. »Du machst es einem nicht leicht, Sam.« Sie blies Rauch durch die Nase. »Mal eine Frage: Bist du wirklich in mich verliebt?«

Ich nickte zögerlich, ohne sie anzusehen.

Kirstie dachte lange nach. Dann hielt sie mich mit beiden Händen an den Schultern fest und sagte: »Wir schließen jetzt einen Pakt, okay?«

Ich schaute auf.

»Drei Regeln«, sagte sie. »Erstens: Ich find dich süß, und mit sechzehn hätte ich mir wahrscheinlich genau jemanden wie dich gewünscht. Aber ich bin nicht mehr sechzehn und will am College frei sein. Zweitens: Ich entschuldige mich dafür, dass ich auf der Party mit dir geflirtet habe, denn das hab ich. Drittens: Wir reden noch mal über alles, wenn wir älter sind, aber bis dahin sind wir nur Freunde.«

Kirstie nahm einen letzten Zug und schnippte die Kippe weg. »Manchmal vergesse ich, wie beschissen das alles für dich gerade ist, und ich glaube, Freundschaft ist jetzt wichtiger als irgendeine lose Beziehung oder Sex … Also, Deal?«

Ihre letzte Bemerkung störte mich. Trotzdem schlug ich ein.

Auf dem Rückweg erzählte Kirstie, wie die Party später noch ausgeartet war. Einer von Hightowers Kumpels hätte sich im Rausch ausgezogen und meine McEnroe-Perücke vor die Genitalien gehalten. In dieser Aufmachung hätte er dann auf dem Dach gestanden und Leute auf der Straße beleidigt, bis jemand die Polizei rief.

»Wieso hat Cameron mir nichts davon erzählt?«, fragte ich.

»Er und Brand waren da schon nicht mehr dabei. Sie sind irgendwann wie ein altes Ehepaar aneinandergeschmiegt im Bruce-Mobil eingeschlafen. Am Ende hab also nur ich die Quittung der Nacht bekommen.«

»Die Quittung der Nacht?«

»Alles muss man dir erklären!« Kirstie seufzte gespielt. »Also gut: Ich weiß von meinem Dad, dass viele Erwachsene nach einem Essen im Restaurant darum feilschen, wer von ihnen die Quittung kriegt, da man die oft von der Steuer absetzen kann. Fast immer kriegt sie der, der am meisten fürs Essen bezahlt hat. Und das Gleiche gibt's auch bei der Nacht. Der, der am längsten durchhält, kriegt die Quittung. Brand und Cameron waren bis vier Uhr morgens dabei, sie haben getanzt und gefeiert und bis dahin alles mitgemacht, aber schon um halb fünf waren sie völlig vergessen, weil einfach so viel Neues passiert ist, seit sie weg waren. Sie glauben vielleicht, es wäre ihre Nacht gewesen, doch die Quittung gehört denen, die bis zum Ende durchgehalten haben. Und das waren nur drei Leute.«

»Wer?«

»Zwei Engel von Charlie und ich. Wir sind zur Tankstelle spaziert und haben uns was zum Essen und Zigaretten geholt. Während der Schulzeit hatte ich eigentlich nie viel mit ihnen zu tun, sie haben immer … Egal, jetzt haben wir uns jedenfalls an den See gesetzt und den Sonnenaufgang angeschaut, während alle anderen schon gepennt haben. Und dieser Moment war die Quittung, die … Was grinst du?«

Ich wusste es selbst nicht. Eigentlich klang diese Theorie bescheuert. Einerseits. Andererseits war Kirstie so *überzeugt* davon, und in solchen Momenten fand ich sie am tollsten.

»Der Punkt ist: Man haut nicht einfach von Partys ab oder geht, wenn es mal langweilig wird. Sondern man bleibt, denn die wahren Wunder passieren immer erst am Ende der Nacht oder am frühen Morgen. Das ist die wichtigste Lektion.«

»Ist notiert«, sagte ich.

»Hab ich von Mr. Bojangles. Er weiß alles!«

»Er ist bestimmt ein sehr guter Lehrer«, sagte ich.

»Der beste!«, sagte Kirstie, dann hakte sie sich bei mir unter.

Nummer 20

Ich konnte meinen Geburtstag kaum noch erwarten. Zum einen freute ich mich auf das Abendessen mit meinen Eltern, zum anderen deutete Kirstie an, dass sie sich ein besonderes Geschenk für mich ausgedacht habe. Ich hatte gehört, dass sie schon legendäre Geburtstagspartys mit Spielen oder Überraschungen geschmissen hatte. Mir sagte sie nur, dass sie diesmal etwas anderes vorhabe und ich bereit sein solle, »über meine Grenzen« zu gehen.

Noch immer redete Hightower beim morgendlichen Joggen kaum. Immerhin erfuhr ich, dass er in eine Clara

Palmer verliebt war. Sie hatte ein Jahr vor ihm den Abschluss gemacht und studierte schon Jura – und zwar wie er bald an der UCLA. Mich beeindruckte auch, wie viel er über die Natur wusste. Er schien jede Pflanze und jeden Käfer beim Namen zu kennen. Manchmal beobachtete ich, wie er seine Hand in den Wind hielt, als könne er ihn so deuten. Und als irgendein Vogel krächzte, sagte er: »Shit, das heißt, es wird bald regnen.«

Wir saßen auf der Bank bei der Selbstmordklippe, der Himmel war wolkenlos, und ich hielt es für unwahrscheinlich, dass er recht hatte. Aber noch in der Nacht hörte ich die ersten Regentropfen. Danach folgte eine tagelange Sintflut. Es schüttete so heftig, dass unser Garten matschig wurde und die Felder unter Wasser standen. Als hätte jemand ganz Missouri unter eine warme Dusche gestellt. Und ständig fragte ich mich, woher dieser Vogel das gewusst hatte; selbst in den Wetternachrichten war nichts angekündigt worden.

Auch am Vorabend meines Geburtstags regnete es. Ich tüftelte an dem Song über den Ausreißer, den es in die Wildnis Südamerikas gezogen hatte, und war so konzentriert, dass ich nicht merkte, dass Mom in der Tür stand. Sie hatte einen Korb mit meiner Wäsche in der Hand und grinste. Erschrocken hörte ich auf.

»Nein, nicht aufhören!«, sagte sie. »Du hast wirklich schön gesungen.«

Es war mir peinlich, dass sie mich gehört hatte.

»Mom, das sagst du nur, weil … na ja, weil du *Mom* bist!«

Sie setzte sich zu mir ans Bett und hielt feierlich zwei Finger in die Luft.

»Samuel Turner! Hiermit schwöre ich dir bei allem, was mir lieb und teuer ist, dass ich das nicht als deine Mutter gesagt habe, sondern als Mitglied einer der schlechtesten Bands des Mittleren Westens. Und ich schwöre es auch beim Augenlicht des geheiligten Billy Idol: Du hast wirklich schön gesungen, und es wäre ein Jammer, wenn du dich dafür schämen würdest.«

»Also gut, ich glaub dir.« Ich schlug in ihre ausgestreckte Hand ein. »Aber nur, weil du das mit Billy Idol gesagt hast.«

Ich zeigte ihr den Song. Zusammen korrigierten wir ein paar Lyrics. Zum Beispiel reimte ich auf die erste Zeile im Refrain, *»And I ran into the wild«*, zuerst ein simples *»till I felt again like a child«*, dann kamen wir auf *»searching for my inner child«* und am Schluss auf *»hunting dragons like a child«*.

Mom sagte, sie wolle den Song unbedingt noch mal hören, wenn er fertig sei, und zwar von mir gesungen. Ich versprach es ihr.

Danach schien das Gespräch vorbei zu sein. Bis Mom sagte, dass sie mich zwar kaum noch zu Gesicht kriege, ich ihr aber »irgendwie verändert« vorkäme. Und da wusste ich, dass ich verdammt auf der Hut sein musste. Jean hatte sich oft beschwert, dass unsere Mutter immer alles über ihre Liebesprobleme wissen wollte (»Sie quetscht dich aus wie eine Zitrone«).

Ich beschloss, nur möglichst vage Informationen zu geben, doch Mom war eine Meisterin darin, mir nach und nach weitere Details zu entlocken. Und da brach ich wie bei einem Verhör zusammen und gestand alles.

Keine Ahnung, wie sie das gemacht hatte.

»Kirstie Andretti also.« Mom schien überrascht und sagte, dass Kirstie als Mädchen oft ganze Nachmittage bei ihr in der Kinderbuchabteilung gesessen und gelesen habe. »Am liebsten mochte sie Geschichten von einer jungen Detektivin, *Tiffany Bloom,* bei der man am Schluss selbst Codes und Rätsel lösen musste.«

Ich dachte an den Mystery Club und grinste. »Ja, aber glaubst du, ich hab eine Chance bei ihr?«

»Das können wir nur bei einem guten Tee besprechen«, sagte Mom und führte mich wie einen geständigen Häftling hinunter in die Küche. Insgeheim mochte ich dieses leicht tantenhafte Hinzufügen von Adjektiven an ihr: »Guter Tee«, »starker Kaffee« oder »gemütlicher Filmabend«.

Auf dem Küchentisch lag ein Bildband, der Titel zeigte den Vatikan im Morgenlicht. In den letzten Wochen hatte es immer wieder kleine Hinweise auf die bevorstehende Romreise gegeben. Mom hatte italienische Musik laufen lassen oder Cannelloni gekocht. Manchmal stieß ich auch im Bad oder am Kühlschrank auf eine Karte mit einer Sehenswürdigkeit aus Italien, und auf der Rückseite stand: »Noch ein Monat« oder: »Noch vierundzwanzig Tage.«

»Das Hotel ist schon gebucht. Wir fliegen in deiner letzten Ferienwoche.« Mom schüttelte ungläubig den Kopf. »Von Rom rede ich schon, seit ich als Kind *Ein Herz und eine Krone* mit Audrey Hepburn und Gregory Peck gesehen habe. Dabei war der Film in Schwarzweiß.«

Sie lächelte. Gestern hatte sie wieder Kreislaufprobleme gehabt und müde im Bett gelegen. Das konnte immer passieren, trotzdem beunruhigte es mich jedes Mal, und ich war ziemlich froh, dass sie sich weiter so auf den Rom-Trip freute. Nach ihrer Band und dem geplatzten Psychologiestudium der *last dream standing.*

Wir machten Tee und sprachen darüber, ob ich zu schüchtern für Kirstie sei. Mom verneinte entschieden. »Du würdest dich wundern, wie viele Frauen schüchterne Männer mögen.« Sie setzte Wasser auf. »Es geht nicht darum, dich krampfhaft zu ändern, Schatz. Es geht darum, selbstbewusst der zu sein, der du bist.«

Ich stöhnte bei diesen Worten auf.

Sie fuhr unbeirrt fort: »Und genauso wichtig ist es, zu respektieren, was *sie* will. Denn vielleicht ist es jetzt tatsächlich schwierig bei ihr. Aber wenn du sie wirklich magst und nichts erwartest, kann sich mit Glück auch aus einer Freundschaft etwas entwickeln … Genauso war es mit deinem Vater.«

»Wieso? Er war doch immer ein … na ja, *Frauenheld* oder so was.«

Mom lachte. »Dein Vater war einer der scheuesten Jungen, die ich je getroffen habe. Er sah wirklich gut aus, groß und kräftig, aber ich glaube, er kam überhaupt nicht damit zurecht, dass er nicht mehr in West Plains war. Er war ja auch der Erste aus seiner Familie, der an ein College ging, das hatte ihm niemand zugetraut. Mit riesigen Augen ist er durch die Stadt geschlichen und wirkte ziemlich verloren. Damals war ich gerade neu bei den *Wild Berrys* und in meiner wilden Phase, und ich glaube, das hat ihn eingeschüchtert. Ich dagegen fand's toll, dass ich auf einmal begehrt war, und hab ihn zappeln lassen. Außerdem hat mich gestört, dass er so verschlossen war und man nie wusste, was ihn berührte oder beschäftigte.«

Ich senkte bei diesen Worten den Kopf.

Mom streichelte mir über den Arm. »Ja, ich weiß, dass er zu dir auch oft so ist«, sagte sie, und für einen Moment stockte das Gespräch.

Ich sah Dad vor mir: brütend, mich anstarrend, ein ewiges Rätsel.

Überraschend schnell fing mein Mund an zu zucken. Ich krallte mich richtig an der Tischkante fest.

»Mom, ich will nicht …« Meine Stimme zitterte. »Ich will nicht mit ihm *allein* sein, falls … falls du mal nicht mehr da bist.« Ich starrte auf den Reiseband. »Er ist anders bei mir … Er mag mich nicht«, sagte ich noch und spürte, wie es in meiner Brust plötzlich leichter wurde. Endlich hatte ich es ausgesprochen!

Ich schaute zu Mom und wünschte mir die passenden Worte von ihr, irgendeinen Trost. Aber zum ersten Mal fielen ihr diese Worte nicht ein.

Sie schien einige Sekunden mit sich zu ringen. Dann richtete sie sich auf.

»Schau mich an, Schatz …«

Moms Blick ruhte auf mir. Und ich schwöre, dass ich ihr Gesicht in dem Moment nie mehr vergessen werde. »Ich weiß, dass dein Vater schwierig ist. Okay? Ich weiß es. War ich deshalb manchmal wütend auf ihn? Natürlich. Doch genauso wahr ist: Dein Vater hat ein gutes Herz. Allerdings hatte er auch, entschuldige, eine wirklich beschissene Kindheit. Eines Tages wird er dir davon erzählen, und vielleicht wird dir dann manches über ihn klarer.« Sie fuhr mir über die Wange. »Dein Vater ist jemand, bei dem man genau hinsehen muss. Und wenn du das tust, wirst du sehen, dass er dich liebhat. Und dass er sich sehr freut, dass du so nette Freunde hast.«

Ich nahm es zur Kenntnis. Gleichzeitig sagte ich: »Aber wieso kann nicht *er* sich mal ändern und das alles zeigen? Wieso muss *ich* genauer hinsehen?«

Sie kam ein kleines Stück näher, als hätte sie etwas Besänftigendes auf den Lippen. Dann sagte sie nur: »Weil du es *kannst.*«

Ich nickte, erst misstrauisch, aber sie schien es wirklich ernst zu meinen.

Mom schenkte uns Tee ein. Ewig lang starrte ich auf meine Tasse. »Und was war jetzt, als du ihn kennengelernt hast?«

»Damals habe ich begriffen, wie viel Angst dein Vater hatte. Hätte er sich nur ein bisschen geöffnet, hätte ich ihn so viel besser verstanden. So aber hab ich das, was vielleicht zwischen uns war, irgendwann bewusst ignoriert. Doch er hat sich nicht aus der Ruhe bringen lassen. Obwohl er wirklich lesefaul ist, las er monatelang fast alles, was ich auch las. Nur um mit mir darüber reden zu können. Und irgendwann wurde mir klar, dass *ich* den ersten Schritt machen musste. Es war damals Homecoming, wir schauten ein Footballspiel und gingen danach in eine Bar. Und da erzählte ich ihm alles Schwierige aus meiner Jugend. Von den Problemen mit meiner Mutter, die mich von oben herab behandelt hat, und wie ich immer nur die kleine, stille Außenseiterin gewesen war. Und dass ich mich deshalb manchmal wie ein Grashalm fühlte, den man leicht umknicken konnte. Ich redete und redete, und dein Vater saß einfach nur da, trank Coke und schwieg. Er sagte wirklich kein einziges Wort.«

Ich musste ungewollt lachen. »Echt?«

»Du kennst ihn.« Sie blies auf den Tee. »Damals beschloss ich, den Kontakt zu ihm abzubrechen. Wir gingen stumm nach Hause, und als wir uns verabschiedeten und ich mich schon abgewandt hatte, erzählte dein Vater plötzlich etwas aus seiner Kindheit. Etwas sehr Trauriges. Einfach so, ohne mich anzusehen. Ich kam zurück und nahm ihn in den Arm. Danach saßen wir noch ewig auf den Stufen vor meinem Studentenwohnheim, und er gestand, dass es ihm schwerfalle, über all das zu reden, weil er sich schäme. Und dass er sich in mich verliebt habe und mich beschützen wolle, wenn ich mich wieder wie ein Grashalm fühlen würde. Das alles floss auf einmal nur so aus ihm raus … ein anderer Mensch. Nicht mehr dieser große, schroffe Mann, sondern ein lieber, gut beobachtender und sensibler Junge. Wir redeten noch stundenlang, bis es hell wurde … Und seitdem waren wir zusammen.«

Es war still. Ich lächelte, weil es ein richtiges Mom-Gespräch geworden war.

Sie schien zu ahnen, was ich dachte, denn sie lächelte jetzt auch. »So, und nun ist die wöchentliche Predigt wieder beendet.«

Wir tranken den Tee aus und sprachen über das Abendessen an meinem Geburtstag, dann ging ich ins Bett. Aber schlafen konnte ich nicht.

Ich dachte daran, wie nah Mom und ich uns noch vor Monaten gewesen waren. Wie ich mich oft zu ihr auf die Couch geflätzt und sie »Kommt da was Kuschelbedürftiges angerobbt?« gesagt hatte. Und ich dachte an meinen Vater und wie egal es war, was er als junger Mann gedacht und gefühlt hatte, weil es nicht sichtbar war. Weil es nur auf das ankam, was man tat.

Also stand ich noch mal auf, ging zu Mom ins Wohnzimmer und murmelte ein schnelles: »Ich hab dich lieb!«

Dann umarmte ich sie und huschte wieder nach oben, und ich hörte noch, wie sie sagte: »Ich hab dich auch lieb.«

Die Prüfung

Nummer 21

Mein Geburtstag fiel auf einen Montag. Um sechs in der Früh klingelte der Wecker, draußen deutete sich ein epischer Sonnenaufgang an. Verschlafen stieg ich in meine Sportklamotten, kurz darauf joggte ich mit Hightower durch den Wald. Der Regen der letzten Tage hatte aufgehört, die Luft roch süßlich und frisch. *Sechzehn,* dachte ich beim Laufen. *Wie seltsam!* Als Kind waren mir die Sechzehnjährigen wie Erwachsene vorgekommen, fast wie richtige Männer. Und nun war ich selbst so alt und fühlte mich wie ein Schwindler.

In der Garage wünschte Hightower mir alles Gute und überreichte mir ein verschnürtes Päckchen, das ich sofort aufriss: ein Multifunktionsmesser, das man in eine Zange oder eine Schere verwandeln konnte. Ich bedankte mich und hätte ihn am liebsten umarmt, traute mich aber nicht.

Zu Hause legte ich mich dann noch mal schlafen. Erst gegen Mittag schlurfte ich gähnend in Shorts und T-Shirt in die Küche und griff nach den Cornflakes. Es kam nichts heraus. Ich schaute nach – in der Schachtel klemmten ein Päckchen und ein Zettel mit Jeans Krakelschrift: *Das tragen hier alle coolen Schauspieler, dachte, das ist genau richtig für dich. Alles Gute, mein lieber Bruder. Auf bald in Roma!*

Ich öffnete das Geschenk und grinste: eine echte Wayfarer-Sonnenbrille!

Auch Dad kam in die Küche. Er trug ein Jackett und gratulierte mir, war allerdings in Eile, da er ein Bewerbungsgespräch hatte. »Wir sehen uns dann um acht!«

»Ist gut, *Vater.*«

Wieder reagierte er nicht auf die Anrede und schien ganz mit sich selbst beschäftigt. Er nannte mir den Namen des Restaurants, aber ich hörte kaum hin und dachte nur, dass er am College laut Mom ein scheues Landei gewesen war. *Wenn du wüsstest, dass ich das weiß.*

Dann setzte ich die Sonnenbrille auf, hängte meine Akustikgitarre um – Kirstie hatte gesagt, ich solle sie mitnehmen – und trat ins Freie. Der Himmel war blau wie ein Pool, und wenn ich heute an diesen Sommer zurückdenke, dann war das Schönste eigentlich immer der Weg von unserem Haus zum Kino oder zum Larry's. Diese zwanzig Minuten, bis ich die anderen sah und in denen ich mir ausmalen konnte, was wir machen würden und ob ich Kirstie ein bisschen näherkam.

Ich hatte einen Ohrwurm von einem neuen Song und tänzelte ein paar Schritte, dann sah ich einen imaginären Ball auf mich zurasen und schwang wie beim Baseball durch …

Mit einem satten Knall schoss er über Grady hinweg.

Am Rathaus verteilte eine Frau Flyer für eine Bürgerversammlung, vor dem Loose Caboose lungerten ein paar Jungen in der Hitze und quatschten jeden blöd an, der vorbeiging. Und als ich die Stadtbücherei passierte, kam gerade der Inspector heraus – wie eine fleischgewordene Warnung, dass irgendwann auch wieder die Schule anfing.

Da ich zu früh dran war, machte ich einen Abstecher zum Kino, wo an dem freien Tag niemand war. Danach noch einen zur Autowerkstatt von Kirsties Dad. Tatsächlich fand ich sie dort. Sie wechselte bei einem aufgebockten Dodge die Zündkerzen und war so konzentriert, dass sie mich kaum wahrnahm.

»Gleich!«, rief sie nur. Ich nahm meine Gitarre ab.

Auf einem Stuhl lagen ihre Tasche und Bücher – und auch ein *Tiffany Bloom*-Band; die Serie mit der jungen Detektivin, bei der man am Schluss selbst die Rätsel lösen musste. Ich lächelte und betrachtete die Fotos an der Wand, die berühmte Autos oder Rennfahrer zeigten. Immer wieder waren auch Mario und Michael Andretti zu sehen. Auf einem Bild posierten die beiden mit ihrem Dad.

»Er ist in Wahrheit gar nicht mit ihnen verwandt.«

Ich fuhr herum und sah Kirstie, die sich mit einem Lappen die Hände abwischte.

»Aber er spekuliert darauf, dass bei *Andretti's Cars* jeder an die Rennfahrer denkt und es ein paar Leute extra anlockt. Also hat er bei einem Indy-Rennen ein Fanfoto mit ihnen gemacht und diesen Altar hier gebaut.«

Ich betrachtete den Wagen. »Ich wusste gar nicht, dass du so was kannst.«

»Na ja, Dad sagt immer, wir sind eben ein *›Familienbetrieb‹* … aber vor allem hat er keinen Sohn, ich hatte also keine Wahl.« Sie grinste, wieder war ihre Zungenspitze zwischen den Zähnen zu sehen. »Lass mal den Motor an.«

Ich setzte mich ans Steuer des aufgebockten Dodge, der

Schlüssel steckte. Noch nie hatte ich ein Auto gefahren, insgeheim wollte ich nicht mal den Führerschein machen. Ich versuchte mein mulmiges Gefühl zu überspielen und startete den Motor – beim zweiten Versuch sprang er an.

Kirstie schloss zufrieden die Haube. Und dann rannte sie plötzlich auf mich zu und umarmte mich. »Alles Gute! Hast wohl gedacht, ich hab's vergessen.« Sie gab mir einen Kuss auf die Wange und musterte mich.

Ich hatte am Morgen ewig im Kleiderschrank gewühlt, bis ich ein rotes T-Shirt gefunden hatte. Dazu trug ich hellblaue Jeans und weiße Sneaker. Meine größte Hoffnung: Dass ihr auffiel, dass ich wie Marty McFly gekleidet war. Meine größte Angst: dass ihr auffiel, dass ich wie Marty McFly gekleidet war.

Kirstie fragte, ob ich die Gitarre dabeihabe, dann wurde sie ernst. »Bevor wir zu den anderen gehen, will ich, dass du mir versprichst, heute alles zu tun, was ich von dir verlange. Auch wenn es gegen deinen Willen ist. Keine Fragen, du *musst*.«

Amüsiert sah ich sie an. »Und wenn nicht?«

Sie zog ihre dunklen Augenbrauen zusammen. »Wenn du dein Versprechen brichst, dann rede ich nicht mehr mit dir. Kein Wort, nie wieder.«

Das alles war mir nicht ganz geheuer, trotzdem versprach ich es ihr.

»Auf Ehre und Gewissen?« Sie hielt mir misstrauisch die Hand hin.

»Auf Ehre und Gewissen«, sagte ich und schlug ein.

»Sehr gut.« Kirstie holte eine Dose mit schwarzer Paste aus einem Regal und malte mir und sich selbst unter jedes

Auge einen schwarzen Strich. Dann hakte sie sich bei mir unter. »So, jetzt können wir in den Krieg ziehen.«

Nummer 22

Wir trafen uns im Larry's am üblichen Tisch am Fenster. Nur Cameron kam zu spät. Er wirkte gereizt und wollte ewig nicht rausrücken, worum es ging, weil ja mein Geburtstag war. Aber als wir nicht lockerließen, sagte er, sein Vater habe ihm erzählt, dass das Larry's im Herbst schließen würde.

Wir konnten es nicht fassen und blickten zum Eigentümer, der wie immer müde hinter dem Tresen stand. Der alte Larry und sein Diner waren *die* Institution in Grady. Cameron hatte mal erzählt, dass es den Laden bereits seit den Zwanzigern gab und auch sein Dad als Jugendlicher oft hier gewesen sei und mit Larry über Mädchen und die Grady Hornets gequatscht habe.

»Es weiß noch keiner«, sagte Cameron. »Mein Dad meint, es gibt bisher nur einen Interessenten, er kommt von hier und will einen Friseursalon draus machen. Entweder er kauft den Laden, oder das Ding schließt.«

Kirstie war so aufgebracht, dass sie Larry sofort zur Rede stellte. Ich beobachtete, wie sie zu ihm an den Tresen lief und auf ihn einredete, während er nur dastand und ab und zu mit den Schultern zuckte oder etwas murmelte.

»Es stimmt.« Sie kam zurück. »Er meint, er braucht das Geld für das College seiner Enkelin. Sein Sohn war bei der *M-Tex* und ist arbeitslos, deshalb muss er sie unterstützen.«

Sie verzog das Gesicht. »Toll, jetzt können wir nicht mal richtig sauer auf ihn sein. Und übrigens: Er heißt auch gar nicht Larry, sondern Arthur, und er meinte, schon der Typ vor ihm habe nicht Larry geheißen!«

Wir blickten uns um: Der Spiegel hinter der Theke hatte einen Sprung, das rote Leder der Barhocker war rissig, die Farbe an den Wänden vergilbt. Okay, der Laden war alt und renovierungsbedürftig, aber er war *unser* Laden. Das alles erinnerte an das benachbarte Brisbee, wo vor Jahren die mächtige Morgan Steel Company schließen musste. In der Folge hatte ein Geschäft nach dem anderen zugemacht, die Leute waren in Scharen weggezogen, dafür hatte sich in der halbverwaisten Mall eine Junkie-Szene etabliert. Und nun schien Grady auf dem besten Weg, das gleiche Schicksal zu erleiden … Mir fiel eine Stelle aus einem Gedicht von Morris ein, in der beschrieben wurde, wie die Menschen in den Fabriken die Zukunft herstellten: *»Sie weben sie aus Wolle, sie formen sie aus Stahl«* – lange her.

»Okay, und jetzt harter Themawechsel!«, sagte Cameron und holte sein Geschenk hervor. Er hatte es offensichtlich selbst eingepackt und mit mehreren Schichten Klebestreifen überzogen. »Happy Birthday, alter Knabe!«

Zwei Platten: *Discovery* von seiner Lieblingsband ELO und *Rumours* von Fleetwood Mac. Dazu eine Riesentüte Skittles. »Falls du die Musik nicht magst.«

Und wie ich sie mochte!

Beim Essen beobachteten wir dann, dass an einigen Tischen die Gruppen auf fast schon klischeehafte Weise zusammensaßen: die Sportler, die Außenseiter, die Streber, die Cheerleader, die Leute aus dem Theaterkurs. Cameron behauptete, nichts davon sei wirklich echt und sie würden letztlich alle nur eine Rolle spielen.

Und Hightower entgegnete, das würde man sowieso, und zwar auch vor sich selber.

Und Kirstie fragte, ob es dann letztlich gar kein richtiges Ich gäbe, wenn man auch vor sich selbst nur eine Rolle spiele.

Und ich sagte, dass ich nicht mal wisse, welches mein Ich sei: Sam, der hier am Tisch saß und gerade diese Worte sprach. Oder das unsichtbare Wesen in meinem Kopf, das Sam dabei beobachtete und alles innerlich kommentierte.

Aber was, wenn auch das falsch war? Wenn das wahre Ich eben nicht die eigenen Gedanken, Gefühle und inneren Stimmen war, sondern etwas *dahinter,* das man nur erahnen, aber nie ganz erwischen konnte?

Darüber sprachen wir, und ich blickte zu Cameron, der sarkastische Sprüche riss, weil er in Wahrheit an den Dingen hing, und der die Schule kaum geschafft hatte und gern im Mittelpunkt stand und sich von seinem Dad nach Chicago schicken ließ. Und ich beobachtete Hightower, der jeden Morgen mit mir lief, obwohl ich viel langsamer war, und der beliebt und kräftig war und schon viel in seinem Leben durchgemacht hatte und deshalb oft schroff wirkte, aber immer für einen da war. Und ich beobachtete Kirstie, die sich Notizen machte und seltsame Dinge wie »Quittung der Nacht« und »auf den schwarzen Klaviertasten spielen« sagte, und die schon mit vielen Jungen etwas gehabt hatte und selbstsicher wirken konnte, und trotzdem allein auf dem Friedhof saß oder Angst hatte, nicht gut genug zu sein. Sie waren alle so unterschiedlich in ihren Rollen. Ich stellte mir vor, dass das eigene Ich aus vielen Puppen bestand, aus mutigen und ängstlichen und stillen und lauten, und überall hingen die Fäden. Doch man konnte nie sehen, wer sie in der Hand hielt. Wer der innere Puppenspieler war.

Kirstie rief gerade mit einem Shake in der Hand zu Hightower: » … nein, das stimmt einfach nicht!«

Sie wirkte dabei wie immer so *überzeugt*, doch plötzlich stellte ich mir vor, wie wir als Erwachsene Witze darüber reißen würden, wie wir damals im Larry's saßen und über Dinge sprachen, von denen wir keine Ahnung hatten. Ich bin sicher, dass es so sein wird, weil ich zum Beispiel jetzt schon glaube, dass ich mit dreizehn Jahren keine Ahnung von gar nichts hatte. Aber ich weiß noch, wie Stevie und ich damals stundenlang über alles Mögliche diskutiert hatten, über den Tod, über unsere Mitschüler und wie wir später mal sein wollten. Und es war alles wahr, was wir damals gesagt hatten. Und es ist auch alles wahr, was wir an diesem Nachmittag im Larry's gesagt haben. Und es wird auch wahr sein, wenn wir als Erwachsene das Ganze als jugendliches Gerede abtun.

Vor dem Diner stand das Bruce-Mobil. Ich wollte auf die Ladefläche klettern, doch Kirstie sagte, an meinem Geburtstag dürfe ich nach vorne zu Hightower – und solle mich schon mal »bereithalten«.

Der Motor startete. Sofort ertönte Springsteens wehmütige Stimme:

Everything dies, baby, that's a fact
But maybe everything that dies someday comes back.

Die ersten Minuten der Fahrt sprach keiner. Ich fragte mich, was für ein Geschenk Kirstie sich wohl ausgedacht hatte. Nervös griff ich nach der Tüte Skittles und bot auch den anderen an. Alle griffen zu, nur Cameron winkte ab.

»Bin leider auf Entzug.« Er gab mir die Tüte durch das Heckfenster zurück. »Früher hab ich oft zwei Packungen auf einmal gegessen, ich hab das Zeug inhaliert.«

»Du musstest dauernd davon kotzen«, sagte Hightower.

»Danke für diesen überaus wertvollen Kommentar«, sagte Cameron. »Aber es stimmt, und selbst die Kotze hat nach sauren Bonbons geschmeckt und mir sofort wieder Lust auf Skittles gemacht … Die Spirale des Horrors.«

Wir verließen die Stadt westwärts, dann hielt der Pick-up auf dem Parkplatz der Heartland Plaza Mall; gleich neben Moms alter Klapperkiste und dem verhassten Mercedes von Chuck Bannister.

»Wir sind aus zwei Gründen hier«, sagte Kirstie vor dem Eingang zu mir. »Zum einen brauchen wir ein paar Sachen für unterwegs. Zum anderen wartet hier die erste Prüfung auf dich: *Die Finger eines Meisters.*«

Und dann erklärte sie mir, dass ihr Geburtstagsgeschenk an mich aus drei Prüfungen bestand, denen ich mich ohne Widerrede stellen müsse.

Das war es, was ich ihr in der Werkstatt versprochen hatte.

Nummer 23

Die Klimaanlage der Mall lief auf Hochtouren, ich fröstelte in meinem T-Shirt. Wir fuhren mit der Rolltreppe in den obersten Stock. Ich fragte mich schon, ob die Aufgabe etwas mit *Best Books* zu tun hatte, doch dann betraten wir nur den benachbarten *Kroger's*. Wir deckten uns mit Chips, Keksen, Cream Soda und einem Sixpack Mountain Dew ein. Die anderen gingen zur Kasse, Kirstie dagegen führte mich zum Regal mit den Pflegeprodukten. »So, und hier kommt deine Aufgabe: Ich will, dass du etwas aus diesem Regal *klaust.*«

Ich überlegte, ob ich mich verhört hatte. Offenbar nicht. »Bist du verrückt? Dann krieg ich riesigen Ärger.«

»Falsch. Du kriegst nur riesigen Ärger, wenn du erwischt wirst.«

Mein Magen verkrampfte sich. »Wieso soll ich das machen?«

»Keine Fragen, erinnerst du dich?« Kirstie stemmte die Hände in die Hüften. »Du hast es mir versprochen.«

»Ich hab dir nicht versprochen, etwas Illegales zu tun.«

»Falsch«, sagte sie wieder, »du hast mir sogar versprochen, *alles* zu tun.« Sie fixierte mich kaugummikauend; langsam bekam ich es mit der Angst zu tun. »Sam, eine Frage: Wenn dein ganzes bisheriges Leben ein Auto wäre, was für eins wäre es?«

Ich dachte nach. »Keine Ahnung … ein *Toyota*?«

»Okay. Und heute ist es ein aufgemotzter Ford Mustang mit fünfhundert PS, den du gerade von einem Parkplatz gestohlen hast … Also, worauf wartest du?«

Unter Kirsties wachsamen Blicken ging ich zum Regal. Dann nahm ich das Kleinste, was ich finden konnte: einen Lippenstift.

»Interessante Wahl.« Ihr Mund war nach oben gekräuselt. »Und jetzt steck ihn ein.«

Alles in mir sträubte sich. Ich schaute mich dauernd um, ob jemand zusah. Kirstie dagegen stellte sich fachmännisch so hin, dass die Sicht der Überwachungskamera verdeckt war, und da steckte ich den Lippenstift tatsächlich in meine Hosentasche.

Das hat bestimmt jemand gesehen, dachte ich.

Gemeinsam gingen wir Richtung Kasse. Ich wollte am liebsten hinrennen, Kirstie hielt mich am T-Shirt fest. »Langsam«, flüsterte sie nur und sah sich noch in Ruhe ein Star-Magazin an. Das machte mich verrückt. Ständig hatte ich das Gefühl, dass ich beobachtet wurde und der Hausdetektiv nur darauf wartete, dass ich den Lippenstift nicht aufs Band legte, um mir dann auf die Schulter zu tippen.

»Muss so ein Geburtstagsgeschenk nicht irgendwie Spaß machen?«, fragte ich.

»Das ist natürlich das Ziel.« Kirstie legte das Magazin weg. »Aber es ist kein *Muss*.«

Normalerweise war ich verrückt nach ihrem Lächeln und der kleinen Zahnlücke, jetzt regte mich beides auf. Ich stellte mir das Gesicht meines Vaters vor, wenn er das erfuhr. Und das von Mom, deren Laden nebenan war und deren Sorgen ich so noch vergrößerte. Und auf einmal *hasste* ich Kirstie und ihr Spiel.

Mit ruhigen Schritten, nicht zu schnell, gingen wir zur

Kasse. Wir waren fast da, als sie sagte: »Ach ja, um die Prüfung zu bestehen, musst du noch was Zweites machen.«

»Was denn *noch*?«

»Ich will, dass du mir einen Butterfinger kaufst. *Die Finger eines Meisters,* verstehst du?« Sie zwinkerte mir zu und stieß mir in die Rippen. Und das war sowohl süß wie auch bösartig.

Schließlich kamen wir dran. Als Kirstie mein blasses Gesicht sah, schien sie doch noch Mitleid zu haben. »Alles okay?«, fragte sie leise.

Ich murmelte: »Klar, geht schon.«

Und ich dachte: *3,14159265358979323846…*

Dann lege ich den Riegel aufs Band. Die Kassiererin musterte erst ihn, dann unsere alberne Kriegsbemalung.

Plötzlich trat hinter mich ein Mann um die vierzig, der mich streng ansah und dann eine einzelne Bierflasche aufs Band legte. *Der Hausdetektiv,* dachte ich sofort.

»Alles?«, fragte die Kassiererin.

Der Mann stand noch immer dicht hinter uns. Der Lippenstift in meiner Tasche wog inzwischen eine Tonne. Ich wollte ihn schon hervorholen und aufs Band legen. Dann dachte ich daran, wie es wäre, wenn Kirstie nie mehr mit mir sprach.

»Ja«, sagte ich leise.

Ich zahlte. Und dann … gingen wir einfach raus, und nichts geschah.

Draußen auf dem Parkplatz, als Kirstie in den Riegel biss und mich auch davon abbeißen ließ und als ich die neugierigen Gesichter von Hightower und Cameron sah, die am

Wagen auf uns gewartet hatten, überkam mich ein eigenartiges Gefühl. Ich war ein Dieb, ja. Ich hatte gestohlen, ja. Ich hatte zum ersten Mal in meinem Leben etwas wirklich Illegales gemacht. Und trotzdem war ich irgendwie berauscht und zeigte den anderen stolz den Lippenstift.

Dann sagte Kirstie, dass das nur die erste von drei Prüfungen gewesen sei und die nächste schwieriger und »grausamer« werden würde. Sie hieß *»Der Sprung in den Glauben«*, und ich überlegte, ob das etwas Religiöses wäre. Vielleicht eine Art Taufe in Verbindung mit Alkohol oder so.

Schön wär's.

Nummer 24

Der Pick-up kehrte um. Ich starrte aus dem Fenster und überlegte fieberhaft, was nun auf mich zukäme. Auf einmal wusste ich, was Kirstie geplant hatte. *Die fünf Wellen.* Sie hatte gesehen, wie ich gekniffen hatte, und würde mich zwingen, es jetzt zu tun. Im Kopf ging ich es immer wieder durch. Ich würde es schaffen, irgendwie.

Wir ließen die Stadt hinter uns und kamen an der Farm von Hightowers Dad vorbei. Aber dann bogen wir nicht auf den Highway ab, auf dem es zur Morris Bridge und den fünf Wellen ging. Stattdessen fuhren wir weiter in den Wald und den Hügel hinauf, vorbei an der Lichtung mit der verlassenen Hütte. Im ersten Moment freute ich mich und wollte Hightower schon sagen, dass das ja genau die Strecke war, die wir morgens immer joggten. Dann fiel mir ein, wo unser Lauf jedes Mal endete, und ich wünschte mir, der Wagen würde einfach nur umkehren.

Wir gingen das letzte Stück zu Fuß. Keiner sprach ein Wort. Kirstie führte unsere Gruppe an und lief direkt vor mir. Wie immer hatte sie ihre schwarze Cap auf, dazu ein ärmelloses, zu großes Top und Jeans-Shorts, und trotz meiner Furcht starrte ich die ganze Zeit auf ihren Hintern, der durch ihre energischen Schritte betont wurde. Dann waren wir da. Vor uns die Bank. Dahinter die Selbstmordklippe.

Ich schaute zu Kirstie, und sie nickte.

Ungläubig trat ich an den Abgrund und blickte auf den Lake Virgin hinab. Kühl und dunkelblau wartete er in der Tiefe. Mich schauderte. Das waren nicht zehn Meter, eher fünfzehn. Deshalb hatte die Klippe ja auch ihren Namen: Weil jeder zwar mal überlegte, ob es machbar wäre – und dann doch nur dieselben drei Worte dachte: *Das ist Selbstmord.*

Okay, um fair zu sein: Natürlich waren schon mal Leute von hier aus ins Wasser gesprungen. Es gab Geschichten und Legenden. Aber in meinem Jahrgang hatte es sich niemand getraut, nicht mal die Mutigsten. Auch sonst kannte ich keinen, der es wirklich getan hatte. Ich war sicher, dass selbst Hightower und Cameron insgeheim dachten, dass das zu viel war. Es war einfach verrückt.

»Kirstie …«, sagte ich. »Du weißt, ich würde echt alles machen. Aber das hier geht nicht. Bitte lass mich mein Versprechen zurücknehmen.«

Sie schüttelte nur den Kopf.

Auch Hightower redete nun auf sie ein.

»Er *muss* aber!«, sagte sie zu ihm, so als stünde ich nicht einen Meter neben ihr. »Er hat es mir versprochen, und das gilt.« Sie sah mir in die Augen. »Sam, weißt du noch, wie du mir bei den Schaukeln von deiner Angst erzählt hast? Dass du dich für einen Feigling hältst und dich vor fast allem fürchtest?«

Ich schielte zu den anderen, die von diesen Worten betroffen wirkten, und senkte verlegen den Kopf.

»Ich weiß, wie beschissen das mit deiner Mom ist, aber gerade deshalb ist das jetzt so wichtig«, hörte ich sie weiterreden. »Denn wenn du nicht aufpasst, wirst du dich am Ende zurückziehen und dich gar nichts mehr trauen. Doch das wird nicht passieren. Weil du jetzt da runterspringst. Verstehst du? Du kannst kein Feigling sein, denn ein Feigling würde jetzt nicht springen.«

»Knock, knock, hier kommt die Küchenpsychologie«, murmelte Cameron.

»Halt die Klappe«, fauchte sie ihn an. Auf einmal war jeder ironische Unterton weg, und nichts von all dem war noch Spaß.

Sie griff nach meiner Hand. »Sam!«, sagte sie leise. »Du weißt, dass du es tun musst, oder? Dass du jetzt springen musst? Du *weißt* es.«

Meine Augen wurden feucht, denn ich begriff mit einem Mal, dass sie recht hatte. Ich wusste nicht, wieso, aber, ja, ich spürte, dass ich es tun musste.

Wie ein Sprung in die Tiefe ohne Aufprall.

Ich nickte langsam. Kirstie umarmte mich. Dann sagte sie, dass ich da nicht allein durchmüsse, sondern dass sie mit mir springen werde. Sie schaute zu Cameron. »Was ist mit dir, bist du auch dabei?«

Er machte ein Gesicht, als hätte man ihm in einem Nebensatz mitgeteilt, Vater von Drillingen zu sein. »Was?«

»Du hast schon gehört. Willst du, dass wir allein springen, oder machst du mit?«

»Mann, Kay, du hast nie davon geredet, dass wir das auch machen sollen.« Cameron trat an den Rand der Klippe und starrte mit bleicher Miene hinunter. »Ich hasse dich dafür, dass du dir immer diesen Scheiß ausdenkst, hab ich dir das schon mal gesagt?«

»Ein paarmal.«

»Dann nimm's bitte endlich ernst.« Er blickte noch mal hinab und verdrehte die Augen: »Also gut. Aber nur, wenn ihr zuerst springt und ich sehe, dass ihr das wirklich überlebt. Dann komme ich nach.«

»Versprochen? Auf Ehre und …«

»Ja, ja, was du willst.«

Wir zogen uns bis auf die Unterwäsche aus, nur Hightower nicht, da er den Wagen mit unseren Sachen runter an den See fahren sollte. Es war mir peinlich, vor Kirstie in Unterhose dazustehen. Diese Sorge verschwand, als sie ohne lange zu überlegen ihre Shorts und ihr Hemd auszog und nur in Slip und BH vor mir stand. Ich wusste nicht, wo ich hinschauen sollte. Sie selbst blickte einen Moment lang verkniffen in die Ferne und trommelte auf ihrem Bauch.

»Bereit?« Sie kam auf mich zu. »Dann will ich, dass du jetzt schreist: Ich bin der verrückteste Motherfucker von Grady.«

Ich sah sie stirnrunzelnd an. Sie schien es, wie alles an diesem seltsamen Tag, ernst zu meinen. Ich betrachtete die

Nachmittagssonne, die sich auf dem See spiegelte, unter meinen Zehen Grasbüschel und piksende Steinchen. Nie wieder würde ich ihr irgendetwas versprechen.

»Ich bin der verrückteste Motherfucker von Grady …«, murmelte ich.

»Wow!« Kirstie seufzte. »Geht's noch ein bisschen lahmer?«

»Ich bin der verrückteste Motherfucker von Grady!«, rief ich.

»Lauter, schrei es, sei irre!«

»Ich bin der verrückteste Motherfucker von Grady«, schrie ich so laut ich konnte; es hallte weit über den See.

Es tat überraschend gut, wie damals, als ich im Weizenfeld gebrüllt hatte. Ich merkte, wie meine Füße wippten: »ICH BIN DER VERRÜCKTESTE MOTHERFUCKER VON GRADY, IHR VERDAMMTEN IDIOTEN!«

Ich lachte und schrie den Satz nun immer wieder, noch mal, noch mal, und dann noch mal, ich hüpfte dabei sogar auf der Stelle.

Schließlich zerrte Kirstie an mir und wollte mir etwas sagen, aber ich beachtete sie nicht mehr und brüllte schon wieder: »ICH BIN DER VERRÜCKTESTE MOTHERFUCKER VON DIESEM BESCHISSENEN GRAAAAADYYYYYYYYY!«

Und in dieser Sekunde packte ich einfach Kirsties Hand und rannte mit ihr über die Klippe. Ich hörte noch, wie sie überrascht kreischte.

Dann sprangen wir ins Nichts.

In der Luft lösten wir uns voneinander. Ich starrte auf das Dunkelblau des Sees, auf das ich mit fast lächerlich großer Geschwindigkeit zuraste. Der Sprung kam aus solcher Höhe, dass ich tatsächlich noch die Zeit hatte, mir zu überlegen, ob das jetzt weh oder *verdammt* weh tun würde, wenn ich gleich da unten aufprallte.

Es tat *verdammt* weh.

Meine Füße brannten. Ich war in Schräglage aufgekommen, so dass auch meine Hüfte schmerzte. Wie ein Stein sauste ich immer tiefer ins Wasser, alles wurde schlagartig dunkel. Erst nach einer ganzen Weile bekam ich Auftrieb. Als ich schließlich den Kopf aus dem Wasser streckte und Kirstie neben mir auftauchte, umarmten wir uns wie zwei Schiffbrüchige.

Wenn der See von der Klippe aus betrachtet schon tief unten war, dann war die Klippe vom See aus betrachtet nun grotesk weit weg. Man brauchte fast ein Fernrohr, um da oben Cameron zu erkennen, der zu uns herunterschaute.

»Habt ihr überlebt?«, rief er zweifelnd von oben.

»Ja!«, schrien wir.

Kurz war es still.

»Ihr Penner«, rief er nun. »Ich kann nicht glauben, dass ihr *wirklich* gesprungen seid. Das verzeih ich euch nie.«

»Komm endlich runter!«, rief Kirstie.

Er schüttelte nur den Kopf, so stark, dass wir es sogar von hier unten aus sehen konnten. Dann verschwand er von der Klippe.

Und dann geschah gar nichts mehr.

Wir warteten sicher noch eine Minute im Wasser. Doch er tauchte nicht mehr auf, und schließlich schwammen wir zum Ufer.

»War ja klar«, sagte Kirstie unterwegs.

In diesem Moment hörten wir einen Schrei und sahen, wie Cameron mit Anlauf über die Klippe gesprungen kam. Er ruderte in der Luft mit den Armen, bekam auf einmal Rücklage, und am Ende prallte er mit dem Gesäß zuerst auf dem Wasser auf. Es gab eine riesige Fontäne. Sekundenlang blieb er in der Tiefe verschwunden. Dann tauchte er schnaufend wieder auf.

»O Gott!«, schrie er. »Mir tut alles weh.«

Er ächzte und schwamm mit geschlossenen Augen und japsend wie ein Hund zu uns. »Ich glaub, ich hab mir den Arsch gebrochen!«

Ich musste lachen und schwamm zu ihm, um ihn zu stützen. Dann retteten wir uns alle irgendwie ans Ufer.

Nummer 25

Wir picknickten am See und kifften. Cameron hatte zu Hause einen, wie er es nannte, »englischen Früchtekorb« vorbereitet, und aus irgendeinem Grund fanden wir das irre komisch und machten die ganze Zeit Witze darüber. Ein *englischer* Früchtekorb! Wir kriegten uns nicht mehr ein und redeten mit britischem Akzent, und Cameron zog nur am Joint und sagte: »Ja, ja, fickt euch!«

Nach dem Picknick lagen wir müde in der Hitze. Wir ließen das Radio des Mercury an und hörten einen Sender aus Illinois, der nur neue Sachen spielte. Ich trug meine Wayfarer-Brille und nahm einen gierigen Schluck Limo. Dann hielt ich die noch immer kühle Flasche gegen meine Stirn. *Was – für – ein – Tag!* Auch wenn mehrere Stellen meines Körpers schmerzten, war ich überwältigt davon, gesprungen zu sein.

Und egal, was die letzte Prüfung sein würde, ich fühlte mich bereit.

Ich teilte meine Decke mit Kirstie und beobachtete, wie sie konzentriert in ihr Notizbuch schrieb. Schließlich fragte ich, ob auch eine Bemerkung von mir drinstehe.

»Nein.« Sie kaute auf dem Stift. »Aber von deiner Mom. Das, was du mir vor ein paar Wochen auf dem Friedhof gesagt hast.«

»Dann bleibt's immerhin in der Familie«, sagte ich, und sie lächelte. Die Nachmittagssonne machte uns schläfrig. Kirstie griff nach einem Grashalm und fuhr damit über meine Wange und die schwarze Kriegsbemalung, die das Seewasser nicht ganz abgewaschen hatte.

»Das kitzelt«, sagte ich.

Wir blickten uns in die Augen. Dann gähnte sie nur und drehte sich zum Schlafen auf die Seite, wobei sie mir ziemlich nahe kam, denn die Decke war nicht groß. Und irgendwie nahm ich alles viel intensiver wahr an diesem Tag. Den gedämpften Lärm der Interstate. Den Wind, der träge über das Gras wehte und uns kühlte. Kirsties Geruch, nach Sonnencreme, nach dem Seewasser, nach Heu und Milch. Noch immer trug sie nur ihre Unterwäsche, im Schlaf legte sie ihren Arm auf meinen Bauch.

Ich hielt die Luft an … Dabei war es so schon schwer genug, nicht dauernd auf *diese Art* an sie zu denken. Denn zugegeben, natürlich machte auch ich das, was die meisten Jungen in meinem Alter machten, oft nachts vor dem Einschlafen. Und in letzter Zeit hatte ich dabei nur Kirstie im

Kopf, auch wenn ich deshalb immer ein schlechtes Gewissen hatte. Einmal hatte ich sogar geträumt, wie sie mich verführte. Zensierte Fassung:

Wir sitzen auf dem Dach des Kinos, als sie wie so oft kumpelhaft den Arm um mich legt. Nur dass es diesmal nicht kumpelhaft ist, denn ihre Hand gleitet nun langsam runter zu meiner Hose und öffnet den Gürtel. Ich sehe unsicher zu ihr. Kirsties Mund öffnet sich leicht, ein angedeutetes Lächeln. Sie scheint genau zu wissen, was sie will, und wie auf der Tanzfläche flüstert sie: »Locker, locker …«

Aber das war eben nur ein *Traum* gewesen! Und das Problem war sowieso, dass ich von all dem im Grunde keine Ahnung hatte. Manchmal hörte ich im Kino, wie Cameron und Hightower über ihre Erfahrungen und Sexerlebnisse sprachen (vor allem Cameron). Und Kirstie, die gern angab, erzählte, an was für verrückten Orten in Grady sie es schon getan hatte; selbst die alte Fabrik hätte fast dazugezählt. Ich dagegen saß bei diesen Gesprächen immer nur still da. Als würden sie alle vergnügt ins Meer springen, während ich am Ufer zurückblieb, weil ich nicht schwimmen konnte.

Abends standen wir vor dem Pick-up in der Dämmerung. Man kann sicher über einiges in Missouri herziehen, aber die Sonnenuntergänge haben reinste Postkartenqualität. Ein riesiger Feuerball hinter den Bergen, in dessen rötlich goldenem Licht wir lange Schatten warfen und aussahen wie Helden.

Cameron sagte, dass seine Eltern heute nicht da seien und wir bei ihm zu Hause grillen könnten. Und erst da schaute ich auf die Uhr und erschrak. Schon zehn nach acht, vermutlich saßen Mom und Dad längst im Restaurant!

Die anderen schlugen vor, dass ich sie einfach unterwegs von einer Telefonzelle aus anrufen solle, dass ich etwas später käme. Allerdings wusste ich nicht mehr, in welchem Restaurant wir uns treffen wollten; als Dad mir am Morgen den Namen gesagt hatte, hatte ich nicht zugehört. Und so blieb nur die Frage: jedes Restaurant in der Umgebung abklappern, in der Hoffnung, dass sie in einem davon saßen? Oder den Abend lieber mit meinen Freunden verbringen und mich am nächsten Tag bei meinen Eltern dafür entschuldigen?

Ich dachte an all die Geburtstage, die ich allein mit Mom und Dad verbracht hatte. Diese Abende waren immer schön gewesen, aber das hier war etwas völlig anderes. Wenn ich ehrlich war, wollte ich lieber mit Cameron, Hightower und Kirstie feiern. In drei Wochen gingen sie schon an ihre Colleges, danach gab es ohnehin noch die Romreise mit meinen Eltern.

Als wir Richtung Stadt fuhren, saß ich mit Kirstie hinten auf der Ladefläche. Ich betrachtete die schimmernde, sonnengebräunte Haut ihrer Oberarme und wie ihr blondes Haar im Fahrtwind flatterte, als führte es ein Eigenleben. Nach kurzem Zögern streckte ich meine Hand danach aus. In diesem Moment kamen wir am Schild mit *Entdecke die 49 Geheimnisse von Grady* vorbei, und da kapierte ich, wie Morris das in seinem Gedichtband gemeint haben musste. Und dass es nicht die gleichen neunundvierzig Geheimnisse für alle gab, sondern jeder seine eigenen hatte. Es waren die Blaubeermuffins dienstags bei Mrs. Ricks ebenso wie der Mystery Club, das Dach des Kinos und der Schrei des Vogels, der wusste, wann es regnete. Es waren die rollenden Stühle in der leeren Fabrik und das Gefühl, über die fünf Wellen zu surfen. Aber das beste Geheimnis war, wie sich Kirsties Haar im Fahrtwind anfühlte.

Nummer 26

Die Leithausers wohnten nicht in Grady, sondern etwas außerhalb, auf einem riesigen Anwesen mit Pool *und* Whirlpool. Wobei das nicht ansatzweise beschreibt, wie groß das Gelände wirklich war. Es gab nämlich noch einen Tennisplatz und eine Driving-Range, vor der Garage parkten mehrere Autos und …

»*Zwei* Golfkarts?«, fragte ich.

»Ich weiß, was du jetzt denkst«, sagte Cameron nur, als er meine Blicke bemerkte. *»Und das alles mit verdammten Helikoptersitzen.«*

Während er uns durchs Haus führte, dämmerte mir, dass er sich für diesen Reichtum schämte. Sein Zimmer war dann auch eher schlicht. Nur die Filmsammlung musste teuer gewesen sein, sicher Hunderte von Videokassetten. Er schien zudem ein Japan-Faible zu haben. Auf dem Bett lag ein Wörterbuch, an der Wand hingen Plakate von Mangas und Kurosawa-Filmen.

»Wieso seid ihr mit der Kohle nicht nach Florida oder so gezogen?«

»Dad«, sagte Cameron schlicht. »Er hängt nun mal an diesem Kaff.«

Er zeigte mir die Waffensammlung seines Vaters im Keller und holte eine alte Kentuckyrifle aus dem Safe, die aus dem Unabhängigkeitskrieg stammte und offenbar hunderttausend gekostet hatte. Ich selbst starrte nur auf die beiden Bilder auf einer Anrichte. Das eine, ein Schnappschuss, zeigte seinen Vater mit Präsident Reagan auf einer Unternehmermesse in Detroit. Auf dem anderen stand er mit seiner Frau vor dem Kamin. Mr. Leithauser war kantig, mit kurzen ergrauten Haaren, Camerons Mutter dagegen auffallend schön und deutlich jünger.

»Deine Mom sah früher echt aus wie ein Model.«

»Früher?« Cameron trat vor das Bild. »Das ist von letztem Jahr. Sie war zwanzig, als sie mich bekommen hat.«

Wir grillten im Garten. Während wir die Teller mit Steaks, Würstchen und Koteletts beluden und uns auf die Pool-Liegen setzten, redeten wir wieder über das Ende des Larry's und den Niedergang unserer Stadt.

»Grady ist wie ein Pornokino in Zeiten der VHS-Kassette«, sagte Cameron.

»Grady ist wie auf einem toten Pferd zu reiten«, sagte Hightower.

»Grady ist wie jahrelang beim Zahnarzt im Wartezimmer zu sitzen, und es gibt nur ein altes Sportmagazin zum Lesen«, sagte Kirstie.

Nun war ich dran, und da mir nicht wirklich etwas einfiel, sagte ich: »Grady ist wie ein schlechter Popsong, den man aber dauernd heimlich hört.«

Und Cameron seufzte und sagte: »Du hast das Spiel nicht verstanden, alter Knabe, du sollst auf Grady *schimpfen*!«

Ich zuckte nur mit den Schultern. Die anderen hatten

leicht reden, ich würde noch mindestens zwei Jahre hierbleiben müssen.

Wir holten uns noch mal Nachschlag vom Grill. Und dann, als alle satt waren, beugte Kirstie sich zu mir rüber und sagte: »Ich glaube, es ist Zeit für die letzte Prüfung.«

Ich richtete mich so schnell auf, dass ich fast eine Bierflasche umstieß. Schlagartig war ich wach und fragte mich, was sie sich als Höhepunkt ausgedacht hatte. Was konnte schlimmer sein als der Sprung in den See?

»Die Aufgabe heißt *Der Klang von Mut*«, sagte sie. »Und ich möchte, dass du deine Gitarre nimmst und uns jetzt allen einen Song vorspielst und singst.«

Ich schaute sie an. »Das ist *alles*?«

»Das ist alles«, sagte sie.

Verwundert holte ich meine Gitarre, stimmte sie und überlegte, was ich spielen könnte. Schließlich wählte ich ein Lied, das Dad früher oft mit mir gesungen hatte. Es war von der Steve Miller Band und hieß *The Joker.* Ich fand, es passte gerade an diesem Tag gut. Beim Refrain schaute ich dauernd auf den Boden:

I'm a joker
I'm a smoker
I'm a midnight toker
I sure don't want to hurt no one

Dann traute ich mich endlich, die anderen anzusehen. Und als ich wieder zur Strophe kam, blickte ich sogar nur noch zu Kirstie und sang:

You're the cutest thing
That I ever did see
I really love your peaches
Want to shake your tree

Und sie lächelte! Ich kam nun wieder zum Refrain, und diesmal sangen alle mit, und als der Song vorbei war, klatschten sie. Kirstie hob ihr Bier. »Ich möchte auf Sam anstoßen«, sagte sie. »Er ist ein kühner Dieb, ein phantastischer Sänger und er ist der verrückteste Motherfucker von Grady.«

Die anderen hoben ebenfalls ihre Bierflaschen und stießen mit mir an, und da war mein Herz voll und ich so stolz, stolzer ging's gar nicht. Sogar noch mehr als nach den ersten beiden Prüfungen, obwohl diese hier viel leichter gewesen war.

Dieses Gefühl trug mich durch den Abend. Am Beckenrand lehnend beobachtete ich, wie die anderen akrobatische Sprünge in den Pool machten. Ich hörte ihr Gelächter und dachte daran, dass sie alle bald weggehen würden, und ich glaube, das war ein ziemlich euphancholischer Moment. In der Ferne die Gebirge im letzten Dämmerlicht, Wind strich über meine Arme. Wie aus dem Nichts fiel mir ein, wie ich mit meinen Eltern vor Jahren Jean in Los Angeles besucht hatte. Wir waren ebenfalls alle am Pool des Hotels gesessen. Dad war begeistert vom *Georgetown*-Set (»Donnerwetter!«). Und Mom, die ihre erste Operation gut überstanden hatte, schwärmte vom Drehbuch (»Ich bin so, so stolz auf dich, Jeany«), so dass meine sonst eher kühl wirkende Schwester die ganze Zeit strahlte. Wir hatten uns Pizza an den Pool bringen lassen, und dann hatten wir dort noch ewig zu viert gesessen und geredet, und Jean hatte mir einfach so ihren Walkman geschenkt.

Auch das war ein richtig guter Abend gewesen, aber noch toller war das Spiel, das Mom und ich in jenen Ferien erfunden hatten. Wir waren jeden Morgen zu einer verlassenen Badestelle am Pazifik gefahren. Damals hatte ich noch diese bescheuerten Angststörungen gehabt und aus Furcht vor Menschenmassen nicht mal mit dem Bus fahren können. Und genauso wenig traute ich mich, allein zu schwimmen. Doch in diesem Urlaub war ich zum ersten Mal ganz allein in den Ozean rausgeschwommen, bis zu einer weit entfernten Boje. Ich hatte ziemlich Schiss. Aber immer, wenn ich zurücksah, entdeckte ich Mom am Ufer, die mich ruhig beobachtete, und da fühlte ich mich sicher und schwamm weiter. Am ersten Tag hatte ich noch Herzklopfen gehabt. Am zweiten lief es besser, und danach drehte ich mich beim Schwimmen nicht mal mehr nach ihr um. Und das Schönste: Mom und ich hatten kein einziges Mal drüber geredet, sie hatte es einfach so verstanden.

Daran dachte ich, als ich jetzt aus dem Pool stieg, und plötzlich bereute ich sehr, dass ich sie und Dad so versetzt hatte. Wieso waren wir nicht zumindest bei ein paar Restaurants vorbeigefahren?

Ich wollte Cameron fragen, ob ich bei mir zu Hause anrufen dürfe. In dem Moment beschlossen die anderen, den »Grand Prix von Missouri« zu fahren. Mal wieder ein Spiel, das Kirstie sich ausgedacht hatte: Ihr Dad hatte die Golfkarts frisiert, damit man damit kleine Rennen fahren konnte.

Cameron behauptete, in all den Jahren noch nie verloren zu haben, und tatsächlich gewann er auch an diesem Abend jedes Mal. Ich wollte unbedingt noch mal gegen ihn antreten, wir bildeten Teams. Hightower fuhr bei ihm mit, Kirstie bei mir.

»Wir machen sie platt«, rief sie vor dem Start in mein Ohr.

Ich beschleunigte, und als wir mit dem Kart um den Tennisplatz kurvten und ich ihr Lachen hörte, weil Cameron so tat, als wollte er uns rammen, da vergaß ich die Zeit und ließ mich mitreißen, und ich fühlte mich so, wie ich mich schon mein ganzes Leben lang fühlen wollte: übermütig und wach und mittendrin und unsterblich.

Nummer 27

Am frühen Morgen war es noch dunkel, irgendwo auf dem Anwesen zirpten Grillen. Bierflaschen waren im Gras verstreut, der Aschenbecher voller Kippenstummel. Cameron schlief auf der Hollywoodschaukel, zu seinen Füßen die leere Packung Skittles. Hightower murmelte, er wolle sich ein Sandwich machen, und verschwand in der Villa. Kirstie schaute zu mir und nickte in Richtung Whirlpool.

Ich war so betrunken, dass ich beim Ausziehen nicht aus der Hose kam und wie eine betäubte Robbe der Länge nach hinfiel. Auch Kirstie wankte, aber das alles spielte keine Rolle, als wir endlich im sprudelnd heißen Wasser saßen. Ich legte den Kopf in den Nacken und starrte hinauf, auf brennende Sonnen und Lichtjahre entfernte Planeten, bis alles verschwamm und mir einfiel, wie Cameron erzählt hatte, dass er mal auf einem Trip das Gefühl hatte, im Sternenhimmel zu baden.

»Ich wollte gar nicht springen«, sagte sie in diesem Moment.

Überrascht schaute ich zu ihr.

»Ich hatte selbst Schiss. Und als du so herumgehüpft bist und geschrien hast, wollte ich dir eigentlich sagen, dass du die Prüfung schon bestanden hast. Aber dann bist du plötzlich losgerannt …« Kirstie sah mich ungläubig an. »Und du hast meine Hand so fest gehalten, dass ich mitspringen musste.«

»Tut mir leid.« Ich lächelte. »Wieso hast du das alles überhaupt gemacht?«

»Weiß nicht. Cameron hat schon recht, es ist Küchenpsychologie, aber ich hab in den letzten Wochen so oft gesehen, dass du was tun wolltest, aber dann doch gekniffen hast. Und ich wollte, dass du dir jedes Mal, wenn du dich in Zukunft etwas nicht traust … dass du dir dann vorstellen kannst, wie du an der Kasse gestanden bist und was geklaut hast. Oder wie du tatsächlich gesprungen bist.«

Sie hatte die Augen geschlossen. »Jedenfalls durfte sich jeder von uns eine Prüfung für dich ausdenken. Von Cameron kam das mit dem Klauen. Und als Brand gehört hat, dass du Gitarre spielst, hat er sofort die dritte Prüfung vorgeschlagen.«

Ich richtete mich auf. »Echt?«

»Ja. Erst war ich enttäuscht, aber er hat darauf bestanden, und am Ende fand ich's auch gut. Ich meine, überleg mal, wie viel Schiss du gehabt hättest, wenn ich dich vor zwei Tagen gebeten hätte, uns was vorzusingen. Aber für den Typen, der die anderen Dinge getan hat, war das ein Klacks.«

Ich dachte darüber nach und musste zugeben, dass sie irgendwie recht hatte.

»Na ja, aber eigentlich haben wir das mit den Prüfungen nur gemacht, weil ich zu faul war, dir ein richtiges Geschenk einzupacken.« Kirstie grinste und hielt die Augen noch immer geschlossen. Ihr Gesicht war durch den heißen Dampf des Pools gerötet.

Ich dachte daran, wie wir auf dem Spielplatz den Pakt geschlossen hatten, erst mal nur Freunde zu sein. Aber dann fiel mir *Virgin Slayer* ein und dass Stevie offenbar schon eine Freundin hatte. Und wie Kirstie am Nachmittag trotz unserer Abmachung halb auf mir gelegen war. Und meine Betrunkenheit war wie eine schwere Decke, die jemand über all meine Hemmungen und Ängste geworfen hatte.

Ich rückte ein Stück näher. Sie bemerkte es nicht. Noch ein Stück. Noch immer nichts. Schließlich berührte ich unter Wasser ihren Arm und fuhr mit den Fingern darauf auf und ab. Ich konnte kaum atmen, so aufgeregt war ich.

Im ersten Moment reagierte Kirstie nicht. Doch ich hörte nicht auf, und da öffnete sie plötzlich die Augen und sah mich an. »Sam?«

Ich ließ meine Finger noch immer auf ihrem Arm auf und ab streichen.

»Machst du mich gerade an?«

»Äh … nein?«

»Bist du sicher?«

»Äh … nein?«, sagte ich noch mal.

Kirstie griff nach meiner Hand. Sie spielte mit meinen Fingern. Ich überlegte schon, ob sie von mir erwartete, näher zu kommen, da fragte sie: »Weißt du, wie mein erstes Mal war?« Ich schüttelte den Kopf.

»Ich war auf einer Party und ziemlich besoffen, und dann hat mich ein Kumpel von Brand angesprochen. Er gefiel mir, und ein paar Minuten später haben wir auf dem Bett in irgendeinem Zimmer rumgemacht. Und ein Teil von mir hatte Angst, und der andere wollte es irgendwie, aber vor allem war ich wahnsinnig betrunken. Am Ende hat es vielleicht maximal eine Minute gedauert, dann ist er gekommen und aus dem Zimmer gestolpert. Das war mein erster Sex. Später hab ich gemerkt, dass der Typ ein ziemliches Arschloch war, und kurz darauf hat er eh seinen Abschluss gemacht und ist weggegangen. Fertig.«

Sie hielt noch immer meine Hand. »Ich sag dir das, weil ich's oft bereut hab. Mein erstes Mal hätte nicht toll sein müssen, aber ich hätte damals was anderes gebraucht. Verdammt, ich hätte vielleicht sogar jemanden wie dich gebraucht.« Sie begriff, was sie da redete, und biss sich auf die Lippe. »Ich wünschte jedenfalls, es wäre mit jemandem gewesen, der nicht abhaut und mich zurücklässt. Am meisten hat mich aber geärgert, dass ich dabei besoffen war.«

Ich verstand nun, worauf sie hinauswollte, und ließ den Kopf hängen. Einen Augenblick schämte ich mich. Dann fuhr mir Kirstie durchs Haar.

»Es ist nicht so, dass ich jetzt gar keine Lust hätte«, sagte sie. »Aber ich will nicht, dass dir das Gleiche passiert … Okay?«

Ernüchtert starrte ich auf das türkisleuchtende Wasser. Ich hörte, wie sie den Pool verließ.

Wir trockneten uns ab und gingen wieder ins Haus. In der Küche saß Hightower auf einem Hocker und schlief, den Kopf auf den Tresen gelehnt. Sein Sandwich hing ihm dabei noch halb im Mund. Kirstie riss die andere Hälfte ab und biss hungrig hinein. Kauend schlug sie vor, zu Fuß zurückzugehen und uns unterwegs den Sonnenaufgang anzusehen. Ich nickte, noch aufgewühlt von unserem Gespräch. Wir holten unsere Sachen, und bevor wir das Haus verließen, nahm sie einen Stift und schrieb Hightower und Cameron ein L auf die Stirn, weil beide so früh schlappgemacht hatten.

Der Tag schälte sich aus der Nacht. Nebel hatte sich wie ein silbriges Tuch auf die Wiesen gelegt, hinter den Bergen war ein erster Saum von Sonnenlicht zu sehen. Mit jedem Schritt wurde mein Kopf klarer. Wir waren weit und breit die einzigen Menschen und sprachen kaum. Gemeinsam mit Kirstie in der Morgendämmerung über die Felder zu streifen hätte etwas Abenteuerliches haben können; noch nie hatte ich so lange durchgemacht und die Nacht wirklich besiegt. Doch ich fühlte mich nur müde und nachdenklich.

Auf einem Hügel ließen wir uns ins Gras fallen. Mit einem Bimmeln senkte sich die Eisenbahnschranke, in der Ferne das Tuten eines Güterzugs der Union Pacific. Und die ganze Zeit brodelte in mir dieser Gedanke, der nun aus mir herausschoss.

»Ich kann für mich selbst entscheiden.«

Kirstie warf mir einen fragenden Blick zu.

»Du hast gesagt, dass die Situation mit meiner Mom beschissen ist«, sagte ich. »Und stimmt, das ist sie, aber damit muss ich eh fertigwerden. Und ja, du gehst ans College und bist danach weg. Aber ich bin kein Kind, das das nicht versteht.«

Ich sah sie beim Reden nicht an. »Wenn ich in dich verliebt bin, dann ist das *meine* Sache. Ich bin nicht blöd, ich weiß, dass ich nicht wie die anderen Jungen bin, mit denen du was gehabt hast. Wenn du mich also nicht willst, dann tut das vielleicht weh, aber es ist in Ordnung. Nur: Dann sag's einfach, und tu nicht so, als würdest du Rücksicht auf mich oder meine *Situation* nehmen, denn das brauchst du nicht, und du brauchst mich auch nicht zu bemitleiden, okay?«

Ich hatte noch nie so klar darüber nachgedacht. Doch jetzt, da ich es gesagt hatte, wusste ich, dass jedes Wort stimmte. Ich schaute zu Kirstie. Es schien sie sehr zu beschäftigen, mehrmals wollte sie antworten. Dann nickte sie nur, und in der nächsten halben Stunde redeten wir kein Wort mehr.

Grady wirkte noch verschlafen. Im Morgenlicht schlenderten wir über die Lincoln Road und traten ins Larry's; wir waren in diesem Moment nicht mehr die Menschen, die wir beim letzten Besuch im Diner gewesen waren. Zwar herrschte zwischen uns noch immer dieses Schweigen, aber es band uns auch aneinander. Und: Wir hatten großen Hunger.

Der alte Larry alias Arthur schien ziemlich überrascht, uns schon um diese frühe Uhrzeit wiederzusehen. Er brachte uns Kaffee und dazu Speck, Bratkartoffeln, Rührei und Waffeln mit Sirup. Wir schlangen das Essen in uns hinein und sprachen noch immer nicht. Ich dachte an den Anschiss meiner Eltern, den ich gleich kriegen würde. Doch ich würde es ihnen erklären können, und diesmal würden mir selbst die Blicke meines Vaters nichts anhaben.

Nach dem Frühstück standen wir auf der Straße und verabschiedeten uns. Unter Kirsties Augen waren noch Spuren der schwarzen Kriegsbemalung.

»Bis später«, sagte ich.

»Ja, bis später.« Es war komisch, wieder mit ihr zu reden. Wir standen uns sekundenlang gegenüber. Ich wusste nicht, was ich machen sollte, nur, dass es mich umbrachte, wenn sie jetzt so nach Hause ging. Also ging ich einfach auf sie zu und umarmte sie lange. Ich wollte schon von ihr ablassen, da hielt sie mich fest. Und dann … küsste sie mich!

Ich war davon so überrascht, dass ich erst nicht reagierte und die Gitarre und die zwei Platten noch in der linken Hand hielt. Dann legte ich alles ab, und es wurde intensiver. Kirstie küsste ganz anders als Camerons Cousine, viel leidenschaftlicher und gleichzeitig sanfter. *Das passiert gerade,* dachte ich, *das passiert gerade wirklich, mitten auf der Straße.* In meinem Magen zitterte es, als würden winzige Elektrostöße durch meinen Körper fahren. Ich sah noch aus den Augenwinkeln, wie Passanten uns beobachteten, dann schloss ich die Augen. Spürte Kirsties Hände an meinem Nacken und in meinem Haar und ließ mich fallen …

Als wir voneinander abließen, schaute sie mich verlegen an. »Das war eine Ausnahme, okay?«

Ich nickte nur, ohne zu wissen, was das alles bedeutete.

Kirstie nahm die Wayfarer-Sonnenbrille, die an meinem T-Shirt hing. Sie musterte mich. »Du hast recht, du bist nicht wie die anderen Jungen«, sagte sie schließlich, ohne zu lächeln oder auch nur eine Miene zu verziehen.

»Ist das was Gutes oder was Schlechtes?«

»Das ist *immer* was Gutes.« Sie setzte mir die Brille auf. »Heute kriegst mal du die Quittung der Nacht.« Dann trottete sie in ihre Richtung davon, ich in meine.

Ich wollte mich eigentlich nicht noch ein letztes Mal nach ihr umdrehen, ich nahm es mir sogar fest vor. Am Ende tat ich es doch.

Nummer 28

Autos fuhren die Main Street entlang, die Geschäfte hatten offen, Fußgänger kamen mir auf dem Weg zur Arbeit entgegen. Ich gähnte, in meinem Kopf schossen ungeordnet Bilder umher: Wie ich Hand in Hand mit Kirstie von der Klippe sprang. Wie Mom mir beim Gitarrespielen zuhörte. Wie Dad vor dem Fernseher Müsli aß. Wie Cameron den »englischen Früchtekorb« hervorholte. Wie Hightower mir das Messer schenkte. Das alles wirbelte immer schneller durcheinander, während ich mich müde nach meinem Bett sehnte.

Ich ging an einem Eisenwarenladen in der Franklin Ave vorbei, der jetzt offenbar auch noch dichtgemacht hatte, passierte die Schule und sah den Zeitungsjungen der *St. Louis Post-Dispatch* auf seiner Tour um die Ecke radeln.

Die Sonne stieg höher, es wurde jetzt schnell warm. Auch meine Stimmung hob sich. War ich eigentlich verrückt geworden, oder hatte sie mich gerade *wirklich* geküsst?

Ich stellte mir vor, wie Mom es irgendwie rausbekam und was sie für Augen machen würde. Oder wie ich bei Stevie in Toronto anrief. »Hi, Sam, du bist's. Ja, äh, sorry, dass ich mich so selten bei dir gemeldet …«, würde er anfangen, aber ich würde ihn sofort unterbrechen: »Okay, danke. Übrigens, ich hab Kirstie Andretti geküsst!«, und danach würde ich einfach auflegen.

Ich grinste bei dem Gedanken, dann gähnte ich wieder. Der Trageriemen der Gitarre drückte auf meine Schulter, ich nahm sie in die Hand. Endlich sah ich in der Ferne den Friedhof, bald war es geschafft. Nur noch hundert Schritte den Hügel hinauf bis zu unserem Haus, nur noch fünfzig. Ich hatte den Kopf gesenkt und blickte nur kurz auf, sah unser Haus, sah den Friedhof dahinter und das Ende der Straße.

Und mit einem Mal begriff ich, dass etwas an diesem Bild nicht stimmte.

Der Krankenwagen vor unserer Einfahrt.

Noch vierzig Schritte. Ich begann zu rennen. Noch zwanzig Schritte. Ich sah, wie Sanitäter vor unserer offenen Haustür standen. Noch zehn Schritte. Mein Vater kam heraus und redete mit ihnen, dann gingen sie gemeinsam ins Haus. Ich wurde wieder langsamer. Noch fünf Schritte, dann vier, dann drei, dann zwei, dann einer.

Und dann war ich da.

Plötzlich verlor ich jegliches Zeitgefühl. Meine Gedanken waren mehrere Augenblicke hinterher und gleichzeitig mehrere Augenblicke voraus, während ich selbst wie eine leere Hülle das Haus betrat.

Ich sah als Erstes den eigenartigen Blick, den Dad mir zuwarf, als er entdeckte, dass ich ihm und den Sanitätern folgte. Er betrachtete mich, wie ich die Treppe hochkam, die Gitarre und Platten noch immer in der Hand, und sein Blick sagte: »Verdammt, wo warst du?« Sein Blick sagte: »Wieso bist du gestern Abend nicht gekommen?« Sein Blick sagte aber auch: »Es tut mir so schrecklich leid!«

Mein Körper schien die Situation sofort zu begreifen, denn ich spürte, wie meine Knie nachzugeben drohten, doch das Verrückte war, dass mein Verstand es einfach nicht kapierte. Ich konnte eins und eins nicht zusammenzählen. Den Krankenwagen, Dads Gesicht, die Sanitäter und das offensichtliche Fehlen von Mom. Ich fragte mich nur die ganze Zeit: Wo ist sie?

Was würde sie dazu sagen?

Selbst als ich ins Schlafzimmer kam und sie auf dem Bett liegen sah, verstand ich es nicht. Denn die Frau, die dort auf der Matratze lag, war ja auch nicht Mom, sondern bloß jemand, der ihr ähnlich sah. Ein kleiner, etwas magerer Körper, der friedlich schlief, der Mund leicht geöffnet, die Augen geschlossen. Nur stimmte irgendetwas nicht mit diesem Körper, er schien aus Wachs zu sein.

Und dann kann es sein, dass ich plötzlich brüllte, es kann aber auch sein, dass ich stumm zu ihr rannte. Und es kann sein, dass ich mit der Faust mehrmals auf die Matratze schlug und weinte, und es kann sein, dass ich nur ihren Körper umarmte, ich weiß es einfach nicht mehr. Ich weiß nur, dass ich dachte, dass das nicht Mom ist. Das ist sie nicht, dachte ich, denn die echte Mom lebt, die hört mir zu, wenn ich Gitarre spiele, die setzt sich zu mir ans Bett und beantwortet meine Fragen, die umarmt mich und riecht nach Sandelholz und süßer Butter, die hört gern Billy Idol und sammelt kleine Tiere, die macht sich einen »guten Tee« und will bald nach Rom, die begrüßt alle Kunden der Buchhandlung mit einem Lächeln und sagt ihnen nicht einfach nur auf Wiedersehen, sondern empfiehlt ihnen immer noch ein Buch, die ist ein »bemerkenswert zäher Knochen« und gehört deshalb zu den dreißig Prozent, die diese Krankheit statistisch überleben.

Die ist alles, nur nicht tot auf diesem verdammten Bett, die stirbt nicht an dem Abend, an dem ich sie versetzt habe.

Ich strich ihr über die Wange. »Mom«, flüsterte ich. *»Mom!«*

Sie reagierte nicht.

Ich drehte mich um und sah zu Dad, wollte, dass er mir erklärte, was das alles hier bedeutete, wollte, dass er irgendeine Lösung hatte. Aber er starrte mich nur mit roten Augen an. Und ich blickte zu den Sanitätern, doch auch die sagten nichts und schauten weg. Und da begriff ich, dass es wirklich Mom war.

Nein, dachte ich. *Nein, nein, nein!*

Dann merkte ich, dass ich es die ganze Zeit schrie.

Ich musste hier raus. Sofort. Ich stolperte die Treppen hinunter und rannte ins Freie, immer weiter, bis in den Wald, ein lautes Summen in meinem Kopf. Dann blieb ich erschöpft stehen und übergab mich in einen Busch,

Bratkartoffeln, Waffeln und Speck, bis nichts mehr in mir war.

Ich atmete durch und richtete mich auf, taumelte weiter durch den Wald und schrie etwas, das ich selbst nicht verstand, ohnmächtige, dumpfe Laute. Ich wischte mir Speichel und Rotz vom Mund und ließ mich an der Lichtung auf den Boden fallen. Erneut überkam mich Müdigkeit, drängender als je zuvor. Ich versuchte zu schlafen und konnte es nicht. Ich wollte weinen, aber das konnte ich auch nicht mehr. Ich lag einfach nur auf der Erde, hatte die Augen mal offen, mal geschlossen, lauschte dem Vogelgezwitscher und überhörte es im nächsten Moment.

Schließlich steckte ich die Hände in die Hosentaschen. Meine Finger ertasteten Münzen und das Taschenmesser, und plötzlich umfassten sie noch einen weiteren länglichen Gegenstand, der mir im ersten Moment überhaupt nichts sagte. Verwundert holte ich ihn heraus und schaute ihn an.

Es war der geklaute Lippenstift.

Der Streich

Nummer 29

Meine Erinnerung an diese Tage gleicht einem verbrannten Blatt Papier, von dem nur einige verkohlte Fetzen übriggeblieben sind. Eigentlich habe ich bloß noch dieses Bild vor mir, wie Dad mit allen möglichen Leuten telefonierte. Mit Jean, damit sie nach Grady kam. Mit der Pathologie, die Moms Leichnam untersuchte. Mit Verwandten und Freunden, um sie zur Beerdigung einzuladen. Und mit Reverend Connors, der die Trauerfeier in der Kirche halten würde.

Den ganzen Tag saß Dad im Wohnzimmer und redete mit diesen Leuten, mit mir redete er fast nie. Nur manchmal blickte er mich auf seine sonderbare Art an. Und dann dachte ich: *Sprich mit mir.* Und ich dachte: *Sag endlich, dass ich schuld bin, weil ich euch versetzt habe.* Und ich dachte: *Beschimpfe mich, raste aus, mach einfach* irgendwas, *aber schweig nicht die ganze Zeit.*

Doch genau das tat er, und in diesem Meer aus Schweigen trieb ich wie ein Stück Holz. Ich lag oft regungslos im Bett, ging nicht zur Arbeit, traf mich nicht mit den anderen, hörte kein Radio, heulte nicht mal. Dad brachte mir Karten von Kirstie, Hightower und Cameron. Sie riefen auch an, und mehrmals hörte ich, wie Steinchen gegen mein Fenster flogen, aber ich wollte mit keinem von ihnen reden.

Der einzige Mensch, mit dem ich über alles reden wollte, war Mom.

Ich blickte auf den Friedhof und dachte, wie viel Zeit ich gehabt hatte, mich darauf vorzubereiten, dass sie starb. So oft hatte ich es mir vorgestellt, sie war in meinem Kopf tausende Tode gestorben. Aber nie hatte es sich so angefühlt wie jetzt. Denn sie war damals ja immer noch da gewesen, und jetzt war sie nicht mehr da, und woher hätte ich wissen können, wie sich das anfühlt.

In der Ecke stand das Geschenk, das meine Eltern mir an meinem Geburtstag geben wollten. Es war noch verpackt, Dad hatte es ins Zimmer gestellt. Immer wieder las ich die Karte, die dabei lag und deren Vorderseite Rom zeigte: *»Lieber Sam, manchmal muss man etwas Verrücktes machen. Die Tür einen Spaltbreit für das Chaos offen lassen. Am Abgrund tanzen. Wir sind so stolz auf Dich! In Liebe, Dad und Mom.«*

Moms Schrift, ihre Worte. Ich betrachtete das Geschenk, doch ich packte es nicht aus. Und so wusste ich nicht, ob die E-Gitarre eine Rickenbacker, eine Fender oder ein anderes Modell geworden war. Ich wusste nur, dass ich nie auf ihr spielen würde.

Auf meinem Nachttisch lag die alte Ausgabe von *Hard Land.* In den letzten Tagen hatte ich oft darin gelesen, obwohl ich kaum etwas verstand. Aber gerade das mochte ich. Mir kam eine Stelle über das Sterben in den Sinn, ich blätterte durch den Band:

Der Tod ist nicht, was du gedacht hast.
Er ist nicht, was du nicht gedacht hast.

Es klopfte. Dad kam zu mir, er setzte sich ans Bett und schien nicht zu wissen, wie er anfangen sollte. Als er sah, dass ich *Hard Land* las, murmelte er: »Die Geschichte des Jungen, der den See überquert und als Mann wiederkommt.«

Ich antwortete nicht.

Dad blickte auf die E-Gitarre. »Willst du sie nicht auspacken?«

Als ich wieder nicht antwortete, seufzte er. »Die Pathologie hat gerade angerufen. Sie wissen jetzt, was passiert ist. Soll ich's dir sagen?«

Ich nickte.

»Sie hatte einen Hirnschlag. Das muss nicht tödlich enden, kann aber passieren. Nach der Radiotherapie hatte sie ein kleines Aneurysma, das die Ärzte damals offenbar nicht entdeckt hatten.«

Wir schauten beide zu Boden.

»Wann ist sie gestorben?« Meine Stimme hörte sich brüchig und fremd an, als würde ein anderer für mich sprechen.

»Wohl am frühen Morgen. Wir sind ganz normal ins Bett gegangen, vielleicht etwas später als sonst. Und als ich aufgewacht bin …«

Er sprach den Satz nicht zu Ende. »Jeany kommt morgen. Ich bezieh mal ihr Bett.« Dann ging er, ohne mich anzusehen, wieder raus.

Nummer 30

An dem Tag, an dem meine Schwester kam, haute ich ab. Dad holte sie vom Flughafen in St. Louis ab, und schon als beide zur Haustür reinkamen und ich ihre Stimmen hörte, wusste ich, dass ich es nicht lange aushalten würde. Dad war in Jeans Nähe immer wie ausgewechselt, fast gesprächig. Sie riefen von unten nach mir, doch ich blieb im Bett und zupfte auf meiner alten Akustikgitarre.

Irgendwann kam Jean in mein Zimmer. Im ersten Moment war ich erschrocken, so mitgenommen sah sie aus. Dann blickte ich in ihre Augen und fühlte mich besser. Zu sagen, sie wären »stahlblau« oder »klar« wäre untertrieben. Meine Schwester hatte sich nie um ihr Aussehen geschert – sie trug oft Tweedjackett mit Flicken, eine ausgebeulte Leinenhose oder einen alten Bowler-Hut –, aber ihre Augen waren ohne Übertreibung *magisch.* Sie waren der Grund, warum Jean immer Leute für ihre Ideen überzeugen konnte. Und warum ihre Freundinnen ihr oft verziehen hatten, wenn sie statt auf Partys zu gehen in der Schwimmhalle trainierte oder tagelang in ihren Geschichten versank.

Sie setzte sich zu mir aufs Bett und umarmte mich.

»Wir kochen gerade Makkaroni mit Fleischbällchen«, sagte sie mit ihrer dunklen, oft etwas kratzigen Stimme. »Na ja, wir versuchen's zumindest, du weißt ja, wie Dad kocht. In etwa so gut, wie er Witze versteht … Hast du Hunger?«

Ich schüttelte den Kopf. Kurzes Schweigen. Einerseits

wollte ich mit ihr über Mom reden, andererseits hatte ich Angst davor. Jean schien es genauso zu gehen.

Sie deutete auf die Hanteln unterm Bett. »Du machst Sport?«

»Ein bisschen.«

»Hab auch gehört, du hast angefangen, Songs zu schreiben.« Sie schaute mich wissend an. »Und, wie heißt *sie*?«

Überrascht schaute ich zurück.

»Ich hab so meine Quellen«, sagte sie nur. »Musst du mir alles erzählen, und zwar *en détail.* Aber jetzt muss ich was essen … Kommst du mit?«

Ich konnte spüren, wie sehr sie sich zusammenriss, um so ungewohnt offen und beschwingt zu sein. Und da stimmte ich zu.

Beim Essen ging Dad den Ablauf der Beerdigung durch. Als die Sprache auf Reverend Connors fiel, stöhnte Jean auf. »Bist du sicher? Du weißt, dass Mom ihn nicht mochte und seine Predigten schrecklich fand. Sie hätte was anderes gewollt.«

Meine Schwester fand Connors sogar noch schlimmer als ich, denn anders als ich war sie jahrelang Organistin und Ministrantin gewesen.

»Er ist nun mal der Reverend in unserer Gemeinde«, sagte Dad. »Und er wird es wie immer gut machen.«

Ich wechselte einen Blick mit Jean. Normalerweise konnte sie mit Dad über alles reden. Eine Art Zauberkraft, die nur sie besaß. Doch in diesem Punkt war er schwierig. Connors war sein engster Vertrauter, noch immer ging unser Vater jeden Sonntag in den Gottesdienst. Und nun saß er hier auf dem Stuhl, groß und schwer, und sagte mit ernster Stimme, dass er das so entschieden habe und fertig. Und irgendwie war das alles ja logisch. Schon im Leben war so vieles anders gelaufen, als Mom es sich gewünscht hatte. Und jetzt eben auch das.

Beim Essen redeten nur die beiden. Über Jeans Leben in L. A., ihre Beziehung zu einem Co-Autor von *Georgetown* – und sogar über Politik. Bei Mom hatte meine Schwester oft das Kunststück fertiggebracht, mit ihr zu streiten, obwohl beide fast das Gleiche dachten, während sie Dad sogar konservative Ansichten verzieh. Umgekehrt hatte er Jean sofort verteidigt, als sie damals einen wütenden Artikel für das Recht auf Abtreibung geschrieben hatte und die Leute am Stammtisch sie eine »Unruhestifterin« nannten.

Irgendwann fragte sie, was in Grady los sei, und unser Vater seufzte: »Sie machen das Kino zu, und das Larry's wird verkauft.«

»Das Larry's wird verkauft?«, fragte sie entsetzt. »An *wen*?«

Und hier kam mein einziger Beitrag zu diesem Gespräch: »An jemanden aus Grady. Er möchte einen Friseursalon draus machen oder so.«

Danach sprachen wieder nur die beiden. Ewig. Im Stillen teilte ich sie in Camerons Dreischichtenmodell ein (Objektiver Befund: beide Kalt-Kalt-Kalt!) und stellte mir vor, wie ich aufstand und meinen Teller an die Wand schmiss. Einfach, damit sie mich bemerkten. Aber vermutlich hätte Dad auch dann seelenruhig weitergeredet.

Wenn wir früher mit dem Auto gefahren waren und Mom nicht dabei war, hatte er oft Jean ans Steuer gelassen. Dann redeten sie über ein Schwimmturnier oder einen Jungen, der ihr gefiel. Dad gab ihr ein paar rührend unbeholfene, aus der Zeit gefallene Flirttipps, und meine Schwester sagte: »Danke, *Joseph,* werde ich beherzigen, wenn ich mal wieder ein Date in den Fünfzigerjahren habe.« Doch er hatte nur gelacht. Er war immer stolz auf seine Tochter gewesen, während sein Sohn kaum Freunde hatte, Sport hasste und diese peinliche Angststörung entwickelte. Wenn Dad damals mit mir bei der Schulpsychologin war und ich erzählte, dass ich mich davor fürchtete, mit den anderen Kindern im stickigen Kunstraum zu sitzen, und davon Herzrasen bekam, konnte ich richtig sehen, wie unwohl er sich fühlte. Und dass er ihr am liebsten gesagt hätte, dass er noch eine große Tochter habe, die normal tickte.

Ich wusste, dass das falsche Gedanken waren. Dass ich selbst mehr reden oder Fragen stellen musste. Andererseits war es mir bei Mom nie schwergefallen. Sie hatte mich immer verstanden, und auch wenn es gemein ist: Wäre Dad gestorben, wären sie und ich schon zu zweit durchgekommen. Jetzt war alles verdreht, und ich würde allein mit meinem Vater leben müssen. Und dieser Gedanke war so niederschmetternd, dass ich einfach aufstand und nach oben ging.

Abends traf Jean alte Freundinnen in der Stadt, Dad sah fern. Ich schlich mich ins Zimmer meiner Eltern, zog eine Bluse von Mom aus dem Schrank und roch daran. Sofort tauchte ihr Bild vor mir auf. Ich stellte mir vor, wie enttäuscht sie war, als ich nicht ins Restaurant kam. Wie sie sich an ihrem letzten Abend schlecht gefühlt hatte und besorgt mit dem Geschenk nach Hause ging.

Wieso hatte ich das nur gemacht?

Mir wurde schwindlig, ich setzte mich aufs Bett. Seltsam, dass sie darin noch vor kurzem geschlafen hatte. Die Zeit verrann so schnell. In ein paar Tagen würde man Mom bereits begraben, die Leute würden traurige Dinge sagen, aber schon beim Essen danach würden ein paar von ihnen über Anekdoten lachen, und sei es auch nur, weil sie erleichtert waren, am Leben zu sein. Anfangs würden alle noch dauernd an sie denken und sie vermissen, dann würden sie nicht mehr so oft an sie denken. Und manchmal würden sie Mom sogar vergessen, denn nur so konnten sie wirklich unbeschwert sein. Aber sie war doch eben noch hier gewesen! Sie hatte auf der Couch gesessen und gelesen, hatte nach Rom reisen und hören wollen, wie ich ihr den fertigen Song über den Ausreißer vorspielte!

Auch um Mitternacht war Jean noch fort. Aus dem Wohnzimmer drangen weiter die gedämpften Geräusche des Fernsehers. Allerdings schien mein Vater sein Schweigen inzwischen an Verstärkerboxen angeschlossen zu haben, denn ich konnte es selbst von hier oben hören. Unruhig betrachtete ich die verpackte E-Gitarre, dann nahm ich sie in die Hand. Schon als ich die Treppen runterlief, spürte ich ein Ziehen in der Brust, denn ich wusste, dass ich gleich etwas *tun* würde.

Das Licht im Wohnzimmer war heruntergedimmt. Mein Vater saß dort im Dunkeln wie ein Stein. Er hatte eine Bierdose in der Hand und starrte am Fernseher vorbei.

»Hier!« Ich legte die E-Gitarre vor seine Füße.

Er stellte die Dose ab und blickte mich fragend an.

»Ich möchte sie zurückgeben, ich hör auf«, sagte ich. »Außerdem war sie viel zu teuer, wir brauchen das Geld.«

Dad betrachtete die verpackte E-Gitarre. »Deine Mom hat sich immer gefreut, wenn du gespielt hast.«

»Ja, aber jetzt ist sie tot, oder? Es ist also egal.«

Ich wusste nicht, wieso ich das sagte, konnte mich aber nicht beherrschen.

»Rede bitte nicht in diesem Ton über deine Mutter.«

»Ich kann über sie reden, wie ich will.«

»Nein, das kannst du nicht.«

»Doch, das kann ich.«

Wir starrten uns an. Ich zitterte, noch nie war ich ihm so entgegengetreten. Aber ich war es leid, mich vor ihm zu fürchten. Nie zu wissen, woran ich bei ihm war. Ich war das alles so verdammt leid.

»Sam, ich verstehe, dass es schwer für dich ist, aber wenn du …«

»Einen Scheiß verstehst du! Und ich will die Gitarre nicht mehr. Wenn ich du wäre, würde ich das Geld lieber in die Beerdigung stecken. Oder hast du jetzt endlich einen Job gefunden?«

Dad erhob sich von der Couch. Er war einen ganzen Kopf größer als ich und blickte mit vom Alkohol trüben Augen auf mich herab. »Du beruhigst dich jetzt besser. Wir können immer reden, aber nicht in diesem Ton.«

»Ja, von wegen.« Ich schnaubte und tippte mit dem Fuß gegen die Gitarre. »Also, was ist, nimmst du sie jetzt? Wenn nicht, zerschrotte ich sie.«

»Was ist denn los mit dir?«

»Gar nichts ist mit mir los. Ich will einfach nicht, dass

diese scheiß Gitarre weiter in diesem Haus ist, hörst du? Ich will sie nicht.« Ich merkte, dass mir die Tränen kamen. »ICH WILL SIE NIE MEHR SEHEN, NIE MEHR!«

Ich brüllte es und spuckte dabei ungewollt. Etwas in meinem Kopf klickte, und in diesem Moment nahm ich die Gitarre und wollte sie tatsächlich nur noch kaputthauen.

Dad ging gerade noch dazwischen, wir rangen.

»Lass mich!«, schrie ich immer wieder. »LASS MICH LOS!«

Mein Vater war stärker, aber ich war tödlich entschlossen und versuchte, ihm den Arm zu verdrehen. Schließlich riss er mir die E-Gitarre gewaltsam aus der Hand.

»Okay, du gehst jetzt auf dein Zimmer!«, sagte er schnaufend.

»Du kannst mich mal!« Die Haut an meinen Armen kribbelte. Wie früher bei den Panikattacken erloschen die Lichter in meinem Kopf, und es wurde finster. »Ich hau sowieso ab, dann bist du mich endlich los und kannst mit Jean allein sein!«

Er blickte mich erstaunt an.

»IST DOCH SO, ODER?!« Zu meinem Ärger hatte ich angefangen zu weinen. Ich riss mich zusammen und schrie: »Du hast sie *immer* mehr geliebt!«

Mein Vater umklammerte die E-Gitarre und machte wieder diese langsamen Kaubewegungen.

»Das ist nicht wahr«, sagte er leise.

»Doch, ist es. Mom wusste es auch. Sie hat immer alles gewusst. Und sie hätte niemals eine Beerdigung mit diesem beschissenen Connors gewollt. Trotzdem ziehst du's einfach durch.« Ich zog die Nase hoch. »Sie ist dir einfach *scheißegal*, und kaum dass sie unter der Erde liegt, ist …«

Ich spürte, wie meine linke Wange dröhnte. Verwundert taumelte ich einen Schritt zurück. Erst dann begriff ich, dass Dad mich mit der flachen Hand geschlagen hatte.

Er schien ebenso erschrocken wie ich, denn er starrte auf seine Hand und schien plötzlich in sich zusammenzufallen.

»Es tut mir leid …«, stammelte er. »Sam, es tut mir leid.«

Ich blickte ihm in die Augen, dann rannte ich nach oben.

Nummer 31

In Windeseile schmiss ich alles, was ich finden konnte, in einen Koffer, sogar einen Tacker und das ELO-Album von Cameron. Ich ließ den Koffer aus dem Fenster fallen. Dann hangelte ich mich selbst hinaus und sprang ins Gras. Ein kleiner Schmerz im Knöchel, nicht schlimm.

Ich trat auf die Straße, in die leergefegte Nacht. Minutenlang ging ich stumm auf die Stadt zu, dann sah ich die verlassene Bushaltestelle. Der Anblick dämpfte meine Wut. Was sollte ich jetzt machen? Ich konnte erst mal nach St. Louis ziehen, irgendein schäbiges Zimmer mieten und jobben. Mir vielleicht zur Sicherheit auch einen neuen Namen zulegen. »Wie heißen Sie?«, würde meine Vermieterin fragen, und ich würde sagen: »Colt McFly, Madame. Aber nennen Sie mich ruhig *Colt* …«

Ich schüttelte über diesen Schwachsinnsgedanken den Kopf, dann schaute ich auf den Busfahrplan: Der nächste Greyhound nach St. Louis fuhr erst am Mittag! Ich überlegte, per Anhalter zu reisen. Lange kam gar kein Auto vorbei, plötzlich bogen gleich zwei hintereinander um die Ecke. Ich streckte den Daumen raus – sie fuhren an mir vorbei. Danach war die Straße wieder menschenleer. Ich zählte nach, wie viel Geld ich eigentlich hatte. Sechs Dollar! Na toll, ich hatte eine Platte vom Electric Light Orchestra dabei, aber nicht mal genug für eine Nacht im Hotel. Ich war der mieseste Ausreißer aller Zeiten.

Frustriert setzte ich mich auf den Bürgersteig. Ich wollte auf keinen Fall nach Hause und auch niemanden aus dem Kino um Geld anpumpen, da sie mich sicher nur überreden würden zu bleiben. Mir fiel die verlassene Hütte ein, an der Hightower und ich beim Joggen immer vorbeigekommen waren. Und so schleppte ich den Koffer im Dunkeln Richtung Wald.

Die Hütte war verschlossen, doch ein Fenster war zerbrochen. Ich konnte es von außen öffnen und kletterte hinein. Mit der Taschenlampe leuchtete ich umher: Überall Spinnweben, der Fußboden hatte ein Loch, es gab eine unangenehm riechende Couch, eine mottenzerfressene Wolldecke und ein paar alte Bücher.

Ich legte mich auf die Couch und versuchte zu schlafen. Immer, wenn ich die Augen schloss, sah ich Mom vor mir. Sie tippelte langsam durch den Garten oder las am Küchentisch im Romführer und lächelte. Und ich fragte: »Wieso hast du mich mit ihm alleingelassen?« Doch sie antwortete nicht. Sie war tot, und jeder Gedanke an sie war wie in ein leergeräumtes Zimmer zu kommen, bei dem man nicht mehr wusste, wo man sich hinsetzen sollte.

Ich blinzelte. Durch das zerbrochene Fenster über mir fiel das überschäumende Rot der Morgensonne. Vom Schlafen auf der Couch tat mir jeder Knochen weh, mein Nacken knackte. Ich streckte mich und machte Liegestütze. Da ich Durst hatte, joggte ich zur Tankstelle am Lake Virgin und kaufte mir von meinem letzten Geld Wasser, Zigaretten und mehrere Twinkies. Nun war ich pleite und auf mich allein gestellt.

Ich hatte damit gerechnet, in der Hütte in Ruhe zu trauern. Stattdessen kam mir erst mal die Erkenntnis, dass ein Kühlschrank oder ein Fernseher keine ganz schlechten Erfindungen waren und ein Einsiedlerleben ohne Wasser und Elektrizität nicht so romantisch wie gedacht. Ich hätte zum Beispiel gern Holz gehackt, hatte aber keine Axt. Und ich hätte mich gern von Käfern und Wurzeln ernährt, wusste aber nicht, von welchen. Aus Langeweile blätterte ich durch die verstaubten Bücher im Regal, dann ließ ich mich auf die Couch fallen.

Moms Tod war jetzt vier Tage her, und jeder dieser Tage war ein Gigant, der die Zeit verlangsamen oder sogar anhalten konnte. Immer wieder dachte ich an Szenen mit ihr. Wie oft sie mir beibringen wollte, wie man kocht und die Wäsche macht, damit ich es konnte, falls sie mal nicht mehr da wäre. Wie ich kaum noch zu Hause gewesen war und nicht über ihre Krankheit reden wollte. Wie sie den anderen auf dem Festival gesagt hatte, dass sie froh sei, dass ich Freunde hätte, und wie peinlich mir das damals gewesen war … Aber *wieso* war es mir peinlich gewesen? Hatte ich denn überhaupt nicht begriffen, was es bedeutete, dass sie vielleicht sterben musste und dass ich sie dann nie mehr wiedersehen würde?

»Sam? Bist du da?«

Erschrocken fuhr ich hoch und sah durchs Fenster, wie Kirstie draußen durch den Wald lief. Woher zum Teufel wusste sie, dass ich hier war?

Schnell versteckte ich mich hinter der Tür. Sie kam immer näher und klopfte. »Sam, bist du da drin?«, fragte sie wieder.

Ich antwortete nicht und hielt den Atem an.

»Ich weiß, dass du hier bist.« Sie trat ans Fenster. »Ich kann deinen Koffer sehen.«

Ich seufzte. »Lass mich in Ruhe!«

»Sam, bitte mach die Tür auf.«

»Nein.«

»Na gut, dann komm ich eben so zu dir.« Leider konnte sie genauso durch das kaputte Fenster in die Hütte einsteigen wie ich und kletterte schwungvoll hinein.

»Was willst du?« Ich stand noch immer an der Tür.

»Brand hat dich am Morgen vor der Hütte gesehen, sich aber nicht getraut, dich anzusprechen, und mir Bescheid gegeben.«

Kirstie stand nur einen Meter von mir entfernt, kam jedoch nicht näher und sagte nichts. Wir blickten uns einfach nur an. Ich spürte, wie ich das Schweigen kaum aushielt. Als würde jemand in mir ein Gewicht in die Luft stemmen und unter der Anstrengung erst zittern, bis er es fallen ließ. In dem Moment ließ ich den Kopf sinken, mein Mund zuckte. »Ich dachte, sie gehört zu den dreißig Prozent«, versuchte ich ihr zu sagen, aber meine Worte wurden immer leiser und leiser. »Ich dachte, wir haben viel mehr Zeit und …«

Kirstie kam zu mir und nahm mich in den Arm. Und da weinte ich, und als ich ihre Wärme spürte, dachte ich an all die Umarmungen von Mom und weinte noch mehr.

Wir saßen auf der Couch, ich hatte alles erzählt. Das Gute war, dass sie nicht so etwas sagte wie, dass Jean sich sicher auch schuldig fühle, weil sie so selten da gewesen sei. Oder dass mein Dad meine Mom sogar noch länger gekannt hätte als ich und ihm die Ohrfeige bestimmt leidtäte und solche Sachen. Stattdessen saß Kirstie einfach nur da und hörte mir zu. Und als ich ihren Blick sah, wusste ich, dass sie mich verstand.

Dann deutete sie auf den Koffer. »Willst du immer noch abhauen?«

Ich zuckte mit den Schultern.

»Und was ist mit der Beerdigung?«

»Die wird sowieso nicht so, wie meine Mom es gewollt hätte, also was soll's.«

Sie nickte und schaute sich um. Dann ging sie zu meinem Koffer und hob den Tacker hoch. »Wie viel Geld hast du eigentlich dabei?«

»Noch zwanzig Cent«, sagte ich verlegen. »Aber ich hab Twinkies!«

Kirstie betrachtete die sinnlosen Sachen, die ich mitgenommen hatte. »Pass auf, ich hab eine Idee. Bleib einfach hier, okay?«

Mit diesen Worten stieg sie durchs Fenster. Und als sie

später wiederkam, hatte sie Tüten und zwei Schlafsäcke dabei. Sie sagte, die anderen hätten sie hergefahren und würden mich – falls ich einverstanden sei – morgen gern besuchen kommen.

»Brand sagt, dass er an dich denkt und für dich betet. Und von Cameron soll ich dir ausrichten, dass er stolz ist, dass du seine ELO-Platte mit in die Wildnis genommen hast und ab jetzt der wahre Gott des Styles bist!«

Und da musste ich zum ersten Mal seit Moms Tod kurz lächeln.

In Kirsties Survivalpaket waren neben einem Campingkocher, Essen und Getränken auch Kerzen. Eine gute Idee; es dämmerte bereits, in die Hütte fiel kaum Licht. Sie zündete die Kerzen an und breitete die Schlafsäcke auf dem Boden aus. Plötzlich wirkte der karge Ort fast gemütlich. Wir tranken Wein und redeten, und manchmal vergaß ich Mom sogar für ein paar Momente. Bis ich mich aus dem Nichts erinnerte, wie sie in meiner Kindheit behauptet hatte, perfekt Italienisch zu können, in Wahrheit aber immer in einer Phantasiesprache mit mir gesprochen hatte. Wie sie früher noch nicht diesen unsicheren Gang gehabt hatte und oft mit mir um die Wette rannte. Oder wie ich sie nach der zweiten OP in der Klinik besucht und den kleinen blauen Holzlöwen auf ihrem Nachttisch entdeckt hatte … Dann wurde wieder alles schwer und dunkel, und ich vergaß, dass Kirstie neben mir war.

Sie schien zu ahnen, was ich dachte, und sagte, dass sie eine Überraschung für mich habe. Aus einer der Tüten zog sie ein Buch: *Peter Pan* von James M. Barrie.

»Du hast mal erzählt, dass du es oft gelesen hast. Ich kann nicht glauben, dass du ausgerissen bist, ohne es mitzunehmen!«

Wir legten uns in die Schlafsäcke, Kirstie stellte die Kerzen in unsere Nähe. Sie schlug das Buch auf und räusperte sich: »Alle Kinder, außer einem, werden erwachsen!«

»Das ist wirklich einer der besten ersten Sätze«, sagte ich.

Sie nickte, das Gesicht eingetaucht in warmes Licht, dann las sie vor. Und obwohl es mich manchmal traurig machte und es gerade zu Beginn des Buchs viel um die Mutter ging, hörte ich ihr gern zu. Irgendwann dachte ich dann gar nicht mehr so sehr an Mom, sondern nur noch an die Geschichte von Peter und Wendy und an die verlorenen Jungen. Kirstie las bis tief in die Nacht. Erst als wir beide immer wieder gähnten, beschlossen wir zu schlafen.

Wir bliesen die heruntergebrannten Kerzen aus. Stille, nur noch der stärker werdende Regen war zu hören. Es roch harzig und frisch, durch das kaputte Fenster der Hütte konnte man die Bäume sehen.

Trotz Moms Krankheit hatte ich mir nie groß Gedanken darüber gemacht, was nach dem Tod geschah. Zwar glaubte ich an etwas Spirituelles, aber nicht wie in der Bibel oder der Kirche. Natürlich wünschte ich mir, dass es danach irgendwie weiterging, hatte von diesem »irgendwie« jedoch keine klaren Vorstellungen. Ich überlegte, ob ich Mom wiedersehen würde, aber was, wenn es so etwas wie *Sehen* nach dem Tod gar nicht mehr gab, sondern nur eine Art von *Fühlen*, die man als Mensch gar nicht begreifen konnte? Keine Ahnung. Ich spürte bloß, dass Mom noch irgendwo war, dass sie nicht im Nichts war. Nur wo war sie hin, wenn sie nicht mehr hier war?

In meiner Kindheit hatten wir mal am Missouri River gepicknickt. Ich war sieben oder acht gewesen und hatte zum ersten Mal verstanden, dass Menschen sterben müssen. Das Thema hatte mich sehr beschäftigt, und ich hatte Mom gefragt, welche Todesart sie sich aussuchen würde, wenn sie könnte.

Doch sie hatte bloß gelacht und gesagt, vielleicht müsse sie gar nicht sterben.

»Aber jeder muss sterben«, hatte ich gesagt.

»Wer weiß …«, hatte sie nur geantwortet. Und dann hatte sie auf den Missouri River gedeutet. »Vielleicht nimmt mich ja eines Tages der Fluss mit.«

Mein Herz schlug bei dieser Erinnerung schneller. Auf einmal verzog es mir richtig den Mund und ich presste mein Gesicht in den Schlafsack. Ich versuchte, dabei so leise wie möglich zu sein, damit Kirstie es nicht hörte. Und als ich mich wieder beruhigt hatte, wischte ich mir über die Augen und fühlte mich besser.

»Sam?«, flüsterte es irgendwann neben mir.

»Ja?«

»Kannst du nicht schlafen?«

Ich atmete aus. »Nein.«

»Möchtest du bei mir schlafen?«

Ich nickte und legte mich zu ihr in den Schlafsack. Sie kuschelte sich an mich, ihr Bein auf meinem.

Draußen schüttete es inzwischen richtig. Ich hörte, wie der Regen heftig auf die Blätter und unser Dach klatschte, immer wieder knackte irgendwo im Wald Holz. Plötzlich wurde die Hütte von einem Blitz erhellt, Sekunden später ein lauter Donner.

Ich bekam Angst. Auch Kirstie wirkte, anders als sonst, erschrocken. Wir wussten nicht, ob die Hütte einen Blitzableiter hatte, sie stand in einer Lichtung. Vielleicht ging sie bei einem Einschlag einfach in Flammen auf.

Wir zählten nun die Sekunden zwischen Blitz und Donner. Erst vier, dann drei, dann zwei, dann noch weniger. Wieder Donner, lauter als je zuvor. Kirstie zuckte zusammen und griff nach meiner Hand.

»Es ist ganz nah«, sagte sie. »Es ist jetzt *über* uns.«

Wenn es blitzte, wirkte es, als stünden dunkle Schatten im Raum, deshalb hielt ich die Augen die ganze Zeit geschlossen. Ich hörte sie atmen und umklammerte ihre Hand.

Und dann, ganz allmählich, zog das Gewitter weiter.

»Geschafft«, flüsterte sie neben mir.

Es war stockfinster. Erleichtert drehte ich mich zu ihr und stieß dabei aus Versehen mit der Nase gegen ihre. Sie strich mir durchs Haar, und ich spürte ihre Nähe; ihre Beine an meinen, ihre Brüste an meinem Arm, ihr Atem. Noch immer fuhr sie mir durchs Haar. Ich spielte mit dem Ärmel ihres T-Shirts und berührte dabei zufällig mit den Fingerspitzen ihren Bauch, und auf einmal schien eine Welle über uns zu kommen.

Sie küsste mich auf die Schläfe, auf die Wange und umarmte mich fester. Ihr Atem ging schneller, sie roch so gut, und ich fühlte ihren ganzen Körper dicht an meinem. So verharrten wir ein paar Sekunden, eng umschlungen im Dunkeln. Dann brach die Welle plötzlich in sich zusammen und wir ließen voneinander ab und schliefen ein.

Nummer 32

Der Tag vor der Beerdigung. Ich hatte in der Nacht wirr geträumt: Mom und ich waren auf einem Zebra durch Australien geritten und hatten dabei Verfolger abgeschüttelt, ehe wir plötzlich bei uns auf der Couch saßen. Das Zebra stand nun draußen im Garten und wollte ständig zu uns ins Wohnzimmer. Mom und ich schoben es immer wieder aus der Tür, doch da kam es schon wieder rein, und das fand ich so lustig, dass ich im Traum die ganze Zeit lachte.

Und davon wachte ich auf: von meinem eigenen Lachen.

Draußen nieselte es. Fahles Morgenlicht fiel in die Hütte, neben mir schlief Kirstie mit offenem Mund. Ich starrte auf das Loch im Dielenboden und die Kerzenstummel und versuchte, mich wieder an die Realität zu gewöhnen. Jede Nacht hatte ich Mom für ein paar Stunden zurück, dann kam der Tag und nahm sie mir wieder weg.

Schließlich entdeckte ich, was bei der friedlich schlafenden Kirstie im Schlafsack versteckt lag: Mr. Bojangles, der angegraute Stoffaffe. Ich dachte daran, wie sie gesagt hatte, dass sie früher nie ohne ihn einschlafen konnte. Es rührte mich, dass das offenbar noch immer so war, auch wenn sie es bestimmt nicht zugab. Und in meine Trauer um Mom mischte sich meine Traurigkeit über Kirsties baldigen Weggang.

Als sie wach war, machte sie mit dem Campingkocher Kaffee (»Guten Kaffee«, dachte ich, auch wenn er wie das

Gegenteil schmeckte), dann frühstückten wir in der Hütte. Kirstie erzählte gerade von der Mitbewohnerin im Studentenwohnheim, die ihr zugeteilt worden war, da hörte ich von draußen die Stimme meiner Schwester.

»Sam? Bist du hier? *Sam*?!«

Ich warf Kirstie einen vorwurfsvollen Blick zu.

Sie hob nur entschuldigend die Arme, ein stummes »Was hätte ich tun sollen?«, und seufzend stand ich auf und stieg durchs Fenster zu meiner Schwester.

Wir setzten uns auf die Bank vor der Hütte. Jean sagte, dass die anderen schon gestern Bescheid gegeben hätten und dass Dad zuvor die Polizei benachrichtigt hatte.

»Echt?«

»Ja, was denkst du denn?«

Meine Schwester trug ein altes T-Shirt mit dem Kopf von Joan Didion in Pop-Art. Ihre Haut war blass, ihre Locken ein Urwald. Doch selbst jetzt hatte Jean diesen tiefen Blick, diese irre *Zugewandtheit.* Für die Schülerzeitung hatte sie mal über die Probleme einer Teenager-Mom aus Brisbee geschrieben. Damals hatten wir sie wochenlang kaum mehr zu Gesicht bekommen. Es gab für sie nur noch diesen Artikel, Brisbee und das Mädchen … Wenn Jean mal bei dir war, dann mit allem, was sie hatte. Und genau deshalb geriet man auch leicht in Vergessenheit, wenn sich das Spotlight ihrer blauen Augen auf andere und auf ihre Geschichten richtete.

»Dad hat mir erzählt, dass er dich geohrfeigt hat.« Sie biss sich auf die Lippe. »Sam, ich kann mir so gut vorstellen, wie es dir jetzt geht …«

»Nein, kannst du nicht!« Ich stand auf. »Und ich weiß,

was jetzt kommt, okay? Du willst Dad verteidigen und mich zur Vernunft bringen oder so. Aber dazu hast du kein Recht. Du hast früher fast nie was mit mir gemacht, und jetzt schaust du hier wie irgendeine Tante einmal im Jahr an Weihnachten vorbei; du hast keine verdammte Ahnung, wie ich mich fühle oder wer ich bin.«

Jean antwortete nicht. Sie kaute auf einem Nagel, und man konnte fast sehen, wie hinter ihrem Blick in Windeseile Aktenordner aufgerissen und neu sortiert wurden.

Schließlich seufzte sie. »Gerade das hat mich an Mom manchmal genervt ...«

»Was?«, fragte ich ungeduldig.

»Dass sie dachte, sie weiß genau, wer ich bin.« Sie schüttelte den Kopf. »Du hast recht, Sam. Ich kann nicht wissen, wer du jetzt bist oder wie du dich fühlst. Denn du warst hier, als sie krank war, und ich war jahrelang weg ... Es tut mir leid.« Sie richtete sich ebenfalls auf. »Soll ich einfach wieder gehen?«

Ich überlegte. »Nein, schon okay.«

Schweigend standen wir vor der Hütte und beobachteten einen Wanderer, der mit seinem Hund durch den Regen spazierte. Irgendwann fragte sie: »Ich nehm an, du weißt, was Dad erlebt hat, als er ein Kind war?«

»Nicht wirklich. Mom hat mal ein paar Andeutungen gemacht, aber ...«

»Sein Vater hat ihn die ganze Kindheit über geschlagen. Und noch *mehr* ...« Bei der Art, wie sie das letzte Wort aussprach, schauderte es mich. »Er muss ein Tyrann gewesen sein. Dad hat sich immer geschworen, dass er so etwas später nie tun wird. Und jetzt hat er's doch getan.«

Mein Grandpa war gestorben, als ich klein war. Ich erinnerte mich nur noch, dass er nach Tabak gerochen und gern auf die »Kommunistenschweine« in Washington geschimpft hatte. Danach hatte meine Großmutter noch mal geheiratet, und bei ihrem zweiten Mann Peter war es immer schön gewesen.

»Er hat's nicht vielen erzählt«, sagte Jean. »Der Einzige, mit dem er neben Mom darüber geredet hat, war Reverend Connors. Deshalb hängt Dad auch so an ihm, obwohl er selbst weiß, dass seine Ansichten schrecklich sind.« Sie massierte sich die Schläfen. »Ich hab ihn jedenfalls noch nie so erlebt. Er schaut nur noch aus dem Fenster und spricht kein Wort.«

Und als würde sie ahnen, was ich darauf antworten wollte: »Ja, ich weiß, dass er zu dir immer so ist. Aber du solltest ihn mal hören, wenn er von dir erzählt. Er hat mir auch gesagt, dass du Songs schreibst und verliebt bist.«

»Ich dachte, das war Mom.«

»Das war Dad. Wir haben auch spekuliert, ob du bei dieser Kirstie eine Chance hast oder nicht und was man tun könnte.« Leiser: »Sie kam übrigens gestern zu uns nach Hause und hat erzählt, dass du in der Hütte bist und nur zwanzig Cent hast, aber dass sie auf dich aufpassen wird und wir ihr vertrauen sollen.« Meine Schwester zog einen Mundwinkel nach oben. »War nicht zu übersehen, dass sie dich ganz gernhat.«

Ich spürte, wie ich rot wurde, und hoffte, dass Kirstie uns hier nicht hörte.

»Aber ... wieso hat Dad mir denn nie was von all dem gesagt?«

»Keine Ahnung.« Jean betrachtete den Regen, der vom Dach über uns tropfte. »Er hat's eben nicht … Und ich weiß, es bringt dir nicht viel, wenn ich dir das jetzt sage, aber wir haben während der Fahrt vom Flughafen über dich geredet. Dad hat gesagt, dass du's schwer hast, dich aber durchboxt. Und dass er stolz auf dich ist. Deshalb hat er sich auch dafür eingesetzt, dass du nachts weiter mit deinen Freunden wegbleiben durftest – obwohl Mom sich Sorgen gemacht hat, dass du da trinkst oder so. Er hat sie beschwichtigt und gesagt, man könne dir vertrauen.«

Das alles verwirrte mich. Ich dachte daran, wie mein Vater Mom am College versprochen hatte, sie wie einen Grashalm zu beschützen. Und wie er vor ein paar Tagen schlafen gegangen war und ihr noch einen Gutenachtkuss gab, ehe er am nächsten Morgen neben ihrem toten Körper aufwachte.

Ich zündete mir eine Zigarette an. Jean runzelte die Stirn, sagte jedoch nichts dazu.

»Und was jetzt?«, fragte sie nur. »Kommst du wieder zu uns zurück?«

Ich zuckte mit den Schultern. »Was ist mit der Beerdigung? Mom hätte sie gehasst, und ich will nicht auf eine Beerdigung, die sie gehasst hätte.«

»Leider alles beim Alten. Wie's aussieht, werden wir Connors nicht los. Heißt aber nicht, dass wir total machtlos sind.« Jean machte dasselbe entschlossene Gesicht wie früher bei ihren Proteststreichen an der Schule. »Es gäbe da eine Idee … Doch für die bräuchte ich einen Komplizen. Das geht nur *gemeinsam*.«

Sie blickte mir so fest in die Augen, dass ich nicht wegsehen konnte. Ich nahm einen tiefen Zug. Und dann nickte ich.

Nummer 33

Die Nacht verbrachte ich noch in der Hütte. Das Wiedersehen mit Hightower und Cameron war seltsam. Hightower umarmte mich und warf mir einen Blick zu, in dem ungefähr hundert Worte und Gefühle gleichzeitig steckten. Und Cameron machte aus Verlegenheit erst mal einen Spruch. »Ganz hübsch hast du's hier«, sagte er und deutete auf das Loch im Fußboden.

Danach herrschte eine betretene Stille. Ich glaube, die anderen wussten nicht, ob sie mit mir über Mom reden sollten oder nicht, und ich selbst wusste es auch nicht. Am Ende redeten wir kurz über sie, und das war gut. Und dann redeten wir lange Zeit gar nicht mehr über sie, und das war auch gut.

Wir lagen auf den Schlafsäcken und aßen Sandwiches. Die anderen erzählten den neuesten Klatsch aus dem Kino und dem Larry's. Cameron erwähnte, dass sie vor Jahren schon mal in dieser Hütte übernachtet hatten.

»Das war, als wir nach Bankräuber Jenkins gesucht haben und Kirstie uns diese Märchen erzählt hat, sie hätte ihn hier gesehen.«

»Ich hab ihn wirklich hier gesehen!«

»Ja klar.« Cameron warf mir einen Blick zu. »Sie hat auch nur angefangen zu rauchen, weil es zu ihrer Rolle als Detektivin gepasst hat.«

»Du Arsch!«, rief Kirstie. »Du hast versprochen, es niemandem zu sagen.«

Beide lachten, ich lachte ebenfalls, und dann lag Mom wieder blass und tot auf dem Bett, und ich dachte daran, dass sie das alles hier nicht sah. Dass sie gar nichts mehr davon sehen würde. Nicht, was ich nach dem Abschluss machte. Nicht, wen ich mal heiraten würde. Schon gar nicht meine Kinder. Daran dachte ich, und da vermisste ich sie so sehr, dass ich vermutlich nie die richtigen Worte dafür haben werde. Denn inzwischen glaube ich, dass es die gar nicht gibt.

Am Morgen danach kehrte ich nach Hause zurück. Zu meiner Erleichterung war Dad nicht da. Ich nahm eine heiße Dusche und rasierte mich, obwohl Letzteres noch immer nicht nötig war. Dann zog ich den Anzug an, der mal einem Cousin gehört hatte und auf meine Größe umgeändert worden war. Den Rest des Vormittags bereitete ich mich auf die Beerdigung vor.

Gegen Mittag konnte ich vom Fenster aus sehen, wie die ersten Leute zum Friedhof kamen. Mir schnürte sich der Magen zu, als ich auch Dad entdeckte: Er stand bei Reverend Connors vor dem Eingang zur Kirche. *Okay,* dachte ich und ging zu ihnen, *Zeit, es hinter mich zu bringen.*

Der Reverend war um die siebzig und hatte ein schmales Habichtgesicht. Er sagte zu mir, wie sehr er Mom gemocht hätte und dass er alles tun werde, damit die Beerdigung »würdig« und »in ihrem Sinne« ablaufe. Und an Dad gewandt: »Ich finde es schön, dass unser Samuel noch ein Lied für sie singen möchte!«

Mein Vater nickte zaghaft, und ich atmete erleichtert auf: Offenbar hatte Jean tatsächlich alles wie geplant hingekriegt.

Ich hätte jetzt gern mit Dad allein geredet, aber Connors wich ihm nicht von der Seite. Dann kamen auch schon weitere Gäste, die mein Vater begrüßen musste. Der Friedhof füllte sich mit Turners und Wozniaks. Und das war für mich selbst an so einem Tag peinlich, weil meine Großeltern oder Tanten nie wussten, ob sie bei mir den Standardsatz »Du bist ja richtig gewachsen« bringen sollten oder ob es beleidigend wirkte, da es ja offensichtlich Quatsch war.

Meine Großmutter väterlicherseits, Bev, kam mit ihrem zweiten Mann Peter aus West Plains. Beide waren nicht mehr gut zu Fuß und gingen nur langsam. Es war rührend, Dad mit seiner Mutter zu sehen: Trotz seiner massigen großen Gestalt wirkte er auf einmal wie ein Junge und gab ihr einen zärtlichen Kuss auf die Stirn. Er war ein Einzelkind, Mom hingegen hatte zwei ältere Schwestern, Eileen und Mabel, die mit ihren Familien in Kansas lebten, und mit Onkel Bill noch einen ziemlich coolen jüngeren Bruder, der in New York als Architekt arbeitete. Meine Tanten hatten sichtlich geweint und nahmen mich in den Arm. Onkel Bill dagegen schien getrunken zu haben, er trug Sonnenbrille und hatte eine zerzauste Frisur. Als er mich sah, winkte er mir stumm zu.

Auch Jimmy und Doug waren da, meine älteren Cousins aus Wichita. Sie trugen Anzug mit Krawatte und sahen trotzdem aus wie zwei angriffslustige Hinterwäldler. Da ich nicht gerade darauf brannte, mit ihnen zu reden oder weitere mitfühlende Blicke abzukriegen, vertrat ich mir in den zwanzig Minuten bis zur Beerdigung die Beine. Ich lief die Edison Lane in Richtung Stadt. Vor dem Rathaus hatte es einen Unfall gegeben, beide Fahrer stritten. Ich stellte mich zu den Schaulustigen, und plötzlich fragte ich mich, was eigentlich aus Moms Buchladen würde. Übernahm Dad ihn? Aber er las so gut wie nie. Also aufgeben?

Über diesen Gedanken und dem Streit der Autofahrer vergaß ich die Zeit, bis ich auf die Uhr sah – nur noch vier Minuten bis zur Trauerfeier! Fluchend rannte ich zurück. Nach den Regentagen brach die Sonne durch, in meinem Anzug kam ich schnell ins Schwitzen. In der Ferne konnte ich schon den Hügel mit unserem Haus sehen, dahinter den Friedhof. *Ich schaffe es,* dachte ich. *Ich schaffe es gerade noch.*

In diesem Moment nahm ich hinter mir ein Auto wahr. Dann traf mich etwas an der Schulter und eine weiße Soße lief an meinem Anzug herunter.

»Scheiße, du hast ihn wirklich getroffen!«

Ich hörte Gelächter. Als ich mich umdrehte, blickte ich in die Gesichter von Chuck Bannister und seinen Kumpels. »Tut uns leid!« Chuck grinste. »Wollten dich gar nicht treffen. Wir wollten nur, dass du stehen bleibst, damit wir mal deinen schicken Anzug betrachten können … Wofür haben wir uns denn so rausgeputzt?«

Ich starrte nur auf den Milkshake-Becher, der auf der Straße lag.

»Siehst du?«, sagte er zu einem Freund. »Ich hab dir doch gesagt, er ist nicht böse und wird's verstehen, du …«

Ohne zu überlegen, lief ich auf den silbernen Mercedes zu und trat mit einem Schrei den Seitenspiegel ab.

Es ging so schnell, dass sogar Chuck für eine Sekunde sprachlos war. Verdutzt stieg er aus und betrachtete das Loch an der Wagenseite. Dann kam er zu mir. Aus den Augenwinkeln sah ich noch, wie er mit zusammengepressten Lippen ausholte, im nächsten Moment spürte ich einen heftigen Schlag gegen meinen Kiefer. Ich taumelte nach hinten und fiel hin.

»Du kleiner Wichser, mach so was noch mal, und ich bring dich um!« Chuck hob den Seitenspiegel vom Boden auf. »Dann bring ich dich wirklich um.«

Ich lag wie gelähmt auf der Straße. Mein Kopf dröhnte, ein hohler Schmerz jagte durch meinen Kiefer, in meinem Mund der Geschmack von Blut und Dreck. *Die Weltmeisterschaften im Schlammfressen,* kam mir in den Sinn. Nur noch verschwommen sah ich eine große Gestalt vor mir.

Chuck hatte sich wieder dem Wagen zugewandt. »Den Spiegel zahlst du mir, Turner!« Er betastete fassungslos das Loch an der Seite. »Verlass dich drauf, ich schick euch die Rechnung, und wenn ihr eine Hypothek auf eure scheiß Hütte aufnehmen müsst. Dein Vater kann froh sein, wenn er …«

Ich starrte auf seinen breiten Rücken, während er weiter so vor sich hinplapperte. Auf einmal fuhr ein fremdes, nicht unangenehmes Gefühl in mich. Mühsam rappelte ich mich auf. *Und Kirstie griff nach meiner Hand. Und Cameron sprang über die Klippe. Und Hightower stemmte Gewichte. Und Dad blickte mich an. Und George McFly ballte die Faust, um Biff niederzuschlagen. Und Mom hakte ihren Finger in meinen und sagte, ich solle wütend sein.*

In diesem Moment stürzte ich mich auf Chuck. Ich rannte, nein, ich *sprang* auf ihn und würgte ihn von hinten. Und es ist vielleicht nicht schön zu sagen, aber als er mich zu packen bekam, zog ich so fest an seinem Ohr, dass ich das Gefühl hatte, ich würde es komplett abreißen. Er jaulte auf. Wir fielen beide auf die Straße, ich landete auf ihm. Zweimal schlug ich ihm hart mit der Faust ins Gesicht. Doch obwohl ich all meine Wut hineinwarf, meine ganze jahrelange Wut, hatte ich keine Chance. Mit seiner gewaltigen Kraft warf er mich einfach von sich. Ich versuchte aufzustehen, war aber nicht schnell genug. Er trat mehrmals auf mich ein, dann schlug er mich wieder nieder. Mit der Zunge konnte ich ein abgesplittertes Stück Zahn ertasten. *Fühlt sich komisch an,* dachte ich noch, dann wurde mir schwarz vor Augen.

Als ich richtig zu mir kam, saß Chuck am Steuer und wollte gerade losfahren. Ich erhob mich schwerfällig. Seltsamerweise spürte ich die Schmerzen nur noch wie durch einen Filter, als wäre mein ganzer Körper sediert.

»Dann bring mich um!«, schrie ich ihm zu, wobei ich es mehr gurgelte. »Du hast gesagt, dass du's tust!« Mir kamen die Tränen, es war mir egal.

Ich hob die Fäuste. »BRING MICH UM!«

Chuck blieb im Wagen sitzen und schwieg.

»Wenn ich dein Auto noch mal sehe, dann werd ich's kaputtschlagen«, schrie ich. »Und wenn du mich noch mal blöd anmachst, dann werd ich nachts kommen und euer Haus anzünden und alles zerstören, was du hast, *alles, alles, alles,* es sei denn, du bringst mich vorher um, du Feigling!«

Chuck starrte mich entgeistert an. Schließlich startete er den Motor.

»Alter, was für ein Psycho …«, sagte einer seiner Freunde noch, dann fuhren sie davon. Ich rief ihnen hinterher, doch sie drehten nicht mehr um.

Nummer 34

Für die hundert Meter zur Kirche brauchte ich eine Ewigkeit. Immer wieder musste ich eine Pause machen, denn mit jedem Schritt meldete sich eine neue Stelle, die weh tat. Meine Rippen. Meine Nase. Meine Hüfte. Meine Lippen. Mein Kiefer. Am meisten schmerzte, dass Chuck mich so vernichtend geschlagen hatte. Die Sonne brannte in meinem Nacken. Ich steckte mir eine Zigarette an und versuchte mit Spucke, mein Gesicht von Blut zu säubern. Allerdings war ich nicht sicher, ob ich es nicht nur verteilt hatte. Auch auf dem weißen Hemd waren ein paar rote Tropfen, mein Anzug an zwei Stellen aufgerissen, dazu mit Milkshake beschmiert. In dieser Aufmachung stieß ich schließlich das Tor zur Kirche auf.

Die Trauerfeier hatte schon angefangen. Ich hatte so viel Adrenalin in mir, dass ich das Tuscheln der Leute kaum bemerkte. Meine Großtanten aus Kansas hielten mich besorgt am Arm fest. Doch ich riss mich los und ging nach vorne, denn mein Platz war in der ersten Reihe, gleich neben Dad.

Ich hatte ihn fast erreicht, da entdeckte mich auch Reverend Connors. Er unterbrach seine Predigt und fragte, ob es mir gutgehe oder ob ich einen Arzt bräuchte. Und ich sagte, ja, es gehe mir gut, und nein, ich bräuchte keinen

Arzt. Der Reverend schien da seine Zweifel zu haben, aber wie bei allen Beerdigungen in Grady war die Kirche voll, und so machte er weiter.

Dad blickte mich mit großen Augen an. Als wir aufstanden, um ein Lied zu singen, zischte er mir zu: »Wo warst du, was ist passiert?«

»Schlägerei«, murmelte ich nur.

Er seufzte. »Und wo ist Jeany, war sie nicht bei dir?«

Ich machte ein überraschtes Gesicht. »Nein. Wieso? Ist sie nicht hier?«

Dad schüttelte den Kopf. Er tat mir leid, denn diese Beerdigung war für ihn vermutlich das Wichtigste auf der Welt. Und nun kam der Sohn zu spät und verprügelt, und die Tochter tauchte gar nicht erst auf.

Beim Singen drehte ich mich vorsichtig um und suchte nach Kirstie, Cameron und Hightower. Fast hätte ich einen Schreck gekriegt, denn sie standen direkt hinter mir und warfen mir ebenfalls fragende Blicke zu.

Die Trauerfeier zog sich in die Länge. Der Reverend las eine Geschichte aus der Bibel und dann irgendwas von Maria und trank dazwischen oder danach einen Schluck Wein, und ich verstand überhaupt nicht, was das alles mit Mom zu tun haben sollte, außer, dass sie auch immer ganz gern Wein getrunken hatte.

Irgendwann tropfte mir Blut aus der Nase, und Dad reichte mir ein Taschentuch. Ich hielt es vors Gesicht und beobachtete wieder die mechanischen Mundbewegungen des Reverend beim Predigen. Er redete davon, dass Gott unsere Gebete erhört, und vom ewigen Paradies. Und plötzlich wurde mir klar, dass aus diesen Worten in Wahrheit Angst sprach. Und dass eine große Freiheit darin lag, seine Unwissenheit und Furcht zuzugeben. Ja, ich wusste nicht, was nach dem Tod geschah und ob es Gott gab oder nicht. Ja, ich hatte Angst vor dem Nichts. Aber ich flüchtete mich nicht in Stellen aus der Bibel, sondern versuchte, es irgendwie auszuhalten.

Je länger die Trauerfeier dauerte, desto mehr driftete ich ab. Ich ging wieder einzelne Szenen aus dem Kampf mit Chuck durch, mein Kiefer tat inzwischen wirklich sehr weh, und dann sagte Reverend Connors auf einmal: »Und zum Abschluss wollte der junge Samuel für seine Mutter noch ein Lied singen. *Victory in Jesus* von Eugene Monroe Bartlett senior.«

Da kam ich wieder zu mir.

Mit einem Ächzen stand ich auf und schleppte mich zum Altar. Ein Raunen ging durch die Kirche, die Leute starrten mich an. Nicht alle hatten vorhin mitbekommen, in welchem Zustand ich war.

Connors legte mir die Hand auf die Schulter. »Bist du sicher, dass du das kannst?«

Ich nickte nur. Der Reverend schien unsicher, wie er mit all dem umgehen sollte. Er machte seit Jahrzehnten die gleichen Gottesdienste, die gleichen Beerdigungen, die gleichen Taufen. Das hier war klar eine Änderung im Plan. Doch das Einzige, das noch verrückter gewesen wäre, als diese zerrupfte, blutbesudelte Jammergestalt vor allen Leuten ein Lied singen zu lassen, war, ihr diesen Wunsch bei der Beerdigung der Mutter abzuschlagen.

Mein Glück war die allgemeine Verwirrung über mein Aussehen, denn so beachtete kaum jemand, wie ich in den kleinen Raum hinter dem Altar ging. Die Ministranten musterten mich, dann drückten sie mir meine Rickenbacker-E-Gitarre in die Hand.

»Das Kabel reicht auf jeden Fall, hat sie extra noch geprüft!«, sagte der eine, und ich dachte: Jean ist ein alter Profi, die überredet jeden und überlässt nichts dem Zufall.

Ich bedankte mich, dann trat ich wieder in den Kirchenraum.

Reverend Connors saß in der ersten Reihe neben Dad. Als er mich mit der umgehängten E-Gitarre sah, machte er ein befremdetes Gesicht, sagte jedoch nichts. Ich nahm das Mikrophon und bemerkte das getrocknete Blut an meinen Fingern. Dann schaute ich auf die Gäste. Links die Wozniaks, rechts die Turners, aber es waren auch viele Leute aus dem Ort gekommen, die Mom seit Jahren kannten. Dr. Hogue, der meine Schwester und mich entbunden hatte. Mr. Chbosky, der Optiker, der in ihrem Leseclub gewesen war und bei dem sie ihre Brillen kaufte. Mrs. Fisher, meine Grundschullehrerin und eine treue Kundin (sie hatte Bücher für den Unterricht immer bei meiner Mutter bestellt). Wo ich hinsah, entdeckte ich Gesichter, die im Leben von Mom eine Rolle gespielt hatten.

Stille, alle richteten den Blick nun auf mich. Es fiel mir schwer, vor so vielen Leuten zu sprechen. Ich bekam kaum den Kopf hoch, als hinge mir ein schweres Bleigewicht um den Hals.

»Der Song ist für meine Mutter«, sagte ich leise. »Für *Annie.*«

Meine Stimme zitterte. Ich blickte zu Dad und sah, dass

er feuchte Augen hatte, also sah ich schnell wieder weg zu Kirstie, die mir aufmunternd zunickte.

»Die meisten von euch wissen, dass sie krank war. Sie wusste, dass sie vielleicht nicht mehr lange lebt, und wenn sie Angst gehabt hat, hat sie alles Mögliche gemacht, um sich abzulenken. Manchmal hat sie sich sogar ihre eigene Beerdigung vorgestellt.«

Zu meiner Überraschung hörte ich ein paar Lacher, dabei hatte ich es überhaupt nicht lustig gemeint.

»Sie hätte sich auf jeden Fall gefreut, dass so viele von euch gekommen sind, und ich weiß, dass sie euch alle gemocht hat. Weil sie nämlich jeden gemocht hat und für jeden da war. Weil sie immer wissen wollte, wer jemand *wirklich* ist und was er sich wünscht oder wieso er unglücklich ist. Sie hat …«

Ich merkte, wie meine Stimme nicht mehr nur zitterte, sondern brüchig wurde. Auf einmal war das Adrenalin des Kampfes weg, und ich begriff endgültig, wo ich gerade war. Auf der Trauerfeier meiner Mutter, die vor ein paar Tagen gestorben war. Ich blickte auf den Sarg mit den vielen Kränzen und ihrem Foto.

Und dann blickte ich wieder in die Menge und sah Hightower.

Er hatte den Kopf gesenkt und schluchzte unaufhörlich. Und das brach mir das Herz, denn auch seine Mom war gestorben, und vielleicht dachte er jetzt an sie oder an meine, es spielte keine Rolle. Ich sah, wie Cameron ihm immer wieder übers Haar strich und wie Kirstie seine Hand hielt, und da hätte ich fast nicht mehr weiterreden können, aber ich *musste*!

»Wenn sie sich ihre Beerdigung vorgestellt hat, dann wärt ihr alle dabei gewesen, aber sie wäre ganz anders gelaufen, viel fröhlicher«, sagte ich. »Mit mehr Musik, die ihr gefallen hätte. Und mit weniger Bibelstellen.«

Wieder gab es ein paar Lacher, am lautesten von Onkel Bill, aber auch erstauntes Gemurmel. Ich bemerkte, dass Reverend Connors etwas zu meinem Vater sagte.

»Deshalb möchte ich jetzt auch nicht *Victory in Jesus* singen, sondern etwas anderes. Ich hoffe, das ist okay.«

Erneut lief mir Blut aus der Nase, ich wischte es einfach mit dem Handrücken weg. Die Leute in den ersten Reihen starrten mich entgeistert an. »Und falls ihr euch fragt, was mit mir passiert ist: Ihr solltet mal den anderen sehen.«

Keine Ahnung, wieso ich das sagte, ich glaube, den Spruch hatte ich immer gemocht. Ich atmete durch und lockerte meine Finger.

»Das Stück heißt *Dancing With Myself* und kommt von einem der berühmtesten Kirchenchorsänger der Welt«, sagte ich und berührte die Saiten der E-Gitarre. Es hallte ohrenbetäubend durch die Kirche. »Von Billy Idol!«

Ich stockte noch mal und betrachtete die vielen Menschen, vor denen ich mich gleich lächerlich machen würde. Dann dachte ich daran, wie ich von der Klippe gesprungen war und gebrüllt hatte, dass ich der verrückteste Motherfucker von Grady war. Der Typ, der das gemacht hatte, würde mich hoffentlich auch jetzt retten.

Ich zählte von drei herunter, dann fing ich an zu spielen.

In der ersten Strophe kam ich aus dem Rhythmus und sang viel zu leise. Zwar hatte ich den ganzen Vormittag geübt, aber es war etwas völlig anderes, es nun live vor so vielen Menschen zu spielen. Erst langsam fing ich mich.

A-when there's no one else in sight,
A-in crowded lonely night
Well, I wait so long for my love vibration
And I'm dancing with myself

Während des Refrains wurde es Reverend Connors endgültig zu viel. Er stand auf, trat vor den Altar und rief laut, ich solle aufhören, das wäre eine Entweihung der Kirche. Ich sang tapfer weiter, starrte ihn aber immer wieder an und hatte Angst, er würde mir den Saft abdrehen. Denn genau das schien er vorzuhaben. Er brauchte ja nichts weiter zu tun, als den Stecker des Verlängerungskabels zu ziehen.

Doch dann geschah etwas Verrücktes.

Dad erhob sich nämlich ebenfalls von seinem Platz und richtete sich zu seiner vollen Größe auf. Er schaute dem Reverend ruhig in die Augen. Wie ein Bär, der ein kleineres Tier anblickt, und sein Blick sagte, dass die Musik hier nur über seine Leiche wieder abgestellt werden würde. Dann fasste er Connors einfach an den Schultern und drückte ihn ganz sanft wieder auf die Bank. Und der Reverend war darüber so erschrocken, dass er gar nichts mehr machte.

Ich konnte es nicht glauben, deshalb vergaß ich völlig, was für die nächste Strophe geplant war, und wurde davon nun ebenso umgehauen wie alle anderen im Saal. Kaum, dass ich den Refrain beendet hatte, ertönte nämlich die mächtige Orgel der Kirche und stimmte mit in den Song ein.

Dröhn! Dröhn! Dröhn!

In dem geschlossenen Saal klang es, als würde ein riesiger Ozeandampfer in sein Horn blasen.

Alle drehten sich verwundert zur Orgelempore um und wollten sehen, wer da oben spielte. Aber natürlich konnten sie es von ihren Plätzen aus nicht erkennen, und so wusste nur ich, wer dort saß. Eine Person, die schon ihre halbe Jugend über dort gesessen und bei den Gottesdiensten gespielt hatte. Und ich konnte an Dads Gesicht ablesen, dass es für ihn zunächst wie ein Witz war, den er mal wieder nicht verstand – nur dass er ihn am Ende doch verstand.

Erst klang es schrill, vermutlich rannten die Tiere des angrenzenden Walds panisch davon. Dann hatten E-Gitarre und Orgel den Takt gefunden, und es wurde besser. Mom hatte es immer laut gewollt, das hier *war* laut. Da ich keine Angst mehr haben musste, dass man mir den Saft abdrehte, fuhr auch die alte Zappeligkeit in mich und floss direkt in den Song. Ich warf beim Singen den Kopf hin und her, und als wieder der Refrain kam, ging ich mit der Gitarre vor dem Altar auf und ab und schrie:

Oh oh, Dancing with a-myself,
Oh, oh, dancing with myself
Well, there's nothing to lose
And there's nothing to prove, well,
Dancing a-with myself

Gegen Ende wurden die Lyrics zugegeben etwas eintöniger. Viele »Oh Oh«s, aber gerade die machten Spaß, denn ich hörte, wie Jean sie von der Orgelempore mitbrüllte.

Schließlich wechselten wir uns ab, und darüber musste ich kurz lachen. Und Moms Tod und die Angst, wie es ohne sie werden würde, waren für ein paar Minuten genauso weit weg wie meine Schmerzen oder der Gedanke, wie es im neuen Schuljahr ohne die anderen werden würde. Am Schluss spielten wir noch mal so laut wir konnten. Meine Finger taten bereits weh, meine Schwester gab weiter von oben den Takt vor, und ich schwöre, nie hat ein Mensch härter und schneller auf einer Orgel gespielt; ein irrer, hallender Lärm. Dann war der Song auch schon vorbei. Jean trat an den Rand der Empore. Sie nickte mir zu, ernst wie immer. Dann lächelte sie ihr seltenes Lächeln und reckte John-Bender-mäßig die Faust nach oben. Und ich wischte mir eine Haarsträhne aus der Stirn und nickte zurück.

Nummer 35

Ich würde jetzt gern schildern, was bei der anschließenden Beerdigung passiert ist. Aber vielleicht wegen der Schmerzen oder wegen des ganzen Trubels davor kann ich mich nicht besonders gut erinnern. Ich weiß allerdings noch, dass Onkel Bill mich heftig umarmte und flüsterte, Mom wäre stolz gewesen. Dass meine Cousins aus Kansas Chuck Bannister suchen und ihn verprügeln wollten. Und dass ich in meinem Zustand keiner der Sargträger war, dafür unter anderem Hightower, Onkel Bill und natürlich auch Dad.

Seltsamerweise weinte ich gar nicht, als der Sarg später in die Erde gesenkt wurde und ich eines von Moms Holztieren ins Grab warf. Dad wischte sich ein paarmal die Augen,

Jean dagegen war wie erstarrt. Als wäre sie mal wieder tief in ihrer eigenen Welt. Doch als die Leute anfingen, Erde auf Moms Sarg zu schütten, schien sie mit einem Mal etwas zu begreifen, was sie in den Tagen davor nicht begriffen hatte. Sie begann zu zittern und bewegte die Lippen, ohne etwas zu sagen. Und ihr sonst so unbeeindruckt wirkendes Gesicht wechselte binnen Sekunden mehrfach den Ausdruck: von wütend zu erstaunt, von ungläubig zu verzweifelt.

Ich wusste nicht, was ich tun sollte. Jean war immer die Starke, Unerschütterliche gewesen, die nie etwas wirklich an sich heranließ. Und jetzt murmelte sie dieses wirre Zeug. Da umarmte Dad sie einfach, und mit der anderen Hand zog er meinen Kopf an seine Brust. Er roch nach Schweiß und seinem Rasierwasser, und als ich spürte, wie er mich festhielt, fiel das Gewicht, das mir in den letzten Tagen um den Hals gehangen hatte, ein bisschen von mir ab.

Und das ist wirklich alles, was ich noch von der Beerdigung weiß. Denn danach waren meine Schmerzen so groß, dass ich ins Krankenhaus musste. Ich wurde untersucht und geröntgt, und es stellte sich heraus, dass mein Kiefer angebrochen war und ich diverse starke Prellungen hatte. Immerhin war meine Nase in Ordnung, was mich wunderte, denn sie schmerzte am meisten.

Dad erfuhr nun auch, was passiert war, und wollte die Eltern von Chuck Bannister zur Rede stellen. Aber ich sagte, er solle es nur tun, falls jemals eine Forderung wegen des kaputten Seitenspiegels kommen würde.

Und die kam bis heute nicht.

Gegen Mitternacht durfte ich nach Hause. Wegen der Schmerzmittel ging es mir ganz okay, ich war nur ziemlich hungrig. Doch Dad sagte, bevor wir etwas aßen, wolle er sich erst mal bei mir für die Ohrfeige entschuldigen.

»Das kann ich nie wiedergutmachen!«, sagte er. »Ich will aber trotzdem, dass du weißt, wie leid es mir tut, und ich will auch, dass Jeany es hört. Sam, ich entschuldige mich bei dir!«

Ich schaute ihn an und wusste wirklich nicht, was ich sagen sollte. Und ich glaube, das musste ich auch nicht.

Danach machten wir ein paar Portionen Lasagne aus der Tiefkühltruhe warm, denn meine Schwester hasste kochen, und Dad und ich konnten leider kaum etwas anderes. Ich sagte, dass Mom mir ständig Gerichte beibringen wollte und ich mich jedes Mal rausgewunden hätte, und dass ich es jetzt bedauerte. Aber es war überhaupt nicht traurig, das zu sagen, sondern lustig, und wir erzählten uns gegenseitig Geschichten von Mom.

Dad erzählte, dass Mom beim Umschalten mit der Fernbedienung den Tick gehabt hätte, die Nachrichtensprecher aus Höflichkeit immer erst aussprechen zu lassen, selbst wenn sie es langweilig fand. »Das hat mich beim Zappen oft wahnsinnig gemacht, aber jetzt mache ich es manchmal auch.«

Jean erzählte, wie sie als langjähriges Einzelkind zunächst eifersüchtig auf mich gewesen sei. Als Trost habe sie einen Kater geschenkt bekommen, Jake, doch er wäre bereits nach kurzer Zeit überfahren worden. Sie habe wochenlang geweint, vor allem, weil es kein einziges Foto von ihm gab. Irgendwann habe Mom ihr dann ein gemaltes Bild von Jake geschenkt. »Der Kater sah genau so aus wie er, dabei konnte sie eigentlich gar nicht so gut malen. Sie muss ewig daran gesessen haben ... Das Bild hängt über meinem Schreibtisch in L. A.«

Ich erzählte, wie ich mich damals getraut hatte, allein im Pazifik zu schwimmen, während Mom am Ufer saß und ruhig zusah. Und dass sie gewusst hatte, dass das wichtig für mich war und wir nie drüber gesprochen hatten. »Sie war wie diese Stützräder, wenn man Fahrradfahren lernt«, sagte ich.

Jean erzählte, wie Mom nie lügen konnte und beim *Risiko*-Spielen sofort vom Tisch aufstand, wenn einer von uns einen Pakt mit ihr brach. »Wie ein trotziges Kind«, sagte sie. »Sie hat dann gesagt, sie spiele nie wieder mit uns, aber dann kam sie doch jedes Mal wieder zurück.«

Und Dad erzählte, wie Mom gern kleine Geschenke gemacht und diese an den unmöglichsten Orten im Haus versteckt hatte. Mal habe er in die Jackentasche gegriffen und dort plötzlich eine Schokoladentafel entdeckt. Oder in den Schuhen einen neuen Kamm. Oder beim Öffnen des Badezimmerspiegels eine Kassette von einem Lieblingsmusiker. Und ich nickte und sagte: »Und mein Geburtstagsgeschenk von Jean hat sie in der Cornflakes-Packung versteckt.«

Endlich war das verdammte Schweigen der letzten Tage gebrochen. Irgendwann sagte Jean, dass wir uns bemüht hätten, aber dass die Trauerfeier mit dem Gerede von Reverend Connors und meinen Verletzungen trotzdem nicht so gewesen wäre, wie Mom es sich gewünscht hätte.

Dad schüttelte den Kopf. »Im Gegenteil. Ich glaube, alles in allem war die Trauerfeier sogar *exakt* so, wie eure Mutter es sich gewünscht hätte. Wahrscheinlich sogar noch mehr als bei ihren eigenen Plänen.«

Und als ich so darüber nachdachte, wurde mir klar, dass er vielleicht recht hatte.

Nummer 36

In den Tagen vor Jeans Abfahrt saßen wir oft am See und redeten. Über Kirstie, meine letzten Schuljahre und wie meine Schwester »zwischen den Stühlen« aufgewachsen war: deutlich älter als ich, aber durch die frühe Elternschaft gar nicht mal so viel jünger als Mom und Dad. Jean erzählte mir, dass sie selbst nicht wisse, ob sie mal eine Familie wolle, und wieso sie über dieses Thema früher lieber mit Dad gesprochen habe. »Mom hatte immer gleich Vorschläge und Erwartungen an mich. Dad dagegen nimmt die Leute so, wie sie sind.« Und diese Gespräche waren schön, denn so nah waren wir uns früher nie gewesen.

Einmal trafen wir auch ihre alten Punker-Freundinnen in der Stadt. Sie feuerten mit Anekdoten um sich und zogen meine Schwester mit dem »absurden Schwimmen« in ihrer Jugend auf und dass sie eine elitäre Westküstentussi geworden sei. Und Jean gab zurück, dass sie spießig geworden und nie hier rausgekommen waren. Doch das war nur Spaß, man konnte sehen, wie gern sie meine Schwester hatten.

Am letzten Abend wollten wir dann etwas mit meinen Freunden machen, ich sollte sie gegen neun in der Buchhandlung abholen. Ich entdeckte Jean hinten in der Kinderbuchabteilung im Dunkeln. Als ich das Licht anknipste, sah ich, dass sie betrunken war. Das war seltsam, eigentlich mied sie Alkohol (die wenigen Male, an denen Jean früher auf Partys getrunken hatte, waren legendär, weil sie dann meistens überdreht und emotional wurde). Beunruhigender waren jedoch ihre Augen. Jedes Funkeln war daraus verschwunden, sie wirkten wie erloschen.

»Was ist los?«, fragte ich.

Jean schüttelte nur den Kopf, aber als ich nachbohrte, sagte sie: »Weißt du noch, wie wir über Mom geredet haben und an was wir uns von ihr erinnern? Ich muss dauernd an mein letztes Gespräch mit ihr denken.«

»Wann war das?«

»Vor ein paar Wochen, nachdem sie sich noch mal wegen ihrer Kopfschmerzen hat untersuchen lassen. Ich hatte Mittagspause und rief schnell an, um zu fragen, wie's ihr geht. Und du kennst sie: Sie hat natürlich sofort gesagt, dass alles gut ist, und dann hat sie erst mal geredet und geredet, von dir, von Dad, von Grady, und nebenbei hat sie versucht, mir gute Ratschläge zu geben. Na ja, Mom eben.«

Ich musste lächeln.

»Sie hat auch gesagt, dass sie mit mir wegen Rom sprechen wolle, um noch Details für die Reise zu planen. Doch ich war im Stress und hab sie abgewürgt und gesagt, dass ich mich später noch mal in Ruhe melde. Aber das hab ich nicht getan. Wochenlang nicht. *Nie mehr,* verstehst du?«

Sie kaute auf einem Nagel. »Daran denk ich die ganze Zeit. Es gibt nichts, was das rechtfertigt. Sie war immer für mich da, und ich weiß, dass sie gern noch mehr Kontakt mit mir gehabt hätte. Aber ich hab's irgendwie nie zugelassen, und ich weiß noch nicht mal, *wieso*.« Jean schloss für einen Moment die Augen. »Ich hätte sie einfach nur anrufen müssen … Weißt du, wie lange ich nicht mehr zu Hause war? Acht Monate. Acht fucking Monate, obwohl klar war, was passieren konnte …«

Ich ließ mich neben ihr auf die Sitzecke fallen und umarmte sie. Und dann erzählte ich ihr, wie Mom sich nach dem Highschool-Abschluss von ihren Eltern verabschieden musste und später von ihren Freunden im College. Aber dass sie sonst eben nie hätte weiterkommen können. Und dass sie sie wirklich verstanden hatte. Und im selben Moment wurde mir bewusst, dass das alles auch für mich galt. Letztlich hatte ich nur getan, was sie immer gewollt hatte: Ich hatte meinen Geburtstagsabend und die Wochen davor mit meinen Freunden verbracht und eine gute Zeit gehabt. Und der Preis dafür war nun mal, dass ich diese Zeit nicht mit ihr und Dad verbringen konnte. Das tat weh, aber es war unvermeidlich. Der ganze verdammte Schmerz: unvermeidlich.

»Mom war schon ziemlich schlau«, sagte Jean und blies sich eine Locke aus der Stirn. »Aber sie hatte definitiv auch etwas von einer Predigerin.«

Wir lachten beide.

»Hier«, sie reichte mir ein Bier, »ich hatte mir vorgenommen, mich nach Ewigkeiten mal wieder abzuschießen. Aber ich hab dir noch was übrig gelassen.«

Ich stieß mit ihr an und betrachtete ihre Augenringe, die abgekauten Fingernägel, das zerknitterte Tweedjackett, das sie schon seit Tagen trug.

Sie sah meine Blicke und seufzte. »Ja, ich bin fertig. Waren extreme Wochen. Viel Stress, Streit mit den Produzenten, vielleicht auch Liebesprobleme ... Ich würde am liebsten hierbleiben und über alles nachdenken. Doch ich kann nicht. Wir arbeiten gerade an der dritten Staffel von *Georgetown*, und jetzt wird's spannend. Einige der Kinderschauspieler kommen langsam in die Pubertät, und wir müssen überlegen, wie sich das auf die Serie auswirkt und wie wir am besten damit umgehen: es ignorieren oder aktiv nutzen. Das entscheiden wir gerade.«

»Aber dann komm doch, wenn ihr damit fertig seid!«

Jean nickte und trank wieder einen Schluck.

»Weißt du, was komisch ist?«, fragte sie plötzlich. »Ich konnte es nie erwarten, dieses rückständige Kaff hinter mir zu lassen. Aber als wir gestern meine Freundinnen getroffen haben, da ... Ich war so *glücklich* in Grady. Die Abende am See, die Reisen mit dem Schwimmteam, die Schülerzeitung, als wir dachten, wir bewegen vielleicht *wirklich* was ... diese fast lächerliche Unbeschwertheit. Es war nie wieder so toll, nicht mal, als es danach richtig toll war. Ich meine, es ist in den letzten Jahren fast alles wahr geworden, was ich mir damals erträumt habe. Aber es war trotzdem nie so schön, wie davon zu träumen.«

»Aber wieso ist das so?«

Sie zuckte nur mit den Schultern. »Und ich hätte nicht gedacht, dass ich das mal sage, aber … Grady hat seine Fehler, das Larry's macht zu, und trotzdem: guter Ort.«

Wir redeten darüber und teilten uns das letzte Bier. Ich betrachtete die Pappfigur von Peter Pan, die schon hier gestanden hatte, als wir Kinder waren.

»Und jetzt bin ich sechzehn«, murmelte ich.

Ich erzählte ihr von Kirsties Geburtstagsprüfungen. Als meine Schwester hörte, dass ich von der Selbstmordklippe gesprungen war, schüttelte sie ungläubig den Kopf und sagte, ich wäre viel mutiger als sie.

Ich lachte nur, doch sie blieb ernst. »Ja, ich weiß, dass ich mich vielleicht mehr getraut habe als du. Aber der Punkt ist: Ich musste nie mutig sein, weil ich nie Angst vor irgendwas hatte. Ich hab einfach nie nachgedacht, wenn ich was gemacht habe oder irgendwo angeeckt bin. Bei dir dagegen ist alles einzig und allein dein Verdienst. Deine Freunde, dass du gesprungen bist, dass du vor den Leuten in der Kirche gespielt hast. Das hat dich viel mehr Überwindung gekostet, und du hast es trotzdem gemacht. Ich kenne noch den zehnjährigen Sam, der sich nicht getraut hat, im Schulbus zu fahren. Du hast einen weiten Weg hinter dir.«

»Jetzt klingst du echt wie Mom.«

»Blödmann.« Jean versetzte mir einen freundschaftlichen Stoß, der mir mit den geprellten Rippen ziemlich weh tat, aber das sagte ich nicht.

Schließlich musterte sie mich. »Sorry, dass ich dich die letzten Jahre so hab hängenlassen. Manchmal hat man das Gefühl, man muss gegen so viel Zeug gleichzeitig ankämpfen, und dabei …« Sie brach ab und seufzte. »Ich war wohl wirklich nur wie irgendeine Tante, die einmal im Jahr an Weihnachten vorbeikommt.«

»Ja, vielleicht«, sagte ich und überlegte. Ich stieß sie an. »Aber du hast mir immerhin den Walkman geschenkt.«

Jean blickte irritiert zurück. Dann nickte sie. Und zum ersten Mal an diesem Abend kam ein wenig Glanz in ihre Augen.

Nummer 37

Die zwei Wochen bis zur Abfahrt meiner Freunde waren seltsam. Ich wusste nicht, wann ich um sie trauern sollte und wann um Mom. Es war jedenfalls keine gute Zeit, trotzdem gab es ein schönes Erlebnis, und das möchte ich erzählen.

Nach der Schlägerei mit Chuck Bannister konnte ich erst mal keinen Sport machen. Hightower überraschte mich mit einer Alternative: Er wollte mir Fahrstunden geben, unter der Bedingung, dass ich ihm danach »einen großen Gefallen« tun und alles »unser Geheimnis« bleiben würde.

Und da ich froh um jede Ablenkung war, stimmte ich zu.

Hightower war ein guter Lehrer. Er holte mich jeden Morgen ab, dann übten wir auf einem Schotterfeld, wie man schaltete und rückwärtsfuhr. Je sicherer ich wurde, desto schwierigere Aufgaben stellte er. Wenn wir illegal durch die Gegend fuhren, war ich oft nervös, vor allem bei viel Verkehr. Aber mit Hightower als Beifahrer beruhigte ich mich schnell. Zu Hause lernte ich alles über die Verkehrsregeln und das ganze theoretische Zeug. Und auch wenn ich noch lange kein Geld für ein eigenes Auto haben würde, beschloss ich, doch den Führerschein zu machen.

In diesen zwei Wochen redeten wir wie immer wenig, fuhren aber ein paarmal zum Angeln an den Osage River, und als Hightower mich wieder mal abholte, sagte er, dass er mir etwas zeigen wolle. Er kramte aus seinem Geldbeutel ein zerknittertes Foto: eine schwarze Frau mit kurzen Haaren, in einem roten Kleid.

»Sie hieß Deena.« Seine tiefe Stimme klang weich.

»Denkst du oft an sie?«

»Nicht jeden Tag, mehr in speziellen Situationen. Wenn es besonders gut läuft oder besonders schlecht. Oder wenn ihr etwas gefallen hätte, was ich mache. Bei jedem Spiel der Hornets, das wir gewonnen haben, hab ich an sie gedacht. Und auch als ich das Stipendium bekommen habe. Ich meine, Jura und Politik, Mann! Damit war nicht gerade zu rechnen, als ich ein Kind war, aber sie hat's möglich gemacht.«

»Sie wär sicher stolz auf dich gewesen.«

Hightower antwortete nicht und starrte auf das Bild mit seiner Mutter. »Manchmal glaub ich, dass sie das alles irgendwie gesehen hat. Und manchmal denk ich: völliger Quatsch. Aber weißt du was? Spielt keine Rolle. Sie war dabei, weil ich an sie gedacht hab.«

Er faltete das Foto zusammen und steckte es in den Geldbeutel. Ich bedankte mich, dass er es mir gezeigt hatte. Er winkte nur ab. Und dann sagte er, ich könne ihm immer schreiben oder ihn anrufen, wenn ich mich allein fühle oder meine Mom vermisse, auch, wenn wir mal monatelang keinen Kontakt hätten.

»Tag und Nacht, Sam!«

Und davon war ich so gerührt, dass ich mein Gesicht abwenden musste.

Da er merkte, wie verlegen ich war, klatschte er in die Hände und sagte, dass heute die letzte Fahrstunde anstehe – und dass deshalb nun auch der Moment der »Gegenleistung« gekommen sei.

»Und was ist das?«

»Ganz simpel.« Er hantierte etwas umständlich an seinem Gürtel. »Ich will, dass du mir jetzt einen bläst!«

Ich starrte ihn entsetzt an, doch er blickte nur ernst zurück.

Dann fing er laut an zu lachen und kriegte sich kaum noch ein. Es war das erste Mal, dass er mir gegenüber einen Witz machte, und nun verstand ich, wieso Cameron mal gesagt hatte, Hightower habe einen »guten Umkleidekabinen-Humor«. Er hatte Tränen in den Augen, und sein schallendes Gelächter steckte mich an, aber nach und nach beruhigten wir uns wieder.

»Im Ernst, fahr mal auf den Highway«, sagte er, noch immer grinsend.

Wir verließen Grady. Ich bog ab auf die Straße Richtung St. Louis und überquerte die Morris Bridge, die sich über den Missouri spannte und deren rostige Pfeiler im Licht aufschimmerten. Wie immer lief die ganze Zeit Springsteen. Irgendwann sang der Boss auch seine *New York Serenade,* und ich dachte an Kirstie und wie es für sie dort wohl werden würde. Dann sah ich, wo wir eigentlich hinfuhren und was nun in der Ferne auftauchte: die fünf Wellen.

Hightower sagte, er wolle gern darübersurfen. Ich wurde

langsamer und hielt etwa zweihundert Meter davor an. Bloß – er stieg einfach nicht aus.

Stattdessen starrte er nur auf die fünf Hügel vor uns. Ich schaute ebenfalls erst dorthin, dann zu ihm rüber … er hatte es selbst noch nie gemacht!

»Ich weiß, es kann nichts passieren«, murmelte er. »Ich hab's tausendmal gesehen. Aber was, wenn doch?«

Er fuhr nervös durch seinen Oberlippenbart, und da kapierte ich, wieso er sich beim letzten Mal so für mich eingesetzt hatte, als ich mich nicht traute. Wieso er Kirstie vorgeschickt hatte, als er mich allein in der Hütte entdeckte, und warum er in Wahrheit als Einziger nicht von der Klippe gesprungen war. Und dass wir das gleiche Problem hatten, auch wenn er im Körper eines muskulösen Hünen steckte, der schon unzählige Spiele für sein Team gewonnen oder Schlägereien und schwierige Situationen durchgestanden hatte.

»Du musst nicht«, sagte ich.

»Ich kann nicht von hier weggehen, ohne es zumindest *einmal* gemacht zu haben. Sogar Cameron traut sich's jedes Mal.«

Ich nickte. »Okay. Dann ziehen wir's durch.«

Doch er war wie gelähmt. Wir saßen sicher zehn Minuten im Wagen, redeten kein Wort und blickten auf die Hügel. Die Sonne prallte heiß auf die Straße, die Felder am Straßenrand leuchteten in surreal sattem Grün und waren übersät mit Heuballen. Springsteen sang von einer Bar, in die er oft mit seinen Kumpels ging, und ich rauchte eine ganze Zigarette, und noch immer passierte nichts.

Und dann stieg Hightower plötzlich aus und kletterte

hinten auf die Ladefläche. Sein Gesicht war starr, er wirkte wie ein Roboter. Durch den Rückspiegel konnte ich sehen, wie er ängstlich nach dem Seil griff. Er prüfte, ob die Halterung wirklich gut angelötet war, und sie war gut angelötet. Er prüfte, ob die Schutzwände wirklich hoch genug waren, und sie waren hoch genug. Dann gab er schon das Zeichen, als würde jede weitere Sekunde seinen Mut schmälern.

Ich beschleunigte sofort.

Als wir über den ersten Hügel fuhren, spürte ich ein extrem flaues Gefühl im Magen und hörte ihn hinter mir schreien; in seiner Position war es natürlich noch viel heftiger. Beim zweiten Hügel blieb er still und klammerte sich ans Seil, nach dem dritten Hügel hörte ich ein Knallen und sah, dass er umgefallen war. Ich nahm auch noch die letzten zwei Hügel, dann bremste ich und stieg aus.

Hightower kam sofort von der Ladefläche gesprungen. Er wirkte so euphorisiert wie nach seinem Touchdown im Derby gegen Hudsonville und rannte auf mich zu.

Und er brüllte: »So verrückt!«

Und ich brüllte: »Ja!«

Und er brüllte: »So verdammt verrückt!«

Und ich brüllte: »Ja, so verdammt verrückt!«

Und wir sprangen lachend wie die Irren neben dem Wagen herum.

Schließlich fragte er, ob ich auch wolle. Und egal, ob mir das jetzt jemand glaubt oder nicht: Ich hätte mich getraut an diesem Tag. Doch es reichte mir, dass ich diesen Moment mit ihm teilen konnte. Hightower würde bald an die UCLA gehen und da studieren, und ich würde im Klassenzimmer sitzen und aus dem Fenster starren. Wir würden uns monatelang nicht sehen, aber trotzdem manchmal an den Tag denken, an dem er sich auf die fünf Wellen getraut hatte. Nur reden würden wir mit den anderen nie darüber. Und es war ziemlich schön, dieses Geheimnis mit Hightower zu teilen.

Nummer 38

Für den letzten Tag zu viert hatten wir nichts Spektakuläres geplant. Ich arbeitete im Kino, nach der Acht-Uhr-Vorstellung trafen wir uns alle im Büro und stießen an. Cameron hatte gekocht, es gab dünne Nudeln mit Garnelen, diverse Salate und eine Crème brûlée. Es stellte sich heraus, dass er ein überraschend guter Koch war, aber an diesem Abend bekamen wir alle nicht viel hinunter.

Danach fuhren wir an den Lake Virgin und setzten uns mit einem Sixpack auf den von Laternen erleuchteten Steg. Eine zunächst harmonische Nacht: Die Luft war lau, wir hielten die nackten Füße ins noch warme Wasser und redeten über gute Momente aus dem Sommer. Aber auch über die Beerdigung, die in der Stadt offenbar ein großes Gesprächsthema war. Cameron sagte, meine Schwester und ich sollten unbedingt eine Rockband mit Orgel gründen, mit dem Namen: *Das Jüngste Gericht.*

Irgendwann kamen wir dann wieder auf die Zukunft des Larry's zu sprechen. Laut Camerons Dad gab es neben dem Bewerber, der einen Friseursalon draus machen wollte, inzwischen noch einen zweiten Unternehmer aus Grady, der sein Interesse angemeldet hatte – aber noch nicht wusste, was er mit dem Laden anfangen würde.

Das alles stimmte uns traurig, und so redeten die anderen lieber darüber, wie sehr sie sich aufs Großstadtleben und die Collegepartys freuten. Und wie froh sie waren, aus diesem »beschissenen Kaff« rauszukommen.

»Auf dass wir's endlich hinter uns haben«, sagte Kirstie und hob ihre Bierdose. Die anderen taten es ihr nach.

Nur ich nicht.

»Ich meinte natürlich: *bald* hinter uns haben«, fügte sie noch mit einem Lächeln in meine Richtung hinzu. Doch auch jetzt stieß ich nicht mit ihnen an, stattdessen spürte ich, wie ich wütend wurde. Ich legte meine Dose weg, stand auf und ging ein paar Schritte auf dem Steg umher.

»Was ist?«, fragte Kirstie.

»Grady ist *nicht* beschissen«, sagte ich. »Okay, es stirbt aus, und es ist ein winziges, manchmal dämlich konservatives Kaff, aber es ist trotzdem falsch, dass ihr es so schlechtmacht. Sogar meine Schwester sagt, dass sie hier die schönste Zeit ihres Lebens hatte. Und ich will einfach nicht mehr so tun, als wär's das Tollste, wenn ich in zwei Jahren den Abschluss habe und endlich woanders hingehe. Jeder Idiot kann eine Großstadt toll finden, aber Grady ist was Besonderes. Und es stirbt nur aus, weil es im Stich gelassen wird. Von allen, die es schlechtreden. Von allen, die in den letzten Jahren gegangen sind … und von euch.«

Ich wusste nicht, was in mich gefahren war. Es war der letzte Abend der anderen, ich war froh, dass ich dabei sein durfte.

»Ich verstehe ja, dass du sauer bist, aber du kannst uns

schlecht vorwerfen, dass wir uns auf unser Studium freuen«, fing Kirstie an. »Du hast selbst immer gesagt, dass du es kaum erwarten kannst, hier …«

»Er hat aber recht«, unterbrach Cameron. Er stand ebenfalls auf. »Gott, wir sind solche Idioten mit diesem klischeehaften College-Gelaber. *Yeah, die geilste Zeit, Campus-Partys … bla, bla, bla.* Es stimmt, es liegt nur an uns, wenn Grady irgendwann verreckt. Ich wollte nie weg.«

»Was willst du machen?«, fragte Hightower. »Sie haben die Fabrik dichtgemacht, und Grady *war* nun mal die Fabrik. Willst du hierbleiben, bis es gar nichts mehr gibt und der letzte Laden geschlossen ist?«

»Wenn's sein muss, ja.«

»Du spinnst!«, sagte Kirstie, und dann entstand eine ziemlich hitzige Debatte.

Ich würde gern sagen, dass das Ganze nur kurz dauerte und sich alle schnell wieder vertrugen. Doch der Streit ging weiter und wurde beleidigend. Cameron warf Kirstie vor, ihren Vater und das Kino im Stich zu lassen und abzuhauen, sie warf ihm vor, ein Träumer zu sein, der sich ja um nichts Sorgen machen musste, da er eh genug Geld von zu Hause in den Hintern geblasen bekam. Hightower schien hin- und hergerissen, während ich – der eigentliche Auslöser – gar nichts mehr sagte. Wir brachen verfrüht auf und fuhren in die Stadt zurück.

Als wir am Metropolis ankamen, wollten wir schon auseinandergehen, bis Hightower vorschlug, dass wir zumindest noch mal aufs Dach klettern sollten. Dort oben saßen wir lange Zeit stumm, dann sagte Cameron: »Ach, scheiß drauf, es ist die letzte Nacht, wir können uns noch die ganzen nächsten Monate hassen. Hier, die wollte ich dir eigentlich schenken.«

Und er überreichte Kirstie eine der Visitenkarten, die er damals für sie hatte drucken lassen, als sie den Fall »Bankräuber Jenkins« lösen wollte. Die Karte war schon vergilbt und verknittert, aber man konnte noch lesen, was darauf gedruckt war:

KIRSTEN ANDRETTI
Mystery Club (Privatdetektivin)

»Hab ich gestern beim Packen für Chicago gefunden«, sagte Cameron. »Dachte, ich geb sie dir jetzt, falls du in New York ein paar schwierige Fälle lösen musst. Soll da ja ziemlich viel Kriminalität und so geben.«

Kirstie betrachtete die Visitenkarte mit großen Augen. Dann schmiss sie Cameron einen Beutel mit Gras rüber; eine Spezialmischung. »Wollte ich eigentlich am letzten Abend mit dir rauchen.«

»Fairer Tausch«, sagte er und baute einen Joint.

Hightower hatte alte Fotos mitgebracht. Wir sahen sie der Reihe nach an, und die anderen erzählten Anekdoten aus ihrer Schulzeit; von legendären Partys und einem Roadtrip zu einem Musikfestival, bei dem sie zu dritt auf der Ladefläche des Bruce-Mobils übernachtet hatten.

Sie lachten immer wieder, doch ich spürte ihre Wehmut vor dem Aufbruch: jeder Abschied eine Narbe. Jeder große Moment nur noch ein Bild im Rückspiegel, das immer kleiner wurde.

Auf den Fotos waren die anderen oft noch jünger als ich. Hightower zwar schon groß, aber noch schmächtig und mit Pickeln, Kirstie mit Zahnspange, Schorfknien und trotzigem Blick, und Cameron mit *Space-Invaders*-T-Shirt und schwarzem Trenchcoat. Auf einem Bild standen sie zu dritt vor dem Kino und versuchten, cool auszusehen. Der Mystery Club, zu dem ich für ein paar Wochen gehören durfte.

»Ja, dann verreck doch …« Unten auf der Straße brüllte eine Frau einen Mann an, beide betrunken. Eine Weile stritten sie direkt unter der Laterne vor dem Kino, dann verschwanden sie in einer Seitenstraße. Ansonsten war es still. In der Ferne die Dunkelheit des Waldes und der See, dessen nachtschwarzes Wasser sich bis zum Horizont erstreckte.

Cameron legte den Kopf in den Nacken. Ich sah, dass jetzt gleich einer seiner typischen Einfälle kommen würde, denn er krauste die Nase. »Wisst ihr, woran ich zurzeit oft denke?«, fragte er. »Ans Ende von *American Graffiti.* Man sieht diese vier Freunde, sie haben gerade den letzten Abend zusammen verbracht, man ist ihnen total nah. Und am Schluss des Films kommt nur ein krasser, sachlicher Abspanntext, was aus ihnen geworden ist. Der eine ist früh in einer Messerstecherei ermordet worden, der andere Schriftsteller geworden, der Dritte wird in Vietnam vermisst usw. Diese Texte sind ganz kurz, aber sie reißen dir das Herz raus, weil es wirklich so ist. Ich meine, natürlich sehen sie sich später nicht mehr, wenn sie erwachsen sind, natürlich stirbt der eine früh und aus dem anderen wird nichts. Trotzdem tut es weh.«

»Und bei uns?«, fragte Kirstie.

Er zuckte mit den Schultern. »Ich hoffe, es wird besser,

aber wahrscheinlich gibt es am Ende wieder nur diese vier Texte. Einer hat falsch geheiratet und ist geschieden oder Alkoholiker. Einer ist nie rausgekommen, hat Familie und macht was Langweiliges. Eine hat Erfolg mit irgendwas Künstlerischem oder Sportlichem.« Er zwinkerte Hightower zu, dann verzog er das Gesicht. »Und einer stirbt zu früh bei einem Unfall oder an einer Krankheit. Es ist immer das Gleiche, die einzige Frage ist nur, wer von uns welchen Text bekommt.«

Diese Bemerkung beschäftigte mich, denn darüber hatte ich noch nie nachgedacht. Die anderen kannten sich schon ewig, und vermutlich dachten sie jetzt wieder an die großen und kleinen Momente aus dieser Zeit. Aber was bedeutete das alles noch, wenn man sein Studium anfing und neue Freunde kennenlernte? Wenn man tausende Meilen entfernt einen neuen Job antrat? Wenn man Jahre später heiratete und ein Kind bekam? Mir kam ein Satz in den Sinn, den Jean mal dem Alten aus *Georgetown* in den Mund gelegt hatte: »Freundschaften in der Schule sind wie Freundschaften im Knast: Man weiß erst draußen im richtigen Leben, was sie wert sind.«

Ich betrachtete die anderen. Hightower sagte nichts, er wirkte bedrückt. Cameron hatte die Knie zu sich herangezogen und kaute auf seiner Lippe. Kirstie nahm einen tiefen Zug und ließ den Rauch in Ringen davonschweben. Sie saß am Rand des Dachs, ihre Füße baumelten in der Luft.

»Glaubt ihr, dass wir uns noch oft sehen werden, wenn wir älter sind?«, fragte sie.

»Ich hoffe es«, sagte Cameron.

»Ja, aber *glaubst* du es?«

Er schüttelte erst unwillkürlich den Kopf. Dann sagte er wieder: »Ich hoffe es.«

Danach starrten wir wortlos in die Nacht. Und das war das letzte Mal, dass wir alle vier zusammen waren.

Die Pointe

Nummer 39

Auf den Fluren der Grady High wimmelte es nach den Ferien von Schülern. Gelächter, Sprüche und Stimmengewirr, das Übliche. Ich war nun Junior und kam in die elfte Klasse. In den Jahren zuvor war ich der stille Junge vom Friedhof gewesen, nun war ich der stille Junge vom Friedhof mit der toten Mutter. Es gab neugieriges Getuschel und besorgte Blicke. Manche Lehrer behandelten mich vorsichtiger, andere wie immer. Es war mir egal. Ich wollte weder anders behandelt werden noch neue Freunde finden. Ich wollte nur meine Ruhe.

Alles, was ich im Sommer erlebt hatte, stand zwischen mir und meinen Mitschülern. Sie redeten von Partys, ich dachte an Moms Tod. Sie gingen zum ersten Mal ins Larry's, ich wusste, dass es bald dichtmachte. Sie erzählten Geschichten aus dem Sommer, ich vermisste Cameron, Hightower und Kirstie, die alle weit weg waren. Und natürlich half es auch nicht, dass ich kurz nach Schulbeginn suspendiert wurde.

Wir bekamen einen neuen Lehrer: Mr. Bradley. Zugegeben, ich war in Geographie immer schlecht gewesen und machte kaum etwas dafür. Er dagegen war einer dieser jungen, unsicheren Typen, die sich mit den coolen Schülern der Klasse verbünden wollten, indem sie auf andere herabsahen. Und aus irgendeinem Grund glaubte er, ich wäre der Unbeliebteste in seinem Kurs. In den ersten Wochen hatte er sich noch »taktvoll« zurückgehalten, dann fing er an, Sprüche über falsche Antworten von mir zu machen. Bald hasste ich die Stunden bei ihm. Und als er wieder mal eine spöttische Bemerkung über mich machte, dachte ich an den Tag, als Mom vor den Kisten mit ihren Tieren saß und meinte, es wäre sinnlos, sie weiterzusammeln.

Mr. Bradley sagte gerade: »Interessant, Sam, dann liegt Australien also doch in der nördlichen Hemisphäre, gut, dass diese jahrhundertealte Frage geklärt ist.«

Ein paar Schüler kicherten, und da riss plötzlich eine Saite in mir.

Ich stand auf und nahm mein Geographiebuch in die Hand. Es wog schwer. Ich sagte nichts, stand einfach nur da und starrte Mr. Bradley an, bis es in der Klasse ganz still wurde. Dann schleuderte ich das Buch mit voller Wucht in seine Richtung. Mr. Bradley sprang gerade noch zur Seite, so dass es dumpf gegen die Tafel knallte. Er blickte mich erschrocken an, ebenso meine Mitschüler. Aber viel Zeit hatten sie dafür nicht, denn ich ging einfach aus der Klasse.

Am nächsten Tag musste ich zur Direktorin, Dad kam aus dem Laden dazu. Ich sagte, dass ich nicht auf Mr. Bradley selbst, sondern auf die Tafel gezielt hätte (was nicht stimmte), und wegen der Sache mit Mom kam ich mit einem verschärften Verweis und ein paar Tagen Schulausschluss davon. Es hieß, der Inspector hätte sich für mich eingesetzt, was mich wunderte, denn er galt als sehr streng.

Später wollte Dad genau wissen, was vorgefallen war. Zu meiner Erleichterung war er überhaupt nicht sauer. Er sagte, es sei gut, dass ich mich gewehrt hätte, nur solle ich mich das nächste Mal »schlauer wehren«. Dann gingen wir ins Good Folks, aßen einen Burger, und für einen Moment war alles okay.

Das einzig Interessante an der Schule war der alte Mr. Parker. Noch immer herrschte zwischen den Schülern Uneinigkeit, ob man ihn einfach nur *Columbo* oder den *Inspector* nennen sollte. Ich glaube, die, die keinen Respekt vor ihm hatten, nannten ihn Columbo. Und die, die seine Stunden mochten, nannten ihn den Inspector. Er trug nach wie vor schlechtsitzende graue Anzüge, seine Krawatte hing schief, und sein Glasauge fixierte einen unerbittlich, egal, wo man saß.

Er unterrichtete Literatur, das Hauptthema in diesem Jahr war wie immer *Hard Land.* Seit Jahrzehnten musste jede elfte Klasse bei ihm den Jahresaufsatz über die wahre Aussage und »geheime Pointe« des Gedichtbands schreiben.

Der Inspector meinte, wir sollten auf jedes Wort achten, das er im Laufe des Jahres über das Buch sage, er würde Hinweise geben. »Ich will ehrlich mit euch sein. William J. Morris hat mal einen Preis für diesen Gedichtzyklus bekommen, schön, aber eigentlich gäbe es weitaus bedeutendere Stoffe. Doch er ist nun mal der Einzige aus diesem Ort, der je einen Literatur- oder sonstigen Preis bekommen hat, er hat Grady gewissermaßen auf die Landkarte gesetzt.«

»Er und Bankräuber Jenkins!«, sagte einer, und alle lachten. Ich hoffte, jemand würde auch Jean und ihr *Georgetown* erwähnen. Niemand tat es.

Der Inspector fuhr sich mit der faltigen Hand über das Kinn und schaute uns scharf an. »Wenn ihr also genervt seid, dass ihr dieses uralte Buch lesen müsst: Ich muss es seit dreißig Jahren unterrichten. Und es hängt mir nur deshalb nicht zum Hals raus, weil Morris ein grandioser Dieb war. Überall hat er geklaut, am meisten natürlich von Walt Whitman, aber auch von Mark Twain, dessen Hintersinn und Scharfzüngigkeit er geschätzt hat und der ja, wie ihr sicher wisst, nur unweit von hier geboren wurde. Doch vor allem hat Morris es geschafft, seine *wahre Aussage* so raffiniert in seinen Gedichtband zu schmuggeln, dass bis heute nur die wenigsten sie kapiert haben … Wisst ihr, was ein allegorisches Gemälde ist?«

Ein Junge mit Sportler-Stirnband hob die Hand. »Ein Bild, bei dem jedes Symbol und jede Figur eine bestimmte Bedeutung hat?«

»… Doch«, sagte der Inspector. »So ungefähr kann man es sagen. Und das Gleiche gibt es auch bei Büchern und Gedichten. Gebäude können für etwas Bestimmtes stehen, auch Farben; beim Roman *Ada* des russischen Schriftstellers Vladimir Nabokov deutet die Farbe Gelb zum Beispiel auf den Tod hin. Ich sage euch das, weil William Morris mit ähnlichen Methoden gearbeitet hat … Weiß jemand etwas über die Titelfigur?«

Das Mädchen in der Bank vor mir meldete sich: »Ein namenloser Mann, der nach dem Tod seiner Schwester und einem Streit zu Hause nicht mehr in der Fabrik arbeiten möchte. Er schildert seine letzten Tage in Grady, bevor er die Stadt verlässt.«

»Nicht ganz richtig. Im Gedicht steht oft *Mann*«, sagte der Inspector. »Nur galt man damals schon viel früher als erwachsen. Wenn ihr genau lest, werdet ihr feststellen, dass die Figur jünger sein muss. Es heißt ja auch oft schlicht, *Hard Land* wäre die Geschichte eines Jungen, der ›den See überquert und als Mann wiederkehrt‹. In Wahrheit dürfte der namenlose Erzähler also in eurem Alter gewesen sein, sechzehn, vielleicht siebzehn.«

Während der Stunde blätterte ich ab und zu im Gedichtband und suchte nach der versteckten Aussage. Ich fand nichts. Dafür stieß ich auf eine Stelle, die mich berührte und die ich gleich mehrmals las:

Du wirst zurückkehren zu diesen Jahren, doch
betreten wirst du sie nie mehr ...
Jugend ist der Ort, den du verlassen hast.

Zu Hause erledigte ich dann meine Schulaufgaben und übte Gitarre, bevor die Abendschicht im Kino anfing und ich mich endlich in die Arbeit versenken konnte. Die meisten meiner Gedanken nagelten mich an die Vergangenheit, die Filme dagegen lenkten für kurze Zeit von den Erinnerungen an den Sommer ab. Zumindest, bis im Klassikerprogramm *Ein Herz und eine Krone* mit Audrey Hepburn gezeigt wurde. Ich versuchte zu erkennen, was meine Mom an Rom so fasziniert hatte, aber so richtig verstand ich es nicht. Und auf einmal erschienen mir ihr Tod und ihr ganzes Leben unwirklich; wie ein Wort, das man so oft wiederholt hatte, dass man kaum noch seine Bedeutung fühlte.

Ich ging auch wieder zur Schulpsychologin, doch als ich spürte, dass es mir nicht half, ließ ich es sein. Stattdessen war ich stolz, dass ich das alles nur mit mir selbst ausmachte. Ich stellte mir vor, dass die Leute sagten: »Der junge Turner ist vielleicht ein zäher Knochen, genau wie seine Mutter.« Eine Zeitlang hätte mir nichts mehr bedeutet als diese Aussage, dann war mir auch das egal. Ich dachte nur noch von Tag zu Tag, und allmählich begriff ich: Trauer ist kein Sprint, Trauer ist ein Marathon. Und auf dieser Strecke gab es Stellen, an denen es besser lief, und andere, an denen ich kaum Luft bekam.

Nummer 40

Ein paar Wochen vor Thanksgiving war ich mit Dad in der Mall, um mit einem Käufer für *Best Books* zu verhandeln. Es war der Mann, der eigentlich das Larry's hatte übernehmen und in einen Friseursalon verwandeln wollen, und offenbar von dem zweiten Bewerber überboten worden war. Er begutachtete den Laden und machte danach ein Angebot.

Zu Hause sprachen Dad und ich darüber. Er fand das Angebot fair und sagte, dass ihm die Leute aus unserer Gemeinde helfen würden, einen Job zu finden, vielleicht bei der Stadtverwaltung.

»Also verkaufen wir ihren Laden?«, fragte ich.

Dad schürzte die Lippen. Er erzählte, wie Mom *Best Books* übernommen hatte, als Jean zwei Jahre alt war. Wie gern sie mit ihren Kunden gesprochen und den Kindern vorgelesen habe. Und plötzlich sagte er: »Scheiß drauf, wir behalten den Laden, und ich übernehme ihn selbst.«

Ich musste fast lachen und wies auf die nicht ganz unerhebliche Tatsache hin, dass er nicht las! Er antwortete nur, dann werde er das eben ändern.

Im ersten Moment hielt ich die Idee für aberwitzig schlecht. Dann dachte ich an Moms Stammkunden und dass sie ihn vielleicht unterstützen würden, und irgendwie war mir das alles damals auch egal.

Inzwischen war es herbstlich kühl geworden, ein paar Laubblätter wehten über den Friedhofshügel. Und der Gedanke, dass sie nur wenige Meter entfernt dort in ihrem Grab lag, war so deprimierend, dass Dad aufstand und sagte: »Wir behalten den Laden. Aber dafür ziehen wir hier aus!«

Er schien zu befürchten, dass ich dagegen sein könnte. Doch das war mit Abstand das Beste, was ich seit Ewigkeiten gehört hatte.

Das Ende des Larry's kam für einige überraschend, es gab Proteste, nur war der Laden ja längst verkauft. Allerdings machte der neue Eigentümer ihn erst mal dicht und hängte ein »Geschlossen«-Schild an die Tür. Wenn ich daran vorbeikam, blickte ich oft hinein und sah uns am Tisch am Fenster sitzen. Sah, wie Kirstie das Essen in sich hineinschlang, Cameron über alles Mögliche redete und wie ich mit Hightower Billard spielte … Und gerade deshalb berührte mich das Ende des Larry's auch nicht. Denn ohne die drei anderen würde es sowieso nicht mehr das Gleiche sein.

Vielmehr beschäftigte mich, dass ich kaum noch von ihnen hörte. Bei Cameron konnte ich es ja noch verstehen, der war in Japan und … Mist, das habe ich vergessen zu erzählen: Cameron hatte vor seinem Abschied eine Auseinandersetzung mit seinem Vater gehabt. Ich weiß nicht, wie er es geschafft hat, aber er hatte seinen Dad davon überzeugt, dass er nicht zum Wirtschaftsstudium nach Chicago musste. Offenbar hatte er doch noch etwas gefunden, was er mit seinem Leben anfangen wollte, und war erst mal für unbestimmte Zeit nach Tokio gereist. Inzwischen war er mit einer Japanerin zusammen, die nur elektronische Musik hörte und ELO hasste. »Sie muss also noch viel lernen«, schrieb er auf seiner Postkarte. Allerdings war das schon eine Weile her, und danach kamen keine Karten mehr.

Kirstie tat sich anfangs schwer am College, sie schrieb mir zwei längere Briefe über ihren Alltag; wie langweilig selbst eine Stadt wie New York sein könne und dass sie Grady vermisse. »Wie geht's dem Kino, wie geht's dir?«, fragte sie. Doch als sie neue Leute kennenlernte, hörte ich nichts mehr von ihr. Ich war enttäuscht, aber ich hatte sie eben auch nur elf Wochen gekannt. Und offenbar wog diese kurze Zeit im Vergleich zu dem, was sie gerade in New York erlebte, einfach zu wenig.

Ich selbst dachte oft an ihren letzten Tag, als wir planlos mit dem Auto ihres Dads durch Grady und Umgebung gefahren waren. Wir hatten einen ihrer Country-Sender gehört und uns an ihrer Haustür verabschiedet. Kirstie hatte gemeint, dass sie mich vermissen werde, ich sagte das Gleiche, und ich wollte ihr noch so viel mehr sagen, doch da umarmte sie mich schon und sagte Lebwohl. Und das war's. Den ganzen Heimweg über hatte ich geweint und an unseren Kuss vor dem Larry's gedacht, und was wohl gewesen wäre, wenn danach nichts Schlimmes passiert wäre. Sie hatte zwar behauptet, dass es nur eine Ausnahme gewesen sei, aber wer wusste schon, was in diesem Sommer noch möglich gewesen wäre. Doch das waren bescheuerte Gedanken, denn es war eben alles anders gekommen, und jetzt war sie weit weg.

Der Einzige, der auch nach Monaten sofort antwortete, war Hightower. Vielleicht dachte er, dass er sich um mich kümmern müsse, jedenfalls schrieb er jedes Mal kurz, aber schnell zurück. Am Schluss immer mit »Dein Brandon«. Das wirklich Verrückte war allerdings, dass er mir beim Abschied den Schlüssel zu seinem Mercury gegeben und gesagt hatte, ich solle aufs Bruce-Mobil aufpassen. Inzwischen war er wieder richtig mit seiner Freundin zusammen, Clara Palmer, und er durfte auch sofort für die College-Mannschaft starten. Das hätte er aber gar nicht erwähnen müssen. Ich schaute mir nämlich mit Dad jedes seiner Spiele im Fernsehen an. Die Moderatoren lobten »Jamesons pantherhafte Geschmeidigkeit«, und ich fand das lustig, weil sie ihn eben noch nie hatten tanzen sehen.

Unsere neue Wohnung lag in der Nähe des Spielplatzes. Das Apartment war günstig und ziemlich eng. Wir brauchten auch nicht viel Platz – bis auf Moms Kisten mit den Tieren, die wir in einer Kammer verwahrten. An einem der ersten Abende aßen wir Dads berühmte »Käse-Truthahn-Monstertoasts«, die pro Stück ungefähr viertausend Kalorien hatten. Mein Vater war an diesem Abend irgendwie gesprächiger als sonst und verblüffte mich mit dem Geständnis, dass er in der Schule im Debattierclub gewesen und am liebsten Radiomoderator geworden wäre. Als ich nachfragte, erzählte er noch mehr von seiner Jugend in West Plains; von seinem Highschool-Footballteam, Rollschuh-Discos und wie er abends oft mit dem Chevy ziellos durch die Stadt gecruist wäre, in der Hoffnung, Freunde auf den Straßen zu treffen. Er zeichnete ein fröhliches Bild von dieser Zeit, dabei wusste ich ja, dass seine Kindheit und Jugend die Hölle gewesen sein mussten.

Irgendwann schob Dad ein paar Bilder über den Tisch. »Hab ich beim Umzug gefunden, sie waren in ihrer Sockenschublade.«

Fotos von einem Wild-Berrys-Konzert! Und natürlich waren sie nicht peinlich, sondern lustig. Mom war so verdammt jung, die Haare dunkel und mit Elvis-Tolle, sie stand am Mikro und trug ein kurzes türkisfarbenes Kleid mit kniehohen weißen Stiefeln. Fasziniert starrte ich auf die Bilder. Doch als ich zu Dad herübersah, merkte ich, dass seine Augen schimmerten und er mit sich zu ringen schien.

»Wir haben dich damals angelogen«, murmelte er.

»Bei was?«

»Als deine Mutter sich hat untersuchen lassen. Sie war nicht stabil, die Ergebnisse waren schlecht, die Ärzte gaben ihr realistisch noch ein Jahr, eher weniger.«

»Aber warum habt ihr mir nicht …«

»Es war ihre Idee. Sie wollte, dass du den Sommer noch unbeschwert mit deinen Freunden verbringen kannst. Und sie wollte unbedingt diese Italienreise machen. Danach hätten wir es euch gesagt, und sie wäre wieder in die Klinik gegangen. Es ging ihr nicht gut in diesen Wochen, sie war öfter beim Arzt, wenn du gearbeitet hast, aber sie hat sich vor dir verflucht stark zusammengerissen … konnte sie immer.«

Ich legte die Bilder weg. Auf einmal wurde mir klar, dass ich es die ganze Zeit geahnt, aber verdrängt hatte.

Ich spürte seine Hand auf meinem Arm.

»Wir können über alles reden«, sagte mein Vater, ein Satz, den er vermutlich in seinem Leben nicht oft so ernst gemeint hatte wie jetzt. Doch ich antwortete nichts mehr, und wir aßen schweigend unsere Toasts.

An diesem Abend schlief ich erstaunlich schnell ein und wachte ebenso schnell aus einem Alptraum auf. Es war drei Uhr früh. Um mich zu beruhigen, wollte ich noch mal die Fotos von Moms Konzert anschauen, die auf dem Küchentisch lagen. Nur brachen sie mir jetzt das Herz. Ich starrte auf ihr junges, fröhliches Gesicht und dachte ständig: *Hätte sie mich nicht über ihren Zustand angelogen, wäre ich an ihrem letzten Abend da gewesen …* Plötzlich verschwamm meine Sicht, und da fühlte ich mich so verdammt alleingelassen von ihr. Ich feuerte den Salzstreuer in die Ecke und haute mit der Hand auf den Tisch, ich hörte gar nicht mehr damit auf. Immer wieder schrie ich und schlug dabei wie ein Irrer auf den Tisch ein, *bamm, bamm, bamm, bamm,* bis Dad im Pyjama aus seinem Schlafzimmer gerannt kam und mich umarmte. »Alles gut, alles gut«, sagte er, aber es stimmte nun mal nicht. »Alles gut.«

Ich schluchzte, Dad umarmte mich noch immer. Und als

er mir einen Kuss auf die Schläfe gab, roch ich sein herbes Shampoo.

Langsam beruhigte ich mich. Und dann redeten wir über alles.

Ich sagte, dass ich von den Misshandlungen in seiner Kindheit wisse. Mein Vater wirkte überrascht, aber auch erleichtert. Er meinte, es falle ihm bis heute schwer, darüber zu reden. Und dann sagte er etwas, das ich nie mehr vergessen werde:

»Ich hatte das Glück – oder wie deine Mutter oft gesagt hat: das Pech –, dass man mir all das nie angesehen hat. Ich hab mir als Jugendlicher ’ne Rolle gesucht, hab sie gespielt, hab außer mit Reverend Connors und deiner Mutter mit keinem darüber geredet. Und als ich dann selbst Kinder hatte … Mit Jeany gab's nie ein Problem, ich wusste immer, wie ich mit ihr umgehen musste. Oder vielleicht nur sie mit mir. Aber bei dir … ich hab's einfach nie gewusst. Immer, wenn ich dich gesehen habe, hab ich mich selbst gesehen, und ich … Ich hab mir meine Rolle nicht mehr abgekauft. Ich wusste nicht, was ich sagen sollte, ich konnte dich oft nicht mal richtig in den Arm nehmen, weil ich dabei an meinen eigenen Vater gedacht hab. Ich hab mich dafür *geschämt*, auch jetzt noch.«

Dad starrte auf seine großen, schwieligen Hände, dann blickte er zu mir. »Das war einer der schlimmsten Fehler meines Lebens, Sam. Denn du kannst nichts für all das, und du hast es missverstanden. Du *musstest* es missverstehen. Dabei warst du mir manchmal viel näher als deine Schwester, aber gerade deshalb …«

Er führte den Satz nicht zu Ende und kaute wieder auf

seiner Zunge. Auf einmal dämmerte mir, dass er das nur tat, wenn er unsicher war. Und dass er es vermutlich schon als kleiner Junge so gemacht hatte, wenn er seinem Vater gegenübergestanden hatte.

Eine Weile blickten wir stumm auf die Fotos. Bis ich sagte, dass ich mich schuldig fühlte, weil ich Mom an ihrem letzten Abend versetzt hatte. Ich brachte es kaum heraus.

Er lachte. »Das war der lustigste Abend mit deiner Mutter seit langem.«

»Echt?«

Dad richtete sich auf. »Natürlich waren wir im ersten Moment sauer auf dich. Wir hatten für die E-Gitarre alle zusammengelegt, auch deine Großeltern. Die ganze Woche hatten wir uns darauf gefreut, was du dazu sagen würdest – und dann ist der feine Herr nicht erschienen. Aber es war ja auch nicht das erste Mal in diesem Sommer, und deine Mutter hat gesagt, dass du vermutlich mit deinen Freunden rumhängst und mal wieder die Zeit vergessen hast. Und das hat uns beide ziemlich glücklich gemacht.«

»Was? Wieso?«

»Kannst du dir denn nicht vorstellen, was ihr das in dem Moment bedeutet hat? Sie hat sich immer Sorgen gemacht, wie es ohne sie für dich sein wird und dass du dann allein bist, und jetzt war ihr diese Sorge genommen. Und davon abgesehen: Gibt Schlimmeres, als nach Ewigkeiten wieder mal ein Date mit seiner Frau in einem Restaurant zu haben. Wir haben gut gegessen, uns ein wenig betrunken und später im Wohnzimmer sogar getanzt. Wir wussten, wir haben nicht mehr viel Zeit, doch die haben wir genossen.« Dad seufzte, seine Stimme wurde hohl. »Und dann bin ich am nächsten Tag aufgewacht, wie immer zur gleichen Zeit, ich hab nie einen Wecker gebraucht. Aber während deine Mutter sonst jeden Morgen nah bei mir lag, lag sie auf der anderen Seite des Bettes. Das war seltsam …«

Er schüttelte den Kopf. »Wie auch immer, es ist, wie es ist, wenigstens hat sie nicht lang gelitten. Und du kannst mir glauben, sie war dir weder böse, noch war sie enttäuscht von dir. Im Gegenteil – sie hatte mir im Restaurant von einem Gespräch mit dir erzählt und dass du langsam erwachsen wirst und einen richtig schönen Song geschrieben hast. Und mit dem Gefühl ist sie gegangen.«

Das alles zu hören war, als hätte jemand an einem dunklen Ort in mir ein Streichholz angezündet. Ich ließ es in diesem Moment auf mich wirken, ich lasse es jetzt auf mich wirken, und ich glaube, ich werde es noch mein ganzes Leben lang auf mich wirken lassen.

Danach holte Dad das Scrabble. Wir spielten bis zum Morgen, und ständig dachte ich daran, wie unterschiedlich wir mit all dem umgingen. Wie er noch immer in den Gottesdienst ging und – ähnlich wie Hightower – in seinem Glauben Trost suchte, während ich mich immer weiter davon entfernte.

»Glaubst du, wir kommen irgendwann über ihren Tod hinweg?«, fragte ich, als es draußen schon heller wurde.

Dad überlegte, einen Buchstaben in der Hand. »Weißt du, was auch jetzt mein erster Gedanke bei solchen Fragen ist?« Er blickte mich an. »*Was würde Annie dazu sagen?!* Und was immer deine Mutter sagen würde ist die Antwort.«

Nummer 41

Im Dezember war das Larry's noch immer geschlossen. Es wurden schon Sprüche auf die Wände geschmiert und eine Scheibe eingeschlagen, die nur notdürftig mit einer Plane überdeckt wurde. Im Unterricht hatte ich mal von der »Broken Window«-Theorie gehört, laut der ein einziges kaputtes und nicht repariertes Fenster den Niedergang eines ganzen Viertels auslösen kann. Und so war es auch mit dem Larry's. Es war das Herz von Grady gewesen, und nun, da es nicht mehr schlug, starb nach und nach auch die Stadt.

In der Mall gab erst das Chinarestaurant auf, dann der Blumenladen neben dem Eiscafé *Palermo.* Das Feinkostgeschäft in der Main Street machte ebenfalls dicht. Und auch das Kino hatte nur noch wenige Wochen vor sich.

Seit dem Sommer schaute Kirsties Vater wieder regelmäßig vorbei, da ich offiziell nur bis zehn Uhr arbeiten durfte (auch wenn ich oft länger blieb). Mr. Andretti war auch hin und wieder an Moms Grab und legte dann immer einen Strauß Nelken auf die Erde. Und obwohl er nur Klassiker liebte und mit modernen Filmen nichts anfangen konnte, hatte er mir zuliebe die Kopie von *Zurück in die Zukunft* behalten, den ich inzwischen sicher zwanzigmal gesehen hatte. Nach jeder Nachtschicht holte er zwei Choco Tacos aus der Eistruhe, und wir unterhielten uns ein bisschen. Er versuchte, mich aufzumuntern, aber oft ging es nur darum, wie sehr wir beide Kirstie vermissten (leider wusste er von ihrem Leben in New York auch nicht viel mehr als ich).

Die Grady Hornets wiederum spielten eine ihrer schlechtesten Saisons seit Ewigkeiten. An allen Ecken und Enden fehlten die Helden der letzten Jahre. Natürlich Hightower, aber auch Chuck Bannister, Cool Eddie, der Pac-Man und die anderen. Zum ersten Mal spielte das Team nur eine ausgeglichene Runde, 5:5, weshalb sie sich nicht für die Playoffs qualifizierten. Und am schlimmsten: Auch das Derby gegen die Hudsonville »Knastis« verloren sie.

Wenn man also über diesen trostlosen Winter überhaupt etwas Gutes sagen konnte, dann, dass er wenigstens genauso hart und eisig ausfiel, wie er sich anfühlte, so dass man auf dem Lake Virgin Schlittschuhlaufen konnte. Und dass Dad sich überraschend gut in der Buchhandlung zurechtfand.

Er hatte sie in *Annie's Books* umbenannt, und am Anfang herrschte das pure Chaos. Gerade in der Kinderbuchabteilung wirkte er wie ein deplatzierter Riese. Als hätte man den Terminator so umprogrammiert, dass er einem kleinen Mädchen eine Geschichte vorlas. Aber Moms Stammkunden hielten ihm die Treue, von Onkel Bill aus New York traf ungefragt ein großer Scheck ein, und die Rettung kam in Person der alten Mrs. Russbridger, einer ehemaligen Mitarbeiterin und nun Rentnerin. Sie schaute ehrenamtlich fast jeden Tag vorbei und legte Dad auch nahe, sich durch die Verlagsprogramme zu lesen, um den Kunden die richtigen Bücher empfehlen zu können. Und so saß mein Vater nun also abends häufig noch mit einem Prospekt oder einem Buch im Wohnzimmer, die Lesebrille auf der Nase, und schimpfte mir vor, wie langweilig er Romane fände und dass ihm Thriller und Biographien mehr

Spaß machen würden. Insgeheim schienen ihn manche der Romane trotzdem zu beschäftigen, denn ich sah ihn nach dem Lesen oft noch nachdenklich auf der Couch sitzen. Manchmal wollte er mit mir darüber reden, haderte mit der Handlung und den Figuren oder lobte zaghaft ein paar von ihnen. Und das mochte ich am liebsten.

Meine Schwester blieb trotz aller Versprechen abwesend wie immer. Inzwischen war nicht mal mehr sicher, ob sie an Weihnachten kommen konnte. Auch von den anderen gab es nichts Neues. Hightower schrieb mir zwar weiterhin als Einziger, allerdings waren die Briefe oft so kurz, dass sie sich wie Telegramme lasen. Cameron war offenbar irgendwo in Asien verschollen, und auch von Kirstie kam gar nichts mehr. Dabei hatte ich ihr ein paar schöne erste Sätze geschickt, die ich für ihre Sammlung gefunden hatte (ich stöberte oft stundenlang in den Regalen von Dads Laden). Wobei sich einer besonders stark in mir einbrannte, aus *Salzwasser* von Charles Simmons: *»Im Sommer 1963 verliebte ich mich, und mein Vater ertrank.«*

Aber auch auf diesen Brief erhielt ich keine Antwort. Und so ließ ich irgendwann in diesem Winter los. Es war egal, dass sich keiner meldete. Egal, dass der Sommer nur ein Aufflackern gewesen war und keinem außer mir etwas bedeutete. Egal, dass die Stadt zugrunde ging und das Kino schloss. Egal, dass ich noch immer allein am Tisch in der Schulcafeteria saß, keine Freundin hatte und mein siebzehntes Lebensjahr ungenutzt verstrich. *Was soll's,* schleuderte ich all dem nur entgegen, es wurde meine Standardantwort auf alles.

Fast täglich ging ich zum Friedhof, der für mich nun am anderen Ende der Stadt lag, und wenn ich dann vor Moms Grab stand, redete ich mit ihr und erzählte von meinem Leben und dass sie mir fehlte. Bei diesen Besuchen hatte ich jedoch nie Tränen in den Augen oder so. Außer an dem Nachmittag, als ich die Gitarre mitnahm und »ihr« den Song vorspielte, den ich über den Ausreißer geschrieben hatte und der jetzt fertig war. Es ist vielleicht peinlich, das zuzugeben, aber soll ich was sagen? Das Gute an all dem war, dass mir nichts mehr peinlich war!

Ich hörte nämlich öfter mal, wie die Leute im Schulflur über mich redeten. Wie sie mich einen seltsamen Spinner nannten und Gerüchte verbreiteten, was ich so machte oder dachte. Denn ich redete ja nie, und meine letzte Aktion war, dass ich das Buch geworfen und den Schulausschluss bekommen hatte, so dass mich alle mieden. Es interessierte mich nicht. Ich war froh, wenn ich durch den Tag kam und dann wieder hinter der Kasse im Kino sitzen konnte.

Manchmal überkam mich auch diese unbeschreibliche Wut. Dann schmiss ich Sachen durch mein Zimmer und wollte irgendetwas zerstören.

Einmal rastete ich auch im Sportunterricht aus und schubste einen Jungen, der mich aus Versehen angerempelt hatte, und als er zurückschubste, schlug ich ihn, so dass ich wieder einen Verweis bekam. Und ich würde gern etwas Fröhlicheres erzählen, aber so war nun mal der Winter, keine einzige Erinnerung an diese Zeit ist farbig. Als wäre in mein Gedächtnis nur ein endloser Schwarzweißfilm eingelegt worden.

Nummer 42

Kurz vor Weihnachten schwänzte ich vormittags die Schule und fuhr mit dem Pick-up übers Land. Missouri war zugeschneit, ich bog ab auf den Highway nach St. Louis. Dabei wollte ich gar nicht nach St. Louis. Und ich wollte auch nicht zurück nach Grady. Ich wollte nur unterwegs sein.

Wie versprochen hörte ich im Bruce-Mobil ausschließlich Springsteen. Mir fiel ein, wie Cameron bei einer Fahrt mehrmals den Kopf gegen das Fenster geschlagen hatte: »Verdammt, Brand, ich kann's nicht mehr hören, dieses Gerede von Stahlfabriken und ehrlichen amerikanischen Arbeitern und irgendeinem Mädchen aus der Jugend und diese ganzen Storys!«

Doch Hightower sagte nur: »Das sind Phasen. Mal nervt dich der Boss, aber dann kriegt er dich auch wieder!«

Und so war's: Wenn ich das Gefühl hatte, dass mir die Songs für alle Zeiten zum Hals raushingen, wurden sie auf einmal doch wieder gut.

Die Straße vor mir war leer, die Felder endlos und weiß. Ich fuhr und fuhr und blickte auf dürre schwarze Äste und froststarre Hügel. Mir kam ein Gedicht aus William Morris' Band in den Sinn, das sich fast wie ein Lied las:

Gehe durch die Stadt, gehe über die Felder.
Gehe immer weiter durch den Wald, als ein Fremder.
Gehe den Weg der anderen, auch das letzte Stück.
Denn meiner, der liegt weit zurück …
Denn meiner, der liegt weit zurück.

Endlich sah ich die verwaiste Tankstelle – und noch immer stand da der grüne Buick ohne Reifen. In diesem Winter war ich auf meinen Fahrten oft daran vorbeigekommen, und immer hatte ich mir dasselbe vorgenommen.

Am Abgrund tanzen …

Ich hielt an der Tankstelle. Ein schneller Blick, ob jemand in der Nähe war. Dann stieg ich aus und nahm den Vorschlaghammer, den ich im Baumarkt gekauft hatte. Er lag schwer in meiner Hand.

Sie sind alle wie Stevie …

Langsam ging ich um den Buick herum, dann stellte ich mich auf das Dach und ließ den Hammer mit aller Kraft auf die Frontscheibe niedersausen. Es klirrte satt und dumpf.

Sie verpissen sich einfach …

Die Scheibe war geborsten, aber noch nicht zerbrochen. Ich schlug wieder zu. Diesmal riss der Hammer ein kleines Loch. Ich hämmerte nun so lange auf die Scheibe ein, bis sie kaputt war, dann zerschlug ich auch die anderen Fenster und demolierte die Türen und Lichter. Es war eiskalt, meine Hände schmerzten, aber ich schlug immer weiter, bis ich so erschöpft war, dass ich nicht mehr konnte.

Mom, die mir vom Ufer aus zusieht, wie ich aufs Meer hinausschwimme …

Keuchend setzte ich mich wieder in den Pick-up. Tat nichts. Atmete nur dampfend ein und aus, rieb meine gefrorenen Hände und starrte auf das verschneite Land um mich herum. Plötzlich schrie ich, laut und schrill. Als ich mich wieder beruhigt hatte, blickte ich auf den zerstörten grünen Buick, und dann weinte ich. Nicht mal, weil ich traurig war, sondern weil es leichter war, als es nicht zu tun …

Am Nachmittag saß ich wieder in der Klasse. Literatur beim Inspector, letzte Stunde vor den Weihnachtsferien. Während des Unterrichts hockte ich reglos auf meinem Platz am Fenster und spielte mit einem Knopf meiner fellgefütterten Jeansjacke. Und als es läutete und alle anderen fröhlich hinausstürmten, blieb ich als Einziger sitzen. Der Inspector ordnete noch seine Notizen. Dann kam er mit langsamen Schritten zu mir.

»Keine Lust auf Ferien, wie?«

Ich zuckte nur mit den Schultern, doch er ließ nicht locker.

»Stimmt es, dass du Brandon Jamesons alten Mercury fährst?«

»Ja«, sagte ich leise.

»Wie geht's ihm in Kalifornien?«

»Ganz gut, glaub ich. Er spielt ziemlich gut.«

»Das ist schön, aber ich hoffe, er lernt da auch was. Er war einer der Gescheitesten in seinem Jahrgang.«

Bei diesen Worten richtete ich mich auf. »Mr. Parker, eine Frage: War er der Schüler, der bei Ihnen die einzige Eins für *Hard Land* bekam?«

Wäre der Inspector der Typ gewesen, der häufig lächelt, hätte er sicher gelächelt. Doch er verzog keine Miene. »Es freut mich, dass diese Note noch immer eine Sensation für euch Schüler ist. Aber ich muss dich leider enttäuschen: Brandon war gut, nahe dran. Er hatte eine Zwei. Allerdings hat auch er die Pointe des Gedichts und das Ende letztlich nicht begriffen.«

Ich nickte, blieb aber noch immer sitzen.

Der Inspector starrte mich mit seinem echten Auge an,

während das Glasauge nun leicht an mir vorbeizuschauen schien. »Deine Mutter ist im Sommer gestorben.« Es war keine Frage, sondern eine Feststellung. »Ich war oft bei ihr im Buchladen, eine kluge, warmherzige Frau.« Auch das eine Feststellung.

Wieder nickte ich, eher unwillkürlich. Ich spürte die Hand des Inspectors auf meiner Schulter, er selbst blickte nach draußen. »Ich will dir eine kleine Geschichte erzählen, Samuel, die Variation einer berühmten Parabel. Ich dachte, sie könnte dich interessieren.«

Ich schaute ihn fragend an.

»Ein alter, weiser König lag im Sterben. Er bat seinen jungen Sohn, den Thronfolger, zu sich. *Mein Sohn,* sagte er, *auf dich warten große Aufgaben, und ich verstehe, dass du unsicher bist. Deshalb nimm diesen Ring. Und wenn alles gut läuft, deine Ehe harmonisch ist und die Kinder gesund sind, und wenn die Ernte üppig ausfällt und dein Volk dich liebt – dann lies die Inschrift des Rings. Und wenn alles schlecht läuft und die Ehe kriselt, wenn der Tod deine Familie heimsucht, die Felder verdorren und das Volk protestiert – dann lies ebenfalls die Inschrift des Rings.* Der Prinz nahm daraufhin den Ring an sich. Und als er allein war, las er die Inschrift, es waren nur vier Worte.«

»Und welche?«

Der Inspector blickte mich an. *»Auch das geht vorbei.«*

Wir hörten von draußen Lärm. Zwei jüngere Schüler rauften auf dem Parkplatz, ein Mädchen versuchte zu schlichten.

Schließlich fragte ich: »Aber stimmt das denn? Geht es wirklich vorbei?«

Der Inspector richtete seine Krawatte, doch sofort hing sie wieder schief. »Als ich vierzig war, starb meine Tochter. Sie fiel beim Spielen im Wald einen Hang hinunter und schlug unglücklich mit dem Kopf auf. Ein schrecklicher, sinnloser Tod. Ich konnte nichts dafür, gab mir aber die Schuld und dachte, ich käme nie drüber hinweg. Ich verlor auch meinen Glauben und suchte nach etwas, das mir helfen könnte. Damals stieß ich auf die Geschichte mit dem König. Ich hielt sie erst für kitschigen Mist. Und auch heute würde ich sagen, sie stimmt nicht ganz. Denn in Wahrheit ist das alles nicht vorbeigegangen, sondern *ich selbst* habe mich davon entfernt.«

»Wie meinen Sie das?«

»Deine Mutter wird nicht wieder lebendig.« Er seufzte. »Und ich fürchte, Trauern ist eine Reise ohne Ziel und ohne Ende. Aber du wirst, zumindest sagt mir das meine Erfahrung, einen Teil des Schmerzes in diesem Jahr zurücklassen und mit etwas leichterem Gepäck weiterziehen. Und wenn du älter bist und zurückblickst, wirst du dich deshalb eher an den Schmerz *erinnern,* als ihn zu spüren. Und deshalb geht es eben doch vorbei, zumindest ein wenig.«

Ich dachte darüber nach.

»Wieso macht man das eigentlich?«, fragte ich. »Wieso fühlt man sich nach einem Tod so oft schuldig, selbst wenn man weiß, dass es falsch ist?«

Der Inspector schien mit den Gedanken weit weg. Und für einen Moment wirkte er wie der älteste Mensch der Welt. »Wir suchen unsere Fehler und unsere Schuld, weil es leichter ist, als zu trauern … Es lenkt uns davon ab.«

Darauf antwortete ich lange nicht. Irgendwann stellte

ich fest, dass ich aufgestanden war und neben meinem Pult stand. Er begleitete mich zur Tür.

»Sir, eine Frage noch. Wenn man seinen Glauben verliert … Nehmen wir an, es gibt keinen Gott oder eine ausgleichende Gerechtigkeit oder so was, was bleibt einem dann noch in so einer Situation?«

Der Inspector überlegte.

»Das *Trotzdem*«, sagte er schließlich.

Ich bedankte mich und ging. An der Schwelle drehte ich mich noch mal um. »Das tut mir sehr leid mit Ihrer Tochter. Wie hieß sie?«

»Angela!«

Ich nickte. Und da ich nicht wusste, was ich tun sollte, gab ich ihm die Hand.

Der Inspector war erst verblüfft, dann ergriff er sie. »Danke, Sam. Schöne Ferien!«

»Ihnen auch, Sir.«

Nummer 43

An einem der letzten Tage des Kinos saß ich hinter der Kasse und ging ein paar Notizen für einen neuen Song durch, als die Tür aufflog und aus dem Schneegestöber ein Besucher reinkam. Aus den Augenwinkeln nahm ich nur einen großen Mann in einem schmuddelig grauen Pfeffer-und-Salz-Mantel wahr. Erst beim zweiten Hinschauen erkannte ich Cameron!

Mit einem Grinsen kam er auf mich zu. Ich freute mich jedoch nur kurz, und er verstand auch, wieso.

»Jaja, ich bin ein egoistischer Riesenarsch«, sagte er. »Ich hätte mich öfter melden sollen. Aber falls es dich tröstet: Ich bin zwischendurch ausgeraubt worden und … Hast du meine Postkarten aus Russland nicht gekriegt?«

»Nein.«

»Okay, ich hab auch nur eine geschrieben. Aber sie war echt schön.«

»Hm.«

»Aus Wladiwostok. Mit einer halbnackten Frau vorne drauf.«

»Hm.«

»Noch mal: Tut mir leid, dass ich mich nicht gemeldet habe. Aber ich musste mal zu mir kommen und überlegen, was ich wirklich machen möchte. Und dafür haben dir die anderen doch sicher oft geschrieben.«

Als ich nicht antwortete, murmelte er: »Scheiße.« Dann stieß er mich an. »Komm, ich mach mit dir die Schicht.« Er verschwand im Büro und kam in einem verwaschenen METROPOLIS-Shirt wieder. »Wunderbar. Riecht noch genauso nach altem Öl wie früher …«

Und so ging es den ganzen Tag. Cameron redete in einem fort, wie er auf dem Hinflug angeblich Rob Lowe gesehen hätte und von seiner Kurzbeziehung mit der Japanerin – die erste Frau, mit der er Sex gehabt hatte (»auch nicht schlecht«). Danach habe es auch ein paar Geschichten mit Männern gegeben. Er habe neben Japan noch mit einer Touristengruppe den östlichsten Teil der Sowjetunion bereist und sei sogar mit der Transsibirischen Eisenbahn gefahren (»Muss mir aber noch ein paar gute Storys dazu ausdenken, in Wahrheit war es todlangweilig!«).

Ich hatte völlig vergessen, wie gesprächig er war. Anfangs konnte ich kaum Schritt halten, dann gewöhnte ich mich wieder daran. Auf einmal musterte er mich. »Du bist größer geworden, alter Knabe.«

Er fragte mich, wie es mir so ergangen war. Natürlich meinte er damit vor allem Mom, doch ich wollte nicht darüber reden. Und außer vom Umzug mit meinem Vater und dem Schulverweis hatte ich nicht viel zu erzählen.

»Und Mädchen?«

Ich schüttelte nur den Kopf.

»Und Kirstie hat sich echt gar nicht mehr gemeldet?«

Ich schüttelte wieder den Kopf.

»Blöde Kuh«, sagte er. »Aber nimm's ihr nicht übel, sie denkt sicher an dich.« Cameron schob sich eine Zigarette zwischen die Lippen und gab mir auch eine. »Klingt jedenfalls nach einem wahrhaft beschissenen Winter bei dir, mein Freund.«

Und da man das wirklich nur so und nicht anders zusammenfassen konnte, musste ich lachen.

Am Tag vor Weihnachten machte das Kino endgültig dicht. Es gab noch eine letzte Vorstellung um acht, der Film war laut Plakat eine »Überraschung«. Was nichts anderes hieß, als dass wir ins Lager gehen und eine der Rollen aussuchen würden, die wir noch hatten. Und als hätte sich dieses Ereignis in alle Teile des Landes herumgesprochen, kam bei eisigen Temperaturen am Nachmittag noch jemand ins Metropolis gestapft.

Als Hightower uns beide hinter der Kasse sah, sprang er auf uns zu und umarmte uns so fest, dass wir keuchten.

Erstaunt bemerkte ich, dass er seine Haare nun als Minipli trug. Sein Oberlippenbart war wiederum ein Schnurrbart geworden. Und statt der karierten Hemden trug er eine elegante schwarze Lederjacke.

Auch Cameron starrte ihn fasziniert an. »Ja, Lionel, sind Sie's wirklich?«

»Ha, ha.«

»Im Ernst, Mr. Richie, was führt Sie in unser bescheidenes Grady?«

Für einen Moment hatte ich die Hoffnung, dass nun auch noch Kirstie kommen würde. Als ich Cameron fragte, seufzte er nur. »Wusstest du's nicht? Sie ist mit einem Engländer zusammen und fliegt über Weihnachten nach London.«

Es traf mich nicht mal besonders, und da merkte ich, wie lange der Sommer inzwischen zurücklag.

Bei der Wahl des Abschiedsfilms setzte sich Cameron mit *Breakfast Club* gegen die Alternative *Die letzte Vorstellung* durch (»viel zu erwartbar«). Hightower schlug vor, an Weihnachten ein Dinner mit unseren Familien im Foyer zu machen: Damit wären die Andrettis nicht allein, Dad und ich auch nicht. Als zu Hause alle einverstanden waren, fuhren wir im Pick-up zur Mall. Hightower saß nun natürlich wieder selbst am Steuer und machte vergnügt die Musik an.

Cameron beugte sich zu ihm. »Hey, Lionel, hab eine Frage für dich. Was wär dir lieber: Nie wieder niesen können? Oder drei Jahre nicht zum Höhepunkt kommen?«

»Nie wieder niesen!«

»Was? Bist du sicher? Weißt du, wie schrecklich das ist, wenn es dir wie verrückt in der Nase juckt und juckt und du nicht mehr niesen kannst, nicht mal, wenn du in helles Licht schaust? Für den Rest deines Lebens?«

»Okay, dann eben drei Jahre nicht kommen.«

»Was? Spinnst du? Kein Höhepunkt, auch nach zehn oder zwanzig Monaten nicht, egal wie du es versuchst? Wirklich drei Jahre lang keinen Orgasmus?«

»Mann, was willst du eigentlich?«

Doch Cameron lachte nur. Sie blödelten weiter herum wie in alten Zeiten; wie sehr hatte ich das vermisst!

Tatsächlich wurde Saal 1 am Abend noch einmal halbvoll. Viele der Gäste beklagten sich, dass nach dem Autokino nun auch noch das Metropolis schloss. Ich fand *Breakfast Club* einen würdigen Schlusspunkt. Hightower moserte zwar über die »vielen Klischees« am Anfang und dass es am Schluss völlig unnötig und kitschig um Liebe gehe, doch Cameron zeigte ihm nur den Vogel: »Du willst einen Teenagerfilm ohne kitschiges Liebes-Happy-End? Bist du bescheuert?«

Am nächsten Tag war das Weihnachtsdinner. Die im Foyer aufgestellte Tafel war gedeckt, der Christbaum am Eingang mit Lichtern behangen. An den Filmplakaten an den Wänden hing Lametta, und im Radio liefen Songs von Dean Martin und Sinatra.

Wir zogen uns alle schick an. An diesem Abend sah ich auch zum ersten Mal Kirsties Mom, die fast einen Kopf größer war als ihr Mann und skandinavisch aussah. Mr. Leithauser war geschäftlich unterwegs, trotzdem waren wir zu neunt – denn Jean war doch noch mit dem Flieger aus L.A.

gekommen. Und es war schon erstaunlich, wie gutgelaunt man wurde, wenn nur ein paar geliebte Menschen wieder da waren.

Für das Essen war Cameron verantwortlich. Es gab einen Truthahn nach einem Rezept seiner Mom, der mit Maisbrot und Zwiebeln gefüllt war, dazu selbstgemachte Süßkartoffelpommes und »Gyoza mit Fruchtfüllung«, offenbar etwas Japanisches. Später warfen wir feierlich ein letztes Mal die Popcornmaschine an, dazu gab es Unmengen von übriggebliebenem Eis aus der Truhe.

Wir aßen, bis wir fast platzten. Dann stand Mr. Andretti auf und sagte, dass Cameron und Hightower in den vergangenen Jahren wie Söhne für ihn gewesen seien und er das Metropolis schon lange zugemacht hätte, wenn Kirstie und ihre Freunde nicht so daran gehangen hätten. Er sah in meine Richtung. »Ebenso möchte ich Sam danken. Er hat mir in den letzten Monaten sehr geholfen.«

Ich stand auf und sagte, dass ich zwar erst seit dem Sommer dabei sei, dass das Kino aber wie ein Zuhause für mich geworden war, und Cameron und Hightower sagten ihrerseits, was ihnen das Metropolis bedeutet hatte. Und dann stand auch noch Dad auf und bedankte sich bei Mr. Andretti, dass er sich in den letzten Monaten so um mich gekümmert habe. Und man kann sich vorstellen, dass das alles ziemlich rührend war, mit dem ständigen Aufstehen und den liebevollen Worten, und so wurde es ein richtig wehmütiger letzter Abend im Kino.

Am meisten freute mich, wie gut sich alle unterhielten. Mr. Jameson mit Dad und Mr. Andretti. Dessen Frau mit Hightower und der lustigen jungen Mrs. Leithauser. Doch am besten verstanden sich Jean und Cameron. Sie redeten den ganzen Abend miteinander über Filme und Liebesdesaster und überboten sich mit sarkastischen Sprüchen. Wobei Jean wie immer nur ernst schaute, während Cameron öfter in Gelächter ausbrach. »Gott, ist deine Schwester fies«, sagte er begeistert zu mir.

Gegen zehn klingelte das Telefon im Büro. Mr. Andretti ging ran, und bei seinem Gesichtsausdruck begriff ich sofort, dass es Kirstie sein musste. Er redete eine ganze Weile mit ihr, obwohl das sicher sehr teuer war. Dann reichte er den Hörer an seine Frau weiter, diese danach an Cameron, der an Hightower, und dann durfte auch ich kurz mit ihr sprechen. Ich drückte den Hörer fest an mein Ohr. Plötzlich war ich doch aufgeregt und hielt den Atem an.

»Hi Sam!«, sagte sie nach einer Pause. Und für eine Sekunde war alles noch mal da, und ein letzter Sonnenstrahl vom Sommer fiel in das Foyer. »Schöne Weihnachten!«

Nummer 44

Hightower blieb nur kurz. Meistens verbrachten wir die Zeit gemeinsam mit Cameron, aber am letzten Tag fragte er, ob ich mit ihm laufen wolle. Und so fing ich nach Monaten wieder an. Wie früher joggten wir zur Selbstmordklippe, nur dass es nun alles andere als ein Vergnügen war. Denn während er fitter war denn je, hatte ich gar keine Kondition mehr. Meine Lunge schmerzte, der Wind war eisig, jeder Schritt im Schnee fiel schwer. Kurz nach der Lichtung blieb ich hustend stehen.

»Ich sterbe …«, schnaufte ich, und als ich wieder Luft bekam: »Scheiß Rauchen!«

Hightower grinste nur. »Amen!«

Die restliche Strecke auf den Gipfel spazierten wir. In seinen Briefen hatte er immer geschrieben, dass es mit seiner Freundin »gut« laufe. Als ich ihn jetzt nach ihr fragte, senkte er den Kopf. Erst schien er es mit sich selbst ausmachen zu wollen, dann gab er zu, dass sie sich vor kurzem gestritten hätten: »Sie meint, ich schließe sie zu oft aus … Sie wisse nicht, wer ich bin und so.«

Ich war verblüfft, dass er bei dem Thema so offen mit mir sprach. Und da mir nichts Besseres einfiel, erzählte ich ihm von Dad, der niemanden an sich heranließ – und wie sehr das Mom zu schaffen gemacht hatte. Ehrlich gesagt redete ich sogar ziemlich viel darüber. Bis Hightower fragte: »Okay … Aber wieso hatte deine Mutter ihn dann geheiratet, wenn er so verschlossen war?«

Ich zuckte mit den Schultern und sagte, dass er wohl wenigstens *ab und zu* die Tür für sie aufgemacht habe. »Einfach oft genug, damit sie ihn verstanden hat …«

Hightower warf mir einen langen Blick zu. Dann nickte er.

Oben setzten wir uns auf die Bank bei der Selbstmordklippe. Eine Weile sahen wir einfach nur schweigend auf den See. Er stieß mich an. »Wie geht's dir?«

»Eigentlich ganz okay … Ich dachte bloß immer, dass Trauern bedeutet, dass man traurig ist. Doch jetzt glaub ich, es heißt genauso, dass man kaum noch was fühlt.«

Das Gras vor uns war mit dünnem, schmutzigem Eis bedeckt. Ich starrte darauf und dachte, wie ich erst neulich in meinem Zimmer gestanden und leise »Mom« gemurmelt hatte. Einfach, damit ich es mich mal wieder sagen hörte.

»Manchmal hab ich aber auch diese komische Wut in mir und … und ich weiß einfach nie, was ich damit machen soll. Verstehst du?«

Hightower nickte. Und dann sagte er, dass ihn der Sport gerettet habe und ich mir etwas suchen solle, wo ich »Dampf ablassen« könne. Aber dass das alles nichts Schlimmes sei. Es habe bisher kein Spiel und keine Prüfung gegeben, wo ihm die Wut nicht genützt habe. Denn die anderen Leute würden irgendwann aufgeben. Doch die Wütenden würden nie nachlassen. Und darüber dachte ich nach.

Auch meine Schwester musste schon bald zurück. Bei *Georgetown* gab es mal wieder Probleme mit dem »eitlen Arsch von Showrunner«. Vor der Abfahrt machte Jean Pläne, dass sie Dad und mich dafür nach Kalifornien einladen würde und wir bei ihr wohnen könnten. Und während sie mir davon vorschwärmte, ahnte ich bereits, dass es vermutlich nicht passieren würde. Ihre Vorstellung davon war so stark, dass sie es gar nicht mehr *wirklich* zu tun brauchte.

Aber soll ich was sagen? Das geht schon in Ordnung. Menschen sind, wie sie sind, schätze ich. Ich kann jedes Mal enttäuscht sein, dass meine Schwester dieses flüchtige, katzenhafte Wesen ist, das mehr in den Straßen von *Georgetown* lebt und zu Hause nur eine Nebenrolle will. Oder ich kann es akzeptieren und mich stattdessen über die wenigen, aber intensiven Momente mit ihr freuen. Denn tatsächlich wurde es ziemlich lustig mit ihr. Jean schlief auf der Couch, rief die »Junk-Food-und-Pyjama-Tage« aus und nannte Dad und mich nur »Joseph und Samuel, die Weirdo-WG«. Vor allem unser nie eingehaltener Putzplan amüsierte sie.

An ihrem letzten Abend gingen wir auf den Friedhof. Den ganzen Weg über waren wir bedrückt, erst recht, als wir an unserem alten Haus vorbeikamen. Am Grab stellten wir eine Kerze auf, und Jean fragte, wie ich mit allem zurechtkäme. Doch was ich dachte und fühlte, passte nicht in ein paar Sätze. Denn für jeden Moment, in dem ich verstand, dass ich nie mehr mit Mom in der Küche sitzen und reden oder sie lesend im Garten vorfinden würde, kam wieder einer wie dieser hier, in dem es einfach *unbegreiflich* war. Und so starrte ich nur auf die Flamme, bis sie vor meinen Augen verschwamm und meine Schwester den Arm um mich legte.

»Der Tod ist ein Sammler«, sagte sie leise, sonst sagte sie nichts.

Zurück in der Wohnung holten wir ihr Weihnachtsgeschenk an mich: ein Kassettenrekorder mit professionellem Mikro (»von deiner ›Tante‹«, hatte sie gesagt). Wir tranken Punsch, machten wie früher Armdrücken – Jean war verblüffend stark und hatte mich immer besiegt – und nahmen bescheuerte Jahresvorsätze auf Band auf. Meine Schwester kündigte sogar an, wieder ein paar Klavierstunden zu nehmen. Sie wirkte ausgelassen wie selten, doch inmitten dieser Stimmung brach es aus mir heraus. »Mom fehlt mir …«, ich zögerte und stellte das Mikro ab, »aber manchmal ist ein Teil von mir auch fast *erleichtert,* dass das alles vorbei ist: die ständige Angst um sie, die Kontrollen, das ewige

Warten … Ich hasse mich dafür und vermisse sie, aber ab und zu denk ich so. Verrückt, oder?«

Doch Jean sagte nur: »Quatsch, mir geht's genauso«, und ich fragte: »Echt?« Und sie nickte und sagte, es falle ihr auch noch immer schwer zu verstehen, dass sie Mom kritisieren und trotzdem liebhaben könne. Aber dass sie irgendwann kapiert habe, dass man diese ganzen widersprüchlichen Emotionen sowieso nicht mit Denken lösen oder ordnen könne: »Es sind Gefühle, man kann sie nur fühlen.« Und darüber redeten wir, bis Dad verschlafen im Morgenmantel zu uns ins Zimmer kam.

Der Winter krallte sich an Grady fest und wollte gar nicht mehr loslassen, doch Ende März gab er sich endlich geschlagen. Die monatelang verschneite Landschaft war wie ein leeres weißes Papier, auf das die Natur nun wieder alle möglichen Farben malte. Man sah die ersten Blätter an den Bäumen und Blumen, die sich langsam aus der Erde emporarbeiteten. In der Ferne das gleichmäßige Brummen der Traktoren.

Dad und ich kamen einigermaßen gut durch die Zeit. Nur einmal, als er sich allein wähnte, hörte ich ihn weinen. Ich wollte ihn trösten, hatte jedoch Angst, dass es ihm peinlich wäre, und blieb im Zimmer. Ohnehin spielten wir unsere Gefühle eher über Bande. Unser Trick war der blaue Holzlöwe, den Mom von all ihren kleinen Tieren am liebsten gemocht hatte. Wir versteckten ihn an den unmöglichsten Orten, so, wie sie es oft getan hatte. Ich legte ihn zum Beispiel unter Dads Kopfkissen, tagelang passierte nichts, dann fand ich den Holzlöwen plötzlich in meinem

Federmäppchen. So konnten wir zeigen, dass wir aneinander dachten, aber auch an Mom.

Kochen konnten wir beide nicht, trotzdem mussten wir nicht verhungern. Seit der Beerdigung legten uns alle möglichen Leute aus Grady Essen vor die Tür, in Tupperdosen oder in Alufolie verpackt. In der Regel kam es von den Ehefrauen von Dads Stammtischkumpeln und unserer Kirchengemeinde. Und von Barry mit dem Rasenmähergeschäft, der einen großartigen Nudelauflauf machte, so dass wir ihn unter uns nur noch *Pasta-Barry* nannten.

Nach dem Abendessen machte sich Dad dann häufig noch einen »starken Kaffee« und las Bücher. Oder wir spielten eine Runde Scrabble. Ich mochte dieses Ritual, weil wir so Zeit miteinander verbrachten und das Schweigen plötzlich zum Spiel gehörte und nicht zu uns. Denn noch immer redete er eher wenig und hatte diese unsichtbare Wand um sich herum. Allerdings fand ich das gar nicht mehr so schlimm, weil ich ja nun wusste, wieso es so war.

Im Unterricht schlug ich mich »den Umständen entsprechend« ganz gut, wie die Lehrer sagten. Mathe blieb mein bestes Fach, doch insgeheim fühlte ich mich von den Zahlen verraten. Mom gehörte zu den siebzig Prozent, die keine fünf Jahre überlebten, ihr Tod war statistisch gesehen nicht tragisch, sondern realistisch gewesen. Diese Logik war simpel und klar, aber in ihr lag kein Trost.

Worte dagegen waren nicht so leicht zu durchschauen, dafür konnte man in ihnen etwas finden, das tröstete und einem das Gefühl gab, nicht allein zu sein. Deshalb mochte ich auch die Stunden beim Inspector. In den letzten Monaten hatten wir eine Menge anderer Bücher durchgenommen wie *Von dieser Welt*, *Little Women* oder *Wer die Nachtigall stört*, nun legte er den Fokus wieder auf *Hard Land* und unseren Jahresaufsatz.

»Wie ihr wisst, hat sich William Morris wie viele amerikanische Autoren den drei Ws zugewandt: *Whiskey, Weed and Women.*« Das Glasauge des Inspectors fixierte uns. »Wobei sein Gras eher Opiate waren. Er war einem ausschweifenden Leben durchaus nicht abgeneigt, vor allem Frauen nicht. Gleichzeitig hat er mit dem prüden und religiösen Mittleren Westen gehadert, wo zu seiner Zeit jede Andeutung von Sex verpönt war und nicht gedruckt worden wäre. Vergesst bitte nicht, dass selbst in dieser Schule noch immer Weltliteratur wie *Madame Bovary* auf dem Index steht, nur weil sie von Ehebruch handelt und sexuelle Andeutungen enthält. Und damals ging es noch weitaus bigotter zu. Ein Gedichtband von Morris wurde nicht gedruckt, weil er zu detailliert ein Eheleben schilderte. Er hatte sich geweigert, die betreffenden Stellen zu streichen.«

Der Inspector ging langsam zur Tafel. »Diese von den Fundamentalisten veranlasste Zensur hat ihn sehr verärgert. Denn wie ihr euch vorstellen könnt, ist damals in den Schlafzimmern das Gleiche geschehen wie heute, nur dass darüber eben nicht geredet wurde. Dabei war in diesen harten Zeiten der geschlechtliche Akt für viele auch eine Erlösung.« Die Bemerkung schien ihm wichtig zu sein, er schrieb das Wort sogar an die Tafel: E-R-L-Ö-S-U-N-G. »Seine letzten Jahre verbrachte Morris an der Ostküste, wo es liberaler war. Allerdings hatte er da lange nichts mehr veröffentlicht.«

Wir besprachen die Anspielung des Titels auf den Begriff »Heartland« und den Kniff von Morris, die fünf Teile seines Gedichtzyklus wie ein Drama aufzubauen: Exposition, Komplikation, Peripetie, Retardation und Katharsis. Der Inspector schrieb ein Verzeichnis aller wiederkehrenden Elemente in *Hard Land* an die Tafel. Tatsächlich drehte sich vieles um die immer gleichen Orte und Menschen.

Mir fiel ein, wie wir mal über allegorische Bilder geredet hatten und dass die Schule vermutlich die Politik und Zensur jener Zeit symbolisierte und der bibelfeste Farmer, der im Wirtshaus Vorträge hielt, die Religion. Außerdem schienen sich alle Mütter im Buch ähnlich zu verhalten und für etwas Bestimmtes zu stehen – genau wie der liberale Apotheker-Onkel des Helden, der wie so viele seinen Sohn in der als sehr gefährlich beschriebenen Fabrik verloren hatte. Aber mein Verstand streiften diese Gedanken nur, ohne sie wirklich festhalten zu können.

Der Inspector fragte, ob es außer den Müttern andere wiederkehrende Frauenfiguren gäbe. Ich schaute in meinem Buch eine der betreffenden Stellen nach.

… wird es spät, doch die Tochter des Wirts ist noch da
und wartet.
Zwei Männer sind es, keiner geht.
Zu welchem sehnt sie sich? Ist's der Kräftige mit dem
Bart? Nein, der Unscheinbare mit dem stechenden
Blick ist es. Sie sieht zu ihm.
Das Schweigen füllt den Raum. (…)
  Zwei sind es, und keiner geht.
Keiner will den anderen den letzten Mann sein lassen.

Ich meldete mich. »Die Wirtstochter?«

Der Inspector nickte anerkennend. »Genau, sie taucht als eine der wenigen weiblichen Figuren immer wieder auf.«

Wir redeten auch über die letzte Zeile von Morris' Gedicht. *»Bis hinaus über die Zeit, denn zurückkehren kann ich nur als Mann«*, sagte der Inspector, »das ist klassisches *Coming of Age.* Nur was verstehen wir unter dem Begriff eigentlich?«

Niemand meldete sich. Er zog eine Augenbraue hoch. »Nun, bei einem Blick in die Literaturgeschichte fällt auf, dass der klassische Held oft auf einer inneren oder äußeren Reise ist. Ausgelöst in der Regel durch ein einschneidendes Erlebnis wie Verlust oder Liebe, aber auch durch eine erste Konfrontation mit den großen menschlichen Fragen. Das alles zwingt den Helden, sich zu verändern, zu reifen und seinem alten Leben zu entwachsen. Kurz: *Coming of Age.*« Das Glasauge musterte die Bankreihen. »Weiß jemand außer dem Schluss noch eine Stelle im Gedicht, die sich explizit auf dieses Thema bezieht?«

Und wieder hob ich die Hand. Es war die Stelle, die Kirstie mir letzten Sommer gezeigt hatte: Der namenlose Held beobachtet ein Kind, das selbstvergessen mit einem Ball spielt, ehe die Mutter das Spiel unterbricht und die Tochter wegzerrt:

> *Kind sein ist wie einen Ball hochwerfen, Erwachsenwerden ist, wenn er wieder herunterfällt.*

Ich las die ganze Passage vor und gab dazu Kirsties Erklärung ab, und jetzt schaute mich der Inspector anerkennend an. »Ausgezeichnet, Samuel. Da hat jemand das Buch gründlich gelesen.«

Ich freute mich über das Lob, trotzdem tauchte ich für den Rest der Stunde ab. Denn mir wurde bewusst, dass *mein* Ball schon längst wieder herunterfiel, und ich fragte mich, ob ich ihn zuvor, speziell im letzten Sommer, wirklich hoch genug geworfen hatte.

Nummer 45

Nachdem das Kino geschlossen hatte, tat sich eine riesige Leere auf, die ich mit neuen Aktivitäten füllen musste. Ich ging wieder jeden Morgen vor der Schule joggen, und Dad erlaubte mir, mich bei einem Boxverein in Hudsonville anzumelden. Ich nahm zwar an keinen Kämpfen teil, und der Coach nannte mich oft »Mückengewicht«, aber ich mochte es, im Gym mitzutrainieren und gegen den Sandsack zu boxen. Ich rauchte auch weniger, aber ein paar Zigaretten pro Tag waren es immer noch.

Die größte Veränderung war jedoch der Theaterkurs. Sie suchten jemanden für die Rolle eines melancholischen Straßenmusikers, der kaum Dialog hatte und das Stück mit Coversongs auflockern sollte. Früher hätte mich der Gedanke abgeschreckt, dass mich alle anstarren würden – nun war es mir egal, denn das taten sie eh.

Mrs. Hughes, die Leiterin des Musicals, bat mich, einen ruhigen Song vorzuspielen, am besten einen mit »Herzschmerz«. Ich wählte *Drive* von den Cars und legte alles an Herzschmerz hinein, was ich hatte. Nach ungefähr vierzig Sekunden sagte sie: »Okay, okay, du kriegst die Rolle!«

Die Proben waren mehrmals die Woche, und da ich für den Part längere Haare brauchte, ließ ich sie wachsen. Ich will nicht sagen, dass mich diese Rolle beliebter machte, aber wenigstens war ich für meine Mitschüler nicht mehr nur der seltsame Spinner, sondern der seltsame Spinner/Musiker.

Hilfreich war auch, dass etwa zur selben Zeit der neue Eigentümer des Larry's den rundum erneuerten Laden aufmachte und nun gezielt Gerüchte über mich verbreitete. Ich hörte, wie die Schüler auf den Gängen flüsterten, wenn ich vorbeikam. Angeblich sei ich von der Selbstmordklippe gesprungen. Angeblich hätte ich mich mit Chuck Bannister geprügelt und seinen Wagen demoliert. Angeblich hätte ich mich mit Reverend Connors angelegt und bei einer Beerdigung einen Rocksong gespielt. Angeblich gehörte mein Mercury tatsächlich *dem* Brandon »Hightower« Jameson, der mal einer Fledermaus den Kopf abgebissen hatte.

Damit nicht genug, hatte mich der neue Eigentümer des Larry's auch sofort eingestellt. Trotz der Totalrenovierung hatte er vieles beim Alten gelassen. Neben dem neuen Billardtisch hatte er einen *Defender*-Automaten aufgestellt, außerdem waren der Cheeseburger besser, die Pommes knuspriger und die Chicken Wings nicht mehr tödlich, sondern mit der Karamell-Cola-Sauce (auf der Karte stand: *eines der neunundvierzig Geheimnisse*!) sogar das Highlight.

Vor allem ließ sich der neue Eigentümer partout nur mit

Larry anreden. Selbst ich musste das während der Dienstzeit machen.

»Ich weiß, es gibt eine bescheuerte Übergangsphase«, sagte er. »Zumindest solange mich noch ein paar Schüler kennen. Aber in ein paar Jahren haben sie sowieso alle ihren Abschluss, und dann bin ich für die neuen Schüler einfach nur Larry.«

Es war seltsam, mit Cameron zu arbeiten. Zum einen, weil er nun mein Boss war, auch wenn er das nie raushängte und mich in alle Entscheidungen miteinbezog. Zum anderen, weil wir im Gegensatz zum Kino wirklich jede Menge zu tun hatten, denn es war fast immer voll. Man spürte, wie sehr Grady diesen Ort gebraucht hatte. Die Wiedereröffnung von Larry's Corner war die erste gute Nachricht für die Stadt seit Ewigkeiten. »Siehst du«, sagten die Leute. »Geht nicht *alles* zugrunde hier, immerhin gibt's jetzt das Larry's wieder.«

Ein paar Wochen nach der Eröffnung kündigte auch Mr. Leithauser seinen Besuch an. Wir hatten den Laden die ganze Nacht geputzt, Cameron trug sein hellblaues Sakko und hatte seinen Vokuhila gestutzt, ich hatte ein Hemd an. Wir waren bereit.

Beim Warten dachte ich an das, was Cameron mir erzählt hatte. Wie er seinem Vater damals gesagt habe, er wisse endlich, was er mit seinem Leben anstellen wolle: Er wolle nicht wie alle anderen abhauen, sondern bleiben und mithelfen, Grady zu *retten.* Vielleicht würde die Stadt eines Tages mal heruntergekommen und abgewickelt sein, aber er wolle sich zumindest dagegen wehren. Und da Mr. Leithauser genauso sentimental an diesem Kaff hing wie sein

Sohn, hatte er ihm erlaubt, das Wirtschaftsstudium zu schmeißen, und ihn unterstützt. Und so wanderte das Geld aus den Helikoptersitzen nun quasi direkt in die neuen Chicken Wings.

Als Mr. Leithauser erschien, gab er mir fest die Hand und inspizierte alles. Er erinnerte mich ein bisschen an meinen eigenen Vater; auch ihm fiel es nicht leicht, seinen Sohn zu loben. Aber dann blickte er sich im rappelvollen Laden um und sagte nur drei Worte: »Gut gemacht, Cameron!«

Und man konnte sehen, wie viel Cameron das bedeutete.

In diesem Frühling gab es häufiger Situationen, in denen ich mit dem Mercury übers Land fuhr und mich besser fühlte oder in einem Gespräch lachte und Moms Tod vergaß – und danach immer ein schlechtes Gewissen bekam. Mit Mädchen dagegen blieb es schwierig. Cameron, der sich als mein Imageberater verstand, behauptete zwar, dass die Gerüchte schon noch ihre Wirkung erzielen würden. Bloß, dann lag es eben an mir. Es kann nämlich sein, dass ich bei einer Mitschülerin aus dem Theaterkurs eine Chance gehabt hätte, nur war ich zu schüchtern, und dann ging sie bereits mit einem anderen Jungen aus. Schon komisch. Ich sprang von der Klippe, stürzte mich auf Chuck Bannister, schaffte es aber einfach nicht, ein Mädchen auf ein Date einzuladen.

Manchmal sah ich mich von außen und hatte das Gefühl, dass ich mich in einen Fremden verwandelte, den ich so niemals auf der Rechnung gehabt hatte. Ich dachte daran, wie albern ich früher oft gewesen war, und an den Abend, als ich *Zurück in die Zukunft* gesehen und mit Kirstie getanzt hatte. Als ich das Gefühl gehabt hatte, ich könnte vielleicht so jemand sein, bevor sich alles wieder änderte. Und ich würde gern behaupten, dass mir das nicht wichtig war, aber ich lebte nun mal nicht nur auf dem Sumpfplaneten *Moms Tod*, mit Dad und mir als einzigen Bewohnern. Sondern auch noch auf einem anderen, auf dem man Hausaufgaben machen musste, auf dem die Landschaft um mich herum blühte und der von Mädchen bevölkert wurde, die sich immer knapper anzogen. Und die in den Pausen auf dem Schoß eines Jungen saßen und taten, als wäre das keine große Sache.

Zu Kirstie hatte ich seit Weihnachten keinen Kontakt mehr gehabt. Mom hatte mal erzählt, wie mein Vater nicht aufgegeben und sich um sie bemüht hatte. Also setzte ich mich eines Nachmittags hin und nahm mit Kassenrekorder und Mikrophon meine Akustikversion von *Drive* auf. Ich schickte das Tape an Kirstie und schrieb, dass ich sie vermisste. Ins Kuvert legte ich noch ein Foto von mir und Cameron, wie wir am Tag der Wiedereröffnung stolz vor dem Larry's standen.

Ein paar Tage geschah nichts, dann erhielt ich den längsten Brief, den ich je von ihr bekommen hatte! Ich musste beim Lesen die ganze Zeit grinsen, und als ich fertig war, las ich alles gleich noch mal. Als Erstes entschuldigte sich Kirstie, dass sie sich nicht gemeldet hatte. Es sei sehr viel los gewesen, sie habe noch nie eine Beziehung gehabt wie die jetzige mit ihrem englischen Kommilitonen und sie sei anders als früher auch mit einigen Mädchen befreundet. Zum ersten Mal habe sie das Gefühl, sie sei einfach so als Mensch interessant genug. Sie habe dabei oft an die Unterhaltung mit mir denken müssen, als ich sie genau darin bestärkt und gemeint hätte, sie müsse sich gar nicht ändern.

»*Und natürlich habe ich Deine Worte damals in mein Buch eingetragen*«, schrieb sie, »*es war mir nur zu peinlich, es zuzugeben, als Du danach gefragt hast. Ich habe jedenfalls auch oft an Dich gedacht. Aber gerade, weil es für Dich so eine schwierige Zeit war und weil eben auch nicht ganz klar war, was letzten Sommer zwischen uns gewesen ist, habe ich immer gezögert, Dir zu schreiben. Ich wollte Dir nicht zu nahe treten und Dir meine Beziehung und mein Glück unter die Nase reiben. Falls dieses Zögern falsch war, tut es mir leid.*«

Sie schrieb, dass sie den Song mehrmals angehört und das Foto an ihre Pinnwand geheftet habe. Sie finde, die längeren Haare würden mir stehen, ich sähe älter und richtig gut aus (das las ich bestimmt fünfmal) und sei ein »toller Musiker, doch das weißt du ja«. Am Schluss schrieb sie, dass sie mich auch vermisse und sich immer über meine Briefe freue. Und dass sie vielleicht im Sommer nach Grady kommen würde, das habe sie auch ihren Eltern versprochen. Und an diesen letzten Satz dachte in den folgenden Wochen immer wieder.

Nummer 46

Gegen Ende des Schuljahrs hatte jemand nachts das Wort *Schwuchtelschuppen* auf die Scheiben des Larry's geschmiert. Wir wischten es trotzig ab und bekamen auch

Zuspruch von unseren Gästen, die Cameron sagten, er solle sich nichts denken. Er war ohnehin unbeirrbar und sprudelte nur so vor Ideen. Für den Spätsommer plante er ein Freiluftkino am Lake Virgin: das *Metropolis am See.* Und aus der alten Fabrik am Stadtrand wollte er wiederum einen Club machen. In der Spinnerei sollte Rock laufen, in den Büros Pop, und in der Halle, wo einst die mechanischen Webstühle gestanden hatten, New Wave. Allerdings war Grady seiner Meinung nach noch nicht reif für diese Idee und müsse erst »sanft herangeführt« werden.

Erst mal hatte eh das Theaterstück Aufführung. Dad, Cameron und Kirsties Eltern kamen und sahen, wie ich mit aufgeklebtem Bart und Hut diesen älteren Musiker gab, der ab und zu Coversongs spielte. Beim Schlussapplaus, als wir einzeln auf die Bühne kamen und ich in die Menge winkte, sah ich den Inspector klatschen, und Cameron brüllte, er wolle ein Kind von mir. Aber niemand jubelte so laut wie Dad. Er stand auf und applaudierte ewig. Und auch wenn er nur in einer Menschenmenge zeigen konnte, dass er stolz auf mich war, freute es mich.

Bei meinem Aufsatz über *Hard Land* in Literatur reichte es dagegen nur zu einer Zwei minus. Es hatte bei diesem Test drei Fragen gegeben:

1. *Wie stehen Sie persönlich zu den »neunundvierzig Geheimnissen«?*
2. *Definieren Sie den Begriff* Coming of Age.
3. *Was ist in Ihren Augen die Aussage des Gedichts? Begründen Sie Ihre These in einem eigenständigen Aufsatz.*

Bei der ersten Frage hatte ich über den letzten Sommer geschrieben, bei der zweiten größtenteils das geantwortet, was der Inspector im Unterricht gesagt hatte. Bei der dritten und entscheidenden Frage hatte ich mich dann vor allem auf den Aspekt der *Vergebung* konzentriert. Denn wie der namenlose Held im Streit sein Zuhause verließ, beschäftigte mich sehr.

Der Aufsatz gefiel dem Inspector zwar, doch er fand, dass ich letztlich wie alle anderen nicht kapiert hatte, worum es in dieser »Ode ans Erwachsenwerden« (meine pathetischen Worte) am Ende wirklich ging.

Dabei hatte ich mir ziemlich Mühe gegeben und alles aufmerksam gelesen. Etwa diese Stelle aus *Ich bin meine eigene Stadt*, dem längsten Gedicht des Bands:

Ich stehe an der Tür. Muss das Haus verlassen.
Ich blicke zurück, doch die Vergangenheit ist eingegraben in die Erde, und der Ort wird dich vergessen.

Oder als Morris in einem anderen Gedicht über einen jungen Bauern sinnierte:

… Dunkelheit über den Feldern.
Dein Brustkorb schwillt vor Zuversicht und du horchst in die gute Nacht: (…)
Hier wirst du bleiben und eine Familie gründen.
Doch es ist ein hartes Land, und es wird dir alles abverlangen. Du wirst alt werden und deine Gedanken werden an Kraft verlieren.

Bis sie vom Horizont zurückprallen wie von einer
gläsernen Wand. (…)
Befreie dich, tapferer Mensch!

Und ich hatte an eine der letzten Stunden gedacht, als der Inspector sagte, dass es damals eine gottesfürchtige, schwere Zeit gewesen sei, und aus dem Buch zitierte: *»Getränkt ist die Erde mit dem Schweiß der Väter, getränkt mit dem Blut der Mütter.«* Er hatte noch einige Stellen vom Schluss vorgelesen, als Morris fast inflationär das Titelwort des Gedichts benutzte und für seine Verhältnisse pathetisch über die »hartgeschlagenen Metallrohre« in den Fabriken und die »langen Schlote« geschrieben hatte, die nur weiße Wolken produzierten. Und über das Elend und Leid der Arbeiter, die tagein, tagaus »hart schufteten« und dabei immer nur auf das Morgen warteten, *»beseelt von einem unsichtbaren Vertrag«*.

»Denkt dran«, sagte der Inspector. »William Morris war ein hintergründiger Mann. Ein Chronist seiner Zeit, ja, aber auch ein Spieler, ein Abschreiber, ein Dieb, einer, der sich lustig macht.«

Und dann hatte er uns auch noch mal das Ende vorgelesen. Die allerletzten Zeilen aus *Hard Land* schilderten, wie der namenlose Held mit einem Boot den See überquerte und verschwand.

… Die Zukunft aber soll mich tragen.
Nichts kann mich bezwingen, nichts kann wahrlich
sterben.
Auch nicht der Tod, umwogt vom Leben.

Entschlossen steige ich in das Boot.
Kein Zoll mehr in mir, der sich fürchtet. Denn ich weiß die Stadt in meinem Rücken und bin nicht allein.
Und so rege ich die Ruder, stets zum Neuen vor und zurück …
Bis hinaus über die Zeit, denn zurückkehren kann ich nur als Mann.

Ich war enttäuscht über die Zwei minus. Andererseits war es eine meiner besten Noten in Literatur, und nicht mal die sonst überragende Jean hatte damals eine Eins bekommen (sie hatte Morris' Gedichtband gehasst und in ihrem Essay über die Unterdrückung der Frauen geschrieben). Und so tröstete ich mich eben damit, dass ja Dienstag war. Ich ging ins Brautmodengeschäft und holte mir von der alten Mrs. Ricks einen Blaubeermuffin, und tatsächlich schmeckte er so verblüffend gut und saftig wie im vergangenen Sommer.

Kauend schlenderte ich in der späten Maisonne durch die Stadt, im Walkman ein selbstgemachtes Tape. Trotz Führerschein mochte ich es, zu Fuß zu gehen, weil ich dann oft auf Gedanken kam, die ich so noch nie gehabt hatte. Ich dachte daran, wie ich mich lange damit gequält hatte, dass ich vor Moms Tod so selten zu Hause war; dass ich sie vielleicht sogar bewusst gemieden hatte, damit mich ihre Krankheit nicht runterzog. Dieses Gefühl hatte ich nie ganz auflösen können, es war wie ein rostiger Nagel aus meiner Erinnerung herausgestanden. Bis mir nur eine Sache geholfen hatte:

Es einfach zu akzeptieren.

Und dann dachte ich an Hightower, der ebenfalls seine Mutter verloren hatte. An Dad mit seiner schwierigen Kindheit und an Jean, die oft in ihrer eigenen Welt verschwand – mich aber vor kurzem nachts verweint angerufen hatte, als sie sich alte Anrufbeantworter-Nachrichten von Mom anhörte … Jeder hatte seine Geschichte, aber es ging weiter, es kam trotzdem wieder der Sommer, und ich betrachtete die Kinder, die diskutierend auf ihren Tretrollern an mir vorbeifuhren, die alte Frau, die ihren Hund spazieren führte, und das Spinnennetz an der Bushaltestelle, das sich sanft im Wind auf und ab bewegte … Auf einmal vermischten sich all meine Erinnerungen und Gedanken zu einem einzigen Gefühl, zu einem: Es ist okay, zumindest für diesen Moment. Und da drehte ich die Musik auf und sprang wie früher auf die Bank und wieder hinunter.

Nummer 47

Seit der letzten langen Nachricht hatte ich wieder öfter mit Kirstie geschrieben. Sie erzählte von ihrem Leben im Studentenwohnheim, ihren Freunden in New York und dass sie die Weite von Grady vermisse. Oder sie teilte mir die neuesten Funde von ersten Sätzen mit (*»Wir waren irgendwo bei Barstow am Rande der Wüste, als die Drogen zu wirken begannen.«* – Hunter S. Thompson, *Angst und Schrecken in Las Vegas*, und: *»Die Vergangenheit ist ein fremdes Land, dort gelten andere Regeln.«* – L. P. Hartley, *The Go-Between*).

Sie schrieb auch manchmal von ihrer Beziehung. Ich will nicht lügen, natürlich war ich eifersüchtig. Allerdings wusste ich auch, wie es war, wenn man sich nicht gut genug fühlte und dann Bestätigung bekam, denn so war es mir bei ihr ergangen. Und es war schön, dass ihr das Gleiche passierte.

Irgendwann schrieb sie nicht mehr über den Engländer. Dann erfuhr ich, dass sie sich getrennt hatten, »im Guten«, weil er zurück nach London gegangen war und sie an der NYU blieb. Ich versuchte, etwas Tröstendes zu schreiben, und suchte ewig nach den richtigen Worten. Danach hörte ich erst mal nichts von ihr, bis sie sich für meinen Brief bedankte. Von da an schrieben wir uns jede Woche.

Es war komisch, aber schwarz auf weiß fühlte sich alles klarer und erwachsener an. Als könnte ich manche Überlegungen schon ein, zwei Jahre früher pflücken und sehen, wie ich mal sein würde. Auch Kirstie wirkte in diesen Nachrichten ernster und nachdenklicher. Sie erzählte, wie viel Spaß ihr das Lernen am College mache und dass sie mit ihren Freundinnen einen »nerdigen Buchclub« gegründet habe. Und als sie schrieb, dass sie froh sei, dass ihr trotz Zahnspange die kleine Lücke geblieben sei, weil diese sie daran erinnerte, dass es auch mal eine große Lücke gegeben hatte, oder dass ihre Eltern sie erst jetzt, wo sie weit weg war, vermissten, da fühlte ich mich fast schon wie ihr altes Notizbuch, in das sie ihre geheimen Gedanken eintrug.

Schließlich schlug sie vor zu telefonieren.

Am verabredeten Abend saß ich vor dem Telefon und war so nervös, dass ich fast in die Luft sprang, als es wirklich klingelte. Kirsties Stimme reichte schon, um mich zum

Lächeln zu bringen, trotzdem war die Vertrautheit aus den Briefen erst mal weg. Wir stellten nur verlegene Fragen. Bis zwei Kommilitoninnen von ihr im Hintergrund blöde Sprüche machten, mit wem sie da rede. Wir blödelten zurück, und ab da wurde es lustiger.

Irgendwann erkundigte sich Kirstie, was bei mir mit Mädchen sei. Ich überlegte, ob ich etwas erfinden solle. Dann gestand ich, dass nichts lief und ich noch immer ein potentielles Opfer des Jungfrauen-mordenden Dämons mit der Maske wäre. Und da lachte sie nur. Am Ende des Gesprächs meinte sie dann, dass sie gern ein ganzes Tape von mir hätte, am liebsten mit gecoverten *und* selbstgeschriebenen Liedern. Noch in der Nacht machte ich mich an die Arbeit.

Der erste Song hieß *Euphancholia!* und erzählte von dem schier endlosen Sommer und den zwanzig Minuten von zu Hause bis zum Kino; von den alten Problemen daheim und den neuen Erlebnissen dort. Ich hatte gleich eine Melodie und war ganz überrascht, wie leicht es mir fiel. Als Nächstes machte ich mich an *Everybody Loves Beginnings,* wo ich erste Romansätze zitierte, wobei ich mir einen sogar selbst ausdachte *(»Zugegeben, das Gutachten sagt etwas anderes, doch es ging mir nie besser«).* In *The Green Buick* dagegen ging es um Wut, in *Room Without a Door,* ohne dass ich es wirklich aussprach, um Trauer.

Ich nahm auch noch ein paar der Coversongs aus dem Theaterstück auf, aber am wichtigsten war für mich das letzte Lied auf der B-Seite. Es hieß *Three, Two, One* – und ging nur über Kirstie. Darüber, wie sie komische Sprichwörter erfand oder Sätze sagte wie »Da war ich noch tot«. Über ihren Mr. Bojangles, der vermutlich gut versteckt in ihrem Bett im Studentenwohnheim lag, ihre dunklen Augenbrauen, die mir an ihr als Erstes aufgefallen waren, und ihr Lächeln, bei dem ihre Zunge oft zwischen den Zahnreihen aufblitzte. Vor allem erzählte das Lied unsere Geschichte. Von den Tagen in der Hütte, als sie für mich da gewesen war. Und dass ich sie einfach nicht vergessen könne, weil das Herunterzählen von zehn bei mir damals eben doch gewirkt habe und ich noch immer in sie verliebt sei. Im ersten Refrain hatte ich selbst ein »Zehn, neun, acht, sieben«, im zweiten ein »Sechs, fünf, vier«, und am Schluss zählte ich dann ganz ohne Musik runter: »Drei, zwei, eins … *Jetzt*!«

Ich überlegte ewig, ob ich ihr das wirklich schicken konnte, denn danach gab es kein Zurück. Mal dachte ich: *Was soll's, ich hab ja nichts zu verlieren,* dann wieder: *Bist du eigentlich bescheuert?! Das schickst du ihr auf keinen Fall!*

Aber aus der Ferne war ich mutiger, also malte ich das Kino bei Nacht und klebte das Bild auf die Kassettenhülle.

Und dann schickte ich ihr das Tape tatsächlich zu.

Kirstie schrieb auch schon ein paar Tage später zurück, dass sie alles bekommen habe und sich darauf freue – dann hörte ich plötzlich nichts mehr von ihr.

Wirklich *gar nichts* mehr. Genau wie damals bei Sarah nach dem Festival.

Zweimal schrieb ich noch. Einmal unschuldig über etwas völlig anderes, und einmal mit einer direkten Frage zum Tape. Ich erhielt keine Antwort. Das machte mich so verrückt! Ich konnte kaum noch einschlafen, weil ich mich so für das Album und den letzten Song schämte. Wie konnte ich nur so dumm sein, so ein peinliches Lied zu schreiben und es ihr dann auch noch zu *schicken*! Wieso hatte ich vorher nicht mit Cameron oder Jean geredet? Doch es war zu spät. Und ich weiß nicht, ob jemand versteht, wie schlimm das alles war, weil ich mich ihr quasi ausgeliefert hatte.

Nummer 48

Die Sache mit Kirstie nahm mich so mit, dass ich mich kaum freute, als endlich wieder die Sommerferien begannen. Ich schleppte mich zu meinem Job im Larry's, ich schleppte mich nach Hause. Und hätte ich bei der Arbeit nicht Xander und Helen kennengelernt, die mit mir die Schicht teilten, wäre ich vermutlich gar nicht mehr aus diesem Loch rausgekommen.

Die beiden waren ein Paar und gingen in meine Jahrgangsstufe. Obwohl wir einige Kurse zusammen hatten und sie auch im Theaterstück dabei gewesen waren, hatte ich bisher kaum mit ihnen zu tun gehabt. Helen war eher laut und versponnen, sie trug selbstgenähte und -designte Kleidung, hatte rote Haare und war wie meine Schwester politisch aktiv. Xander hatte Dreadlocks und war mehr der Besonnene. Er spielte Bass in einer Band und hielt sich für den größten INXS-Fan der Welt, weshalb wir natürlich viel zu reden hatten.

Mit Helen und Xander herumzuhängen war zunächst seltsam, denn anders als im letzten Sommer, als ich der Jüngste gewesen war, waren wir nun alle gleich alt, und ich redete auch viel mehr und offener als damals. Sie fragten mich, ob die Gerüchte über mich stimmten – also die über das Konzert in der Kirche oder die Schlägerei mit Chuck. Und ob auch das mit Mom stimmte. Und in der Art, wie sie fragten, erkannte ich, dass sie vor all diesen Sachen irgendwie Respekt hatten und dass viele in meinem Jahrgang offenbar ähnlich dachten.

Nach der Schicht im Larry's fuhren wir manchmal mit dem Mercury zum Baden oder machten ein Lagerfeuer an der Grillstelle am Missouri River. Ich zeigte Helen und Xander auch die fünf Wellen. Beide stellten sich begeistert auf die Ladefläche und schafften je drei Hügel, während ich wie früher Hightower nur den Fahrer spielte.

Mit Cameron dagegen war es, als kannte ich ihn schon immer. Jetzt, da Kirstie nicht mehr da war, erzählte er eben alle seine Affären mir. Ebenso, wenn bei seinen Besuchen im Café in St. Louis mal wieder alle von dieser neuen, sich angeblich schnell verbreitenden Krankheit sprachen: Aids. Doch Cameron meinte, das meiste davon seien bestimmt nur »bewusst gestreute Gruselgeschichten«, von denen er sich sicher keine Angst einjagen lassen werde. Inzwischen wusste ich wie in einer Ehe genau, wann er reden wollte, wann er seine neurotischen Minuten hatte, wann er einen Spruch bringen würde, wann er sich einsam fühlte, wann er eine rauchen musste. Letzteres konnte ich sogar auf die Sekunde voraussagen.

Einmal steckte er sich wieder eine an und sagte: »Weißt du was? Diesen oder nächsten Sommer werde ich mal spontan bei dir klingeln. Und dann fahren wir mit Brands Karre nach Kalifornien und besuchen ihn und deine großartig fiese Schwester.«

Und ich wünschte mir, dass er es ernst meinte.

Ein paar Tage später stieg seine wochenlang angekündigte Party zum sechzigsten Geburtstag des Larry's (ich bin allerdings fast sicher, dass er sich dieses Jubiläum ausgedacht hat). Wir dekorierten die Wände mit Schwarzweißfotos aus den Anfängen des Diners, im Hinterhof gab es Livemusik und einen zweiten Grill. Und ich weiß nicht, wie er es gemacht hat, aber irgendwann kamen immer mehr Leute, nicht nur aus Grady, sondern auch aus Brisbee, Hudsonville und anderen Städten. Ein glorreicher Moment, denn niemand von diesen Menschen wäre jetzt hier gewesen, wäre Cameron damals zum Studieren nach Chicago gegangen. Wir standen im Hof, umspült von den Tanzenden. Ich stieß ihn an, er lehnte den Kopf an meine Schulter, dann grinsten wir beide.

Wir machten die Nacht zu viert durch, erst am Morgen verabschiedete Cameron sich gähnend. Ich räumte noch ein bisschen mit Helen und Xander auf, dann setzten wir uns an den See. Wir sprachen über das bevorstehende letzte Schuljahr und das große *Danach.* Ich sagte nicht, dass ich später irgendwas mit Zahlen machen wolle, denn das wollte ich nicht mehr. Ich sagte nur, dass mein Onkel Bill versprochen hatte, mir zu helfen, falls ich in New York aufs College wollte. Oder aber ich blieb erst mal hier, machte Musik und half Cameron bei seinem Rettungsversuch von Grady.

Alles klang gut und wunderbar weit weg, und es war eine dieser Unterhaltungen, bei der alle Gedanken zu funkeln schienen und bei der wir das Gefühl hatten, mit jeder Bemerkung zu wachsen.

Ich erzählte, dass meine Schwester in diesem Kaff vielleicht ihre beste Zeit gehabt habe und es für sie danach nie wieder so schön gewesen sei. Doch Helen meinte, dass in Wahrheit vielleicht gar nicht Grady das Geheimnis gewesen wäre, sondern vor allem, dass Jean damals jung war. Ich blickte auf den See und dachte, dass das stimmen könnte, und irgendwie erinnerte es mich auch an eine Stelle aus Morris' Gedicht. Für eine Millisekunde schien ich etwas zu begreifen.

Dann verschwand der Gedanke wieder.

Als es heller wurde, fragte Xander, ob ich mal bei einer Probe seiner Band mitmachen wolle, dann redeten wir wie immer ewig über neue Alben, bis Helen aufstöhnte: »Ihr benehmt euch wie zwei elitäre Musikkritiker.«

Wir lachten. »Okay, wir hören auf, versprochen!«

»Ernsthaft«, sagte Helen. »Wenn ihr nächstes Jahr so was in der Cafeteria bringt, setz ich mich an einen Einzeltisch!«

Und da wurde mir klar, dass ich im nächsten Schuljahr nicht mehr allein am Tisch sitzen musste oder mit Leuten, die ich nicht kannte. Sondern dass wir uns natürlich immer zu dritt einen Platz suchen würden. Das beschäftigte mich so sehr, dass ich beschloss, die Quittung der Nacht diesmal Helen und Xander zu überlassen, und nun ebenfalls aufbrach.

Und dann besuchte ich Moms Grab.

Der Friedhof lag still im Morgenlicht. Mr. Andretti musste erst vor wenigen Tagen hier gewesen sein, denn ich sah einen frischen Strauß Nelken auf der Erde. Ich setzte mich im Schneidersitz hin und erzählte Mom von allem, was mir in den letzten Wochen passiert war, dass ich neue Freunde gefunden hätte und mich nun sogar aufs nächste Schuljahr freute. Wieder einmal fehle sie mir sehr, weil ich ihr so gern gezeigt hätte, dass ich nicht aufgegeben hatte. Dass ich weitermachte. Und weil ich nie wissen würde, ob sie das alles nun sah. Oder ob ich mit einem Geist, dem Nichts oder nur mit mir selbst redete.

Ich dachte an die Parabel, die der Inspector erzählt hatte, mit dem alten König und dem Ring und der Inschrift: *Auch das geht vorbei.* Ja, es war wahr, und es war auch nicht wahr. Denn der Schmerz war noch da und würde immer da sein. Nur war ich selbst ihm manchmal näher und manchmal ferner.

Und ich dachte daran, wie ich Dad gefragt hatte, ob wir jemals über Moms Tod hinwegkommen würden. Er hatte gesagt, sie würde vermutlich die Antwort kennen, und inzwischen glaubte ich zu wissen, wie die Antwort lautete:

Es gab keine, sie veränderte sich jeden Tag.

Ich hörte das Vogelgezwitscher und blickte auf das Haus, in dem ich aufgewachsen war, und das noch immer keinen neuen Käufer gefunden hatte. Mir fiel ein, wie ich mir früher oft Geschichten zu den einzelnen Grabsteinen ausgedacht hatte. Und dann starrte ich auf den von Mom:

ANNIE TURNER, 23. MAI 1942 – 30. JULI 1985. Eine leidenschaftliche Leserin und Billy-Idol-Fanatikerin. Sammlerin von kleinen Plastik- und Holztieren. In einer Band gewesen, das Studium abbrechen müssen. Einen komplizierten Mann geheiratet, das Beste draus gemacht. Zwei Kinder großgezogen, krank geworden, einen Buchladen geführt, nie aufgegeben. Heldenhaft auf einer Reise nach Rom gestorben.

Ich musste bei diesem Gedanken lächeln, dann ging ich nach Hause.

Nummer 49

Und nun komme ich zum Schluss der Geschichte, und *endlich* kann ich erzählen, was mir passiert ist. Ich weiß nicht, ob mir das wie anfangs Cameron niemand glaubt, denn es ist wirklich zu verrückt. Doch es ist passiert! Ich muss aber noch ein bisschen zurückgehen, damit man auch alles versteht.

Zwei Tage vorher kam ich von meiner Schicht nach Hause. Dad war schon vom Buchladen zurück. Er saß mit einem Bier vor dem Fernseher und zappte durch die Kanäle. Und tatsächlich: Als er bei einem Nachrichtensprecher landete, ließ er ihn erst höflich ausreden, bevor er weiterschaltete.

Ich ging zur Waschmaschine und hängte seine und meine nassen Klamotten auf den Ständer im Wohnzimmer.

»Wie war's im Laden?«, fragte ich.

»Ganz okay«, sagte er. »Und bei dir im Larry's?«

»Ganz okay«, sagte ich und dachte: *Jean hat recht, wir sind wirklich wie eine komische* WG. Dann steckte ich den blauen Holzlöwen heimlich in Dads Jacke, die über einem Stuhl hing.

Ich wünschte übrigens, ich könnte etwas Positiveres sagen, aber während es mir langsam besserging, war es für Dad nach wie vor schwierig. Sein Haar war von Silbersträhnen durchzogen, seine Augen wirkten oft müde. Und natürlich hätte er nie eine Therapie gemacht. Allerdings hatte er angefangen, mit jemandem von seinem Stammtisch Tennis zu spielen, und der hatte ihm einen Psychologen empfohlen, der auch Tennis spielte. Und so ging Dad nun einmal die Woche »Tennis spielen«. Und ich hoffte, dass es ihm bald besserging.

»Hast du schon gegessen?«, fragte er. »Pasta-Barry hat wieder geliefert.«

Ich antwortete nicht, sondern betrachtete diesen traurigen Bären, der in dem kleinen Apartment saß und rastlos durch die Kanäle schaltete. Er trug wieder seinen pinken College-Pullover. Und auf einmal wusste ich, wieso er ihn damals nach dem Missgeschick beim Waschen nicht weggeworfen oder einen neuen gekauft hatte: Dieser Pullover gehörte zu ihm, egal, ob er albern darin aussah oder seine Freunde Sprüche machten. Dieser Pullover war er *selbst.* Man konnte ihn nicht einfach wegwerfen oder durch einen anderen ersetzen, bloß weil mal etwas schiefgegangen war. Man konnte ihn nur mit sturem Stolz tragen … Als mir das klar wurde, ging ich zu Dad und umarmte ihn. Er war überrascht, dann strich er mir über den Arm.

Wir legten gerade das Scrabblebrett auf den Tisch, als es unerwartet an der Tür läutete. Im Hausflur sah ich Cameron. Er lehnte lässig an der Wand, eine Zigarette im Mundwinkel. Und ich dachte: *Okay, jetzt fahren wir also nach Kalifornien …*

Dann entdeckte ich hinter ihm, leicht versteckt, Kirstie!

Ich war davon so überwältigt, dass ich sie einfach nur

anstarrte. Auf den ersten Blick wirkte sie erwachsener als früher und hatte ihren Stil verändert. Sie trug keine Cap, dafür einen modischen Rock und eine beige, teuer aussehende Bluse. Ihre blonden Haare waren leicht gewellt und reichten ihr fast bis zu den Schultern. Und obwohl sie noch immer schlank war, wirkte ihr Gesicht voller und weicher und irgendwie weniger kindlich.

Sie nach einem Jahr plötzlich wiederzusehen war etwas völlig anderes, als ihr Briefe zu schreiben oder mit ihr zu telefonieren. Sie kam mir fast fremd vor. Aber als sie breit grinste und die kleine Zahnlücke aufblitzte, war sie wieder die alte Kirstie, und da umarmte ich sie fest und sie mich auch.

»Überraschung!«, sagte Cameron lapidar, mit der Kippe im Mund.

»Du hast es gewusst?«, fragte ich ihn.

Er zuckte nur mit den Schultern.

Ich verabschiedete mich von Dad, dann fuhren wir zur Tankstelle am See, um uns wie früher Bier zu holen. Nur: Ohne Hightower wollte der Verkäufer plötzlich keinen Alkohol mehr rausrücken.

»Dieser Idiot«, fauchte Kirstie beim Rausgehen. »Er kennt uns seit Jahren, und jetzt tut er plötzlich so, als hätte er uns noch nie gesehen.«

Als Nächstes beschlossen wir, ins Kino einzubrechen und uns wie letztes Jahr auf das Dach zu setzen. Auch das klappte nicht, da weder der alte Schlüssel noch Kirsties Dietrich in das Schloss passten.

Wir mussten lachen, weil alles schiefging, und am Ende hieß die Antwort mal wieder: das Larry's. Cameron und ich konnten es kaum erwarten, ihr den renovierten Laden zu zeigen, auch Kirstie war aufgeregt. Und so liefen wir immer schneller, bis wir fast die ganze Lincoln Road bis zum Eingang rannten.

Es war einiges los, Cameron winkte dem Kellner der Spätschicht und bestellte Chicken Wings. Eigentlich hatte die Küche gerade geschlossen, aber für ihn machten sie natürlich eine Ausnahme.

»Du bist wirklich *Gott*!«, sagte Kirstie mit großen Augen. »Nur leider hast du das Falsche bestellt.«

Doch als sie die neuen Chicken Wings mit der Karamell-Cola-Sauce probiert hatte, leckte sie sogar ihre Finger und das Besteck ab. Dann blickte sie auf den Fernseher an der Wand und stöhnte auf. »Nicht schon wieder dieses verdammte *Take On Me,* ich kann's echt nicht mehr hören.«

Ich dachte an den Packen Briefe von ihr, den ich wie einen Schatz hütete, und beobachtete, wie sie ihre Beine übereinanderschlug und sich das Haar aus dem Gesicht strich. Sie unterhielt sich vor allem mit Cameron, ich dagegen hörte oft nur zu, noch immer ungläubig, dass sie wirklich wieder in Grady war. Sie wollte zwei Wochen bleiben und würde damit noch hier sein, wenn wieder das *Festival am See* startete.

Und obwohl Hightower mit seiner Freundin in Kanada campen war und fehlte, fühlte sich dieser Abend wie eine kleine Reunion an, und ich dachte, dass wir noch mal Zeit zum Luftholen hätten, bevor irgendwann der Abspann kam. Bevor unsere Stadt zugrunde ging und unsere Hoffnungen und Träume vom Leben so lange zurechtgeschliffen würden, bis sie wie bei *American Graffiti* in vier nüchterne kleine Texte passten. Bevor einer von uns früh heiratete und langweilig wurde, einer nie mehr wiederkehrte, einer etwas Künstlerisches oder Besonderes machte und einer früh starb.

Schade war nur, dass Kirstie mein Tape und das abrupte Ende unseres Briefwechsels mit keinem Wort erwähnte.

Als Cameron auf die Toilette ging, fragte sie stattdessen eher belanglose Sachen. Ich erzählte ein bisschen von Helen und Xander und auch von Dads Buchladen, aber je länger wir redeten, desto mehr Ungesagtes gab es. Und während sie mit Cameron wie früher war und oft den Arm um ihn legte, hielt sie sich mir gegenüber zurück. Deshalb war ich einigermaßen enttäuscht, als wir uns schon um Mitternacht alle voneinander verabschiedeten und eher lose für die nächsten Tage verabredeten.

Und dann kam der Tag danach. Auch in den Ferien stand ich früh auf und ging joggen. Tau glitzerte auf dem Gras der Wiesen, ich lief durch das morgendliche Grady, hörte Musik und sog den harzigen Duft des Waldes ein. In den letzten Monaten hatte ich das getan, was Hightower mir geraten hatte: So viel Eiweiß wie möglich, und tatsächlich hatte ich durch das Training ein bisschen Masse zugelegt und fühlte mich auch stärker. Als ich mich auf der Bank an der Selbstmordklippe ausruhte, blickte ich ins sonnendurchflutete Tal. Vor einem Jahr war ich das erste Mal hier gewesen, verrückt, was seitdem alles passiert und wie schnell diese Zeit vergangen war. Nächsten Monat würde ich schon siebzehn werden.

Jesus, siebzehn Jahre … Ich trat an die Klippe, streckte

die Arme aus und ließ mich vom Sommer durchströmen. Der Horizont war mir immer wie das Ende der Welt vorgekommen. Nun spürte ich, dass mir dieser Blick eines Tages nicht mehr weit genug sein würde.

Bei dem Gedanken wurde ich übermütig. Ich machte Schattenboxen und schrie so was wie »Ahhhhoooooaaaaa!« Es hallte laut über den See, ich musste über diesen Quatsch lachen. Dann fühlte ich in meiner Sporthose einen komischen Gegenstand und zog ihn heraus: der blaue Holzlöwe.

Auf dem Rückweg machte ich einen Umweg durch die Weizenfelder. Ich betrachtete das leuchtende Gelb der Halme und hörte das nahe Brummen einer Wespe. Ein Feld weiter presste ein Bauer Heuballen. All das gab mir das gute Gefühl, dass sich manche Dinge hier niemals ändern würden. Und dann kam ich wieder zu unserer Wohnung und sah auf den Stufen vor der Haustür Kirstie sitzen.

Sie trug ihre alte Cap, unter der ihre blonden Haare hervorlugten. »Cameron hat gesagt, dass du noch immer jeden Morgen läufst!« Mit einem Satz sprang sie auf.

Wir standen uns gegenüber. Im letzten Jahr war ich immerhin ein Stück gewachsen, trotzdem war sie noch um eine Winzigkeit größer. Sie schien es gar nicht zu bemerken und sagte nur, dass ich mich umziehen solle, sie habe einen Ausflug geplant.

»Wieso, kommen jetzt wieder irgendwelche Prüfungen?«

»Nein, diesmal keine Prüfungen.«

»Was dann?«

»Wart's ab«, sagte sie wie immer.

Ich sprang schnell unter die Dusche, zog mich um und setzte die Wayfarer-Sonnenbrille auf, die Jean mir letztes Jahr geschenkt hatte.

Wir spazierten zum See hinunter. Es war einer dieser typischen Grady-Tage, an denen gefühlt jeder auf der Straße war. Kirstie wurde oft erkannt und gefragt, wie es ihr in New York gehe. Sie hatte einen Apfel dabei und warf ihn manchmal hoch in die Luft. Mit ihr wieder durch das kleine Nest zu gehen fühlte sich an, als wäre das ganze letzte Jahr nicht gewesen. Als wäre es nur ein weiterer Tag eines endlosen Sommers und als wären wir gerade eben erst im Whirlpool gesessen oder zum See gefahren, ich auf dem Fahrrad, sie aufrecht auf dem Gepäckträger stehend.

Und doch hatte sich etwas geändert. Ich spürte eine neue, kaum greifbare Spannung zwischen uns. Mal berührte sie mich flüchtig und scheinbar unbewusst beim Spazieren, und als wir ein Eis kauften, standen wir dichter nebeneinander, als vielleicht nötig gewesen wäre, und sie roch nach Heu und Vanilleparfüm und nach etwas, was ich einfach nicht rausbekam.

Unten am See schlug ich vor, Minigolf zu spielen. Kirstie wollte jedoch unbedingt eine Bootstour machen, sie bestand sogar darauf. Also liehen wir uns ein Boot, und ich ruderte uns immer weiter auf den See hinaus.

Der Himmel blau und wie leer gewischt, die Sonne schien gnadenlos auf uns herab. Ich zog mein Sweatshirt aus, Kirstie ihr Oberteil. Sie trug nur noch ein Top mit dünnen Trägern und einen kurzen Rock. Ich bemühte mich, nicht auf ihre Beine oder auf das Top zu starren, unter dem sich ihr BH abzeichnete, und konzentrierte mich darauf, möglichst gleichmäßig zu rudern.

»Ich hab dein Tape übrigens oft gehört!«, sagte sie und schaute mich an.

»Echt? Ich dachte, es wär vielleicht peinlich oder so.«

»Nein, es hat mir sogar sehr gut gefallen.«

Sie warf den Apfel wieder hoch, dann biss sie krachend hinein. Ich fühlte, wie mir noch heißer wurde als ohnehin schon unter der Sonne, und dann nuschelte ich etwas.

»Was?«, fragte sie.

»Hast du auch den … äh … letzten Song auf der B-Seite gehört?«, wiederholte ich.

»Ja, auch den letzten Song«, sagte sie ernst. Ich spürte ihren Blick auf mir und wagte es nicht, sie anzusehen.

Wieder ruderte ich eine Weile schweigend.

»Habt ihr beim Inspector eigentlich schon den Aufsatz zu *Hard Land* geschrieben?«, fragte sie auf einmal.

Ich schaute überrascht auf. »Ja, wieso?«

»Und, was hast du bekommen?«

»Eine Zwei minus.« Ich schüttelte den Kopf. »Dabei war das echt mit Abstand der beste Aufsatz, den ich je geschrieben habe. Hightower hat übrigens auch nur eine zwei bekommen. Langsam glaub ich, das mit der Eins ist eines von Camerons Gerüchten oder einfach eine Lüge.«

»Nein«, sagte Kirstie. »Zufällig weiß ich aus sicherer Quelle, dass die Geschichte mit der Eins stimmt.«

»Wieso?«

»Weil ich sie hatte.«

Schlagartig hörte ich auf zu rudern und starrte sie an. »Nein.«

»Doch.«

Ich konnte es nicht glauben. Andererseits dämmerte mir, dass diese Note ja nur ein Geheimnis sein konnte, weil jemand eines daraus machen wollte. Und dass es eines von ihren neunundvierzig war.

»Aber *was* hast du denn bitte geschrieben?«, fragte ich. »Wieso hat er dir die Eins gegeben und uns nicht? Worum geht es bei *Hard Land*?«

»Ums Erwachsenwerden.«

»Toll«, sagte ich. »Hab ich auch geschrieben.«

»Ja, aber Morris hat es eben schlau gemacht. Ich meine, er musste um vieles drumherum schreiben. Für ihn war das ganze Erwachsenwerden quasi selbst ein Ort, verstehst du? Grady ist im Gedicht das Grady, das wir kennen, aber es ist auch die Jugend *an sich* – die er dann am Schluss verlässt. Morris hat mit Metaphern und Allegorien gearbeitet.«

»Ich weiß«, sagte ich nur, dabei verstand ich noch immer kein Wort. »Und was ist jetzt die Pointe? Worum geht es am Ende in dem Gedicht?«

Sie beugte sich zu mir vor. »Um *Sex.*«

Mein Atem ging schneller. Nicht Tod, nicht Aufwachsen, nicht das harte Leben auf dem Land, nicht der Verlust von Glauben, nicht Schuld und nicht Vergebung.

Das konnte nicht sein.

»Du machst Witze«, sagte ich nur. »Niemals.«

»Doch. Es geht schon auch um alle Facetten des Erwachsenwerdens, aber vor allem geht's um Sex. Nur konnte Morris das im damals prüden Missouri so natürlich nicht schreiben, weil es wegen der Zensur und der Kirche nicht gedruckt worden wäre. Also musste er es ins Gedicht schmuggeln. Ich meine, es geht um einen Jungen von sechzehn, siebzehn Jahren, der Titel ist *Hard* Land, komm schon!«

»Ich weiß nicht.«

»Und dann das ganze Gerede von langen Schläuchen, von Schloten mit weißen Wolken und harten Metallrohren, das sind alles Phallussymbole. Und wie ging das Ende noch mal, als er in das Boot steigt?« Sie überlegte, dann zitierte sie:

… Nicht ein Zoll mehr in mir, der sich fürchtet. Denn ich weiß die Stadt in meinem Rücken und bin nicht allein.

Und so rege ich die Ruder, stets zum Neuen vor und zurück …
Bis hinaus über die Zeit, denn zurückkehren kann ich nur als Mann.

»Auch das: eine einzige Metapher für Sex und den Verlust der Jungfräulichkeit«, sagte sie. »Und mit *bin nicht allein* ist natürlich nicht die Stadt gemeint, sondern die Wirtstochter, denn er selbst ist der Unscheinbare mit dem stechenden Blick in der Kneipe gewesen. Und dann überleg mal, wie der See heißt, den er überquert, bevor er als Mann zurückkehrt.«

»Der Lake Virgin«, sagte ich fassungslos.

»Eben. Deshalb hast du natürlich recht, wenn du schreibst, dass es im Buch ums Erwachsenwerden geht. Die Jugend selbst ist ein *hartes Land,* und der Text handelt ja auch von den schwierigen Seiten des Aufwachsens: Die düstere Fabrik symbolisiert für ihn Tod und Leid, es gibt den Zwist mit den Eltern und andere Probleme. Aber daneben geht's in einer Jugend eben immer auch ums Erwachen von Liebe und Sexualität, alles andere wäre verlogen. Das sind nun mal die ›weltlichen Waffen‹ gegen Älterwerden und Tod … Du liest also Morris' Gedicht, glaubst, es zu kennen, und am Ende geht's trotzdem um das Eine. Das ist die versteckte Pointe, vielleicht hat er deshalb den Preis bekommen. Und wenn nicht, dann hat's ihn sicher gefreut, dass ihm eine prüde Jury auf den Leim gegangen ist. Der Inspector vermutet sogar, dass er das ganze Gedicht nur aus diesem Grund so geschrieben hat: aus Rache an den Fundamentalisten und an der Zensur.«

Ich ruderte weiter und ließ es mir durch den Kopf gehen. Einerseits klang es plausibel, aber genauso plausibel klang, dass das alles ein vollkommener Schwachsinn war, an den lange nur der Inspector geglaubt hatte – bis er irgendwann mit der Möchtegern-Detektivin und *Tiffany Bloom*-Leserin Kirstie auf eine Verbündete gestoßen war. Und deshalb hatten Generationen von Schülern auf die Eins verzichten müssen. Oder aber die beiden waren tatsächlich Genies, die zu der Handvoll Auserwählter gehörten, die Morris' Gedichtband wirklich entziffert hatten.

Wer wusste das schon.

Darüber dachte ich nach, doch dann dachte ich über ganz andere Dinge nach. Zum Beispiel darüber, dass Kirstie mir ein kleines Stück näher gekommen war. Wir saßen uns in dem engen Boot gegenüber, ihre Beine waren nun zwischen meinen, und da konnte ich manchmal gar nicht anders als hinzusehen und war ganz froh, dass die Sonnenbrille meine

Blicke verdeckte. Aber dann fing mein Herz trotzdem an, wie verrückt zu schlagen, als sie nun eine Hand auf ihr Knie legte und dabei mit den Fingerspitzen auch ein kleines bisschen mein Knie berührte. Und dann mehr als ein kleines bisschen.

Und ich dachte, dass ich hier mit der Meisterin aller Spiele saß, die sich zu meinem Geburtstag Prüfungen ausgedacht hatte, Pakte schloss, Pläne schmiedete und Rätsel und Metaphern liebte. Die mich hatte hier rausrudern lassen, quer über den Lake Virgin, um mir zu sagen, dass sie mein Tape mochte. Und die mich aus dem Nichts nach dem aus ihrer Sicht sexuell aufgeladenen Ende von *Hard Land* gefragt hatte.

Und ich ruderte noch ein kleines Stück, *vor und zurück*. Und dann schaute ich sie an, tief in ihre braungrünen Augen, und fragte mit leicht zitternder Stimme, wieso sie mir das alles eigentlich hier draußen in der Mitte des Sees gesagt habe, wo wir gerade wie die Figuren im Buch selbst in einem Boot saßen.

Doch Kirstie antwortete nicht.

Stattdessen nahm sie mir nun ganz langsam die Ruder aus den Händen und legte sie weg. Und dann nahm sie mir vorsichtig die Sonnenbrille aus dem Gesicht und legte sie ebenfalls weg.

Und dann schaute sie mich an und lächelte.

Abspann & Credits

Editor	URSULA BAUMHAUER
Agent	THOMAS HÖLZL
Threshold	MARLENE KÜRVERS
Mechanic	LUKAS VON SCHIRACH
Readers and Helpers	URSULA BERGENTHAL
	ANNA GALIZIA
	MURIEL SIEGWART
	VERONIKA VILGIS
	GEORG GRIMM
	LEONIE VON SCHIRACH
	ROGER EBERHARD
	NORA HADDADA
	TANJA GRAF
	DANIEL WICHMANN
	MARIE HESSE
	JULIA KLAVINS
	MARIE GRONWALD
	MELISSA JUNDT
	PHILIPP KEEL
First Reader	MEINE SCHWESTER
Producer	MEIN VATER
Executive Producer	MEINE MUTTER
Medical Consultant	DOC ROBERT TERZIEV
Videogame Kid (*Defender*)	ADRIAN DE CAROLIS

John Hughes danke ich für Inspiration und geliebte Eighties-Filme. John Green und Dylan Thomas für den Assist zu einem Satz im Buch. Bei meiner Zeitreise ins Jahr 1985 hatte ich zudem die schöne erste Zeile aus Charles Simmons Roman *Salzwasser* mitgenommen, der eigentlich aus den Neunzigern stammt, sowie einen norwegischen Film. Ich hoffe, es wird mir verziehen.

Als der Roman schon fast fertig war, reiste ich für einen Sommer nach Amerika und besuchte diverse Kleinstädte. In einer traf ich Joey Goebel, dem ich – aufgrund eines Missverständnisses – letztlich den Titel dieses Buches verdanke. Er ist nicht nur Autor solch großartiger Werke wie *Vincent* und *Irgendwann wird es gut*, sondern auch ein Meister des ersten Satzes. Hier mein Favorit von ihm: *»Leicht war es nicht, sechs Milliarden gebrochene Herzen auf einmal zu flicken, doch ich schaffte es.«*

Zu guter Letzt: Ich war damals ausgerechnet in einem Kaff in Missouri, als mich die Geschichte meines Romans einholte und einer der wichtigsten Menschen in meinem Leben plötzlich im Sterben lag. Ich musste so schnell wie möglich nach Deutschland zurück, war aber wegen meiner Flugangst seit fast dreißig Jahren nicht mehr geflogen. In dieser Situation nahm Roger Eberhard ohne zu zögern die nächste Maschine in die Staaten, um mich nach Hause zu bringen. Luise Müller-Hofstede hatte das ebenfalls angeboten und unsere Flüge organisiert. Sie haben dafür gesorgt, dass ich mich noch verabschieden konnte. Das Ganze hat nichts mit diesem Buch zu tun, und es hat gleichzeitig alles damit zu tun, und so möchte ich sagen: Was für ein Glück, solche Freunde zu haben, ich danke und ich liebe euch.

Soundtrack HARD LAND

HIGHWAY PATROL STUN GUN
Youth Lagoon

DON'T YOU (FORGET ABOUT ME)
Simple Minds

DON'T STOP BELIEVIN'
The Journey

GIRLS JUST WANNA HAVE FUN
Chromatics

IN A DRAWER
Band of Horses

COLORBLIND
Counting Crows

LOSING MY RELIGION
REM

SAVE IT FOR LATER
The Beat

SPACE AGE LOVE SONG
A Flock of Seagulls

TAKE ON ME
a-ha

I STILL HAVEN'T FOUND …
U2

I'M ON FIRE
Bruce Springsteen

DANCING WITH MYSELF
Billy Idol

THE PROMISE
When in Rome

CAN'T HELP FALLING IN LOVE
Lick the Tins

Hard-Land-Soundtrack Volume 1 und 2 zu finden auf:
YouTube, Spotify und benedictwells.de/soundtracks

Zitatnachweis

Seite 5:
Aus *Ferris Bueller's Day Off*. Copyright © Paramount Pictures Corp. All Rights Reserved. Used with permission.

Seite 108:
Aus *Beat It* von Michael Jackson, der auch die Lyrics schrieb. Erschienen 1983 auf dem Album *Thriller* bei Epic Records.

Seiten 125 und 126:
Aus *Don't Stop Believin'* der Rock Band Journey. Geschrieben von Steve Perry, Jonathan Cain und Neal Schon, erschienen 1981 auf dem Album *Escape* bei Columbia Records.

Seite 173:
Aus *Atlantic City* von Bruce Springsteen, der auch die Lyrics schrieb. Erschienen 1982 auf dem Album *Nebraska* bei Columbia Records.

Seite 189:
Aus *The Joker* von der Steve Miller Band. Geschrieben von Ahmet Ertegün, Steve Miller und Eddie Curtis. Die Single erschien 1973 bei Capitol Records.

Seiten 243 und 244:
Aus *Dancing With Myself* von Billy Idol. Geschrieben von Billy

Idol und Tony James. Erschien 1980 zuerst als Vorabsingle zum Album *Kiss Me Deadly* von Gen X bei Chrysalis Records. Die Auskoppelung als Remix von Billy Idol erschien 1981.

Bitte beachten Sie
auch die folgenden Seiten

Benedict Wells im Diogenes Verlag

Becks letzter Sommer

Roman

Beck ist nicht zu beneiden. Mit der Musikerkarriere wurde es nichts, sein sicherer Job als Lehrer ödet ihn an, und sein Liebesleben ist ein Desaster. Da entdeckt er in seiner Klasse ein unglaubliches Musiktalent: Rauli Kantas aus Litauen. Als Manager des rätselhaften Jungen will er es noch mal wissen, doch er ahnt nicht, worauf er sich da einlässt... Ein tragikomischer Roman über verpasste Chancen und alte Träume, über die Liebe, Bob Dylan und einen Road Trip nach Istanbul. Ein magischer Sommer, in dem noch einmal alles möglich scheint.

»Witzig, melancholisch und tiefgründig.«
Sabine Radloff / Süddeutsche Zeitung, München

»Jede Figur bezaubert in dieser erstklassigen Tragikomödie.« *Elle, München*

»Das interessanteste Debüt des Jahres. Einer, der sein Handwerk versteht und der eine Geschichte zu erzählen hat.« *Florian Illies / Die Zeit, Hamburg*

Auch als Diogenes Hörbuch erschienen,
gelesen von Christian Ulmen

Spinner

Roman

Ich habe keine Angst vor der Zukunft, verstehen Sie? Ich hab nur ein kleines bisschen Angst vor der Gegenwart.

Jesper Lier, zwanzig, weiß nur noch eines: Er muss sein Leben ändern, und zwar radikal. Er erlebt eine turbulente Woche und eine wilde Odyssee durch Berlin. Ein tragikomischer Roman über Freundschaft, das Ringen um seine Träume und über die Angst, wirklich die richtigen Entscheidungen zu treffen.

»Wie Benedict Wells versteht, sein Alter Ego in seiner ganzen Unbefangenheit dem Leben gegenüber darzustellen, geht weit über ein auf ein jugendliches Lesepublikum zugeschnittenes Generationenbuch hinaus. Wells' Sprache ist roh und unfrisiert, und seine Geschichte grundiert von bisweilen bitter-poetischem Humor.« *Peter Henning / Rolling Stone, München*

»Benedict Wells findet starke Worte für die Orientierungslosigkeit seiner Generation. Ein wunderbares Buch über die Angst vor dem Erwachsenwerden, teilweise brüllend komisch.«
Lilo Solcher / Augsburger Allgemeine

»Jesper Lier ist ein chaotischer Held in einer chaotischen Geschichte, die einfach nur toll ist.«
Jan Drees / WDR, Köln

Auch als Diogenes Hörbuch erschienen,
gelesen von Benedict Wells

Fast genial

Roman

Ich hab das Gefühl, ich muss meinen Vater nur einmal anschauen, nur einmal kurz mit ihm sprechen, und schon wird sich mein ganzes Leben verändern.
Die unglaubliche, aber wahre Geschichte über einen mittellosen Jungen aus dem Trailerpark, der eines Tages erfährt, dass sein ihm unbekannter Vater ein Genie ist. Gemeinsam mit seinen Freunden macht er sich in einem alten Chevy auf die Suche nach ihm. Eine Reise quer durch die USA – das Abenteuer seines Lebens.

»Spannend wie ein Krimi. Benedict Wells ist mit *Fast genial* ein ziemlich geniales Buch gelungen.«
Claudio Armbruster / ZDF-Heute Journal, Mainz

»Die Idee ist großartig. Mit dieser Geschichte kriegt man auch junge Leute ans Lesen.«
Elke Heidenreich / Westdeutscher Rundfunk, Köln

»Ein faszinierender Roman. Eine universelle Geschichte über das Erwachsenwerden, berührend und spannend.« *Der Spiegel, Hamburg*

Vom Ende der Einsamkeit

Roman

Eine schwierige Kindheit ist wie ein unsichtbarer Feind: Man weiß nie, wann er zuschlagen wird.
Jules und seine beiden Geschwister wachsen behütet auf, bis ihre Eltern bei einem Unfall ums Leben kommen. Als Erwachsene glauben sie, diesen Schicksalsschlag überwunden zu haben. Doch dann holt sie die Vergangenheit wieder ein. Ein berührender Roman über das Überwinden von Verlust und Einsamkeit und die Frage, was in einem Menschen unveränderlich ist. Und vor allem: eine große Liebesgeschichte.

»Unser Schicksal ist das, was aus uns geworden ist. Und was unter der Feder von Benedict Wells aus Jules und Alva wurde, ist große Erzählkunst. Das Ende des Romans ist vollkommen, berührend – und unvergesslich.« *John Irving über ›Vom Ende der Einsamkeit‹*

»Ein großes Buch, eine Tragödie, ein berührendes Epos. It's magic.«
Sabine Zaplin / Süddeutsche Zeitung, München

Auch als Diogenes Hörbuch erschienen,
gelesen von Robert Stadlober

Die Wahrheit über das Lügen

Zehn Geschichten

Es geht um alles oder nichts in diesen Geschichten. Sie handeln vom Unglück, frei zu sein, und von einer Frau, die vor eine existentielle Entscheidung gestellt wird. Von einem Ort, an dem keiner freiwillig ist und der dennoch zur Heimat wird. Von einem erfolglosen Drehbuchautor der Gegenwart, der in das New Hollywood des Jahres 1973 katapultiert wird und nun vier Jahre Zeit hat, die berühmteste Filmidee des 20. Jahrhunderts zu stehlen. Und nicht zuletzt eine Erzählung aus dem Universum von *Vom Ende der Einsamkeit*, die Licht auf ein dunkles Familiengeheimnis wirft. Zehn höchst unterschiedliche Geschichten aus einer Welt, in der Lügen, Träume und Wahrheit ineinanderfließen. Mal berührend, mal komisch, überraschend und oft unvergesslich.

»Mann, kann der Mann schreiben! Eines der größten Talente, die unser Land in den vergangenen Jahren hervorgebracht hat.« *Kester Schlenz / Stern, Hamburg*

Auch als Diogenes Hörbuch erschienen,
gelesen von Robert Stadlober